عصر حاضر میں تبلیغ دین کے لیے مکالماتِ رسول ﷺ کی اہمیت وافادیت۔ ایک تحقیقی مطالعہ

تحقیقی مقالہ برائے ایم فل ITC

سیشن: 2016ء-2018ء

مقالہ نگار

حافظ محمد صدیق قادری

ID#16005086-052

نگران مقالہ

ڈاکٹر نسیم محمود

اسسٹنٹ پروفیسر (شعبہ علومِ اسلامیہ)

گورنمنٹ کالج، ویمن یونیورسٹی، سیالکوٹ

شعبہ اسلامی فکر و تہذیب (ITC)

یونیورسٹی آف مینجمنٹ اینڈ ٹیکنالوجی، سیالکوٹ کیمپس

بسم الله الرحمن الرحيم

انتساب

✻...... والد محترم کے نام:

جنہوں نے والدہ محترمہ کی وفات کے بعد اپنی جوانی ہماری پرورش وتربیت پر قربان کر دی۔

✻......عمّ مکرم کے نام:

جن کی تربیت اور صحبت کے فیض سے نہ صرف مجھ میں بلکہ میرے خاندان کے کئی نوجوانوں میں علوم دینیہ کی تحصیل کا نور اور زندگی کا شعور پیدا ہوا۔

✻...... برادرِ مکرمؒ کے نام:

جو اپنے لڑکپن سے لے کر اپنی زندگی کے آخری دن تک ہم سب بھائی بہنوں کی پرورش وکفالت میں والد محترم کے شانہ بشانہ رہے اور زندگی بھر اپنے خلوص ومحبت اور مہر ومروّت سے ہمیں نوازتے رہے۔

حلف نامہ

میں اقرار کرتا ہوں کہ میں نے یہ مقالہ:

"عصر حاضر میں تبلیغ دین کے لیے مکالمات رسول ﷺ کی اہمیت وافادیت۔ ایک تحقیقی مطالعہ"

برائے حصول سند ایم فل اسلامی فکر وتہذیب میں نے از خود تحریر کیا ہے۔

مقالہ امکانی حد تک اصل مآخذ ومصادر پر مشتمل ہے۔

مقالہ ھٰذا نگرانِ مقالہ ڈاکٹر نسیم محمود صاحب کی زیر نگرانی لکھا گیا ہے۔

مقالہ ھٰذا کسی اور جامعہ یا ادارہ میں کسی سند یا کسی اور مقصد کے لیے پیش نہیں کیا گیا، مزید برآں پیش نظر موضوع پر کیا جانے والا تحقیقی وتاریخی کام میری ذاتی کاوش اور محنت پر مبنی ہے۔

مقالہ نگار:

حافظ محمد صدیق قادری

رول نمبر:16005086-052

ایم فل اسلامی فکر وتہذیب(I T C)

یونیورسٹی آف مینجمنٹ اینڈ ٹیکنالوجی، سیالکوٹ کیمپس

سرٹیفکیٹ

تحقیقی مقالہ ایم فل اسلامی فکر وتہذیب (M.Phil.ITC)

"عصر حاضر میں تبلیغ دین کے لیے مکالمات رسول ﷺ کی اہمیت وافادیت۔ایک تحقیقی مطالعہ"

میں تصدیق کرتا ہوں کہ حافظ محمد صدیق قادری نے پیش نظر موضوع پر ایم فل اسلامی فکرو تہذیب (M.Phil.ITC) کا تحقیقی مقالہ میری نگرانی میں مکمل کیا ہے، میں اس کے اندازِ تحریر ومعیارِ تحقیق سے مطمئن ہوں اور اسے ڈگری کے حصول کے لیے پیش کرنے کی اجازت دیتا ہوں۔

ڈاکٹر نسیم محمود

اسسٹنٹ پروفیسر (ادارہ عربی وعلوم اسلامیہ)

گورنمنٹ کالج ویمن یونیورسٹی، سیالکوٹ

اظہار تشکر

حمد وثناء رب بزرگ وبرتر کے لیے ہیں جس نے انسان کو خیر و شر میں امتیاز کرنے اور قوت گویائی کی اعلیٰ صلاحیتوں سے سرفراز کیا۔ درود وسلام حضرت محمد ﷺ پر جنھیں اللہ تعالیٰ نے قیامت تک ساری انسانیت کی رہنمائی کے لیے دین کامل اور براہین قاطعہ کے ساتھ مبعوث فرمایا۔ ہزاروں رحمتیں نازل ہوں ان بزرگانِ دین اور مصلحین امت کی ارواح پر جنھوں نے آنحضرت ﷺ کی وفات کے بعد اسلام کی ابدی اور آفاقی تعلیمات کی توضیح وتبلیغ وقت کے تقاضوں کے مطابق کرتے ہوئے رشد وہدایت کا سلسلہ جاری رکھا۔

اس رب العالمین کا شکریہ جس نے مجھے مسلمان بنایا اور امام الانبیاء حضرت محمد ﷺ کا امتی ہونے کا شرف بخشا اور اسلامی تعلیمات کا مطالعہ کنے کا موقع فراہم کیا۔

میں اپنے والدین کا شکر ادا کرتا ہوں جنھوں نے مجھے زیورِ تعلیم سے آراستہ کرنے میں ہر ممکن کوشش کی۔

میں اپنے محسن ومشفق استاد نگرانِ مقالہ جناب ڈاکٹر نسیم محمود صاحب کا بہت بہت مشکور ہوں جن کی علمی سایۂ عاطفت میں یہ مقالہ پایہ تکمیل کو پہنچا، دراصل تحقیق کے لیے ایک مخلص اور مشفق رہنما کی ضرورت ہوتی ہے یہ صفات استادِ محترم جناب ڈاکٹر نسیم محمود صاحب میں موجود ہیں، موصوف اپنی گونا گوں مصروفیات سے قیمتی وقت نکال کر مقالے کی علمی وفنی پہلوؤں کو درست رکھنے میں مفید مشوروں سے نوازتے رہے، اللہ تعالیٰ سے دعا ہے کہ وہ انہیں مزید خوبیوں سے نوازے اور دین ودنیا اور آخرت کی نعمتوں اور برکتوں سے مالا مال کرے۔

میں ممنون ہوں استاد محترم ڈاکٹر عبدالعلیم صاحب، حافظ ساجد اقبال صاحب اور ڈاکٹر محمد ارشد صاحب کا بھی جنھوں نے ایم فل کے دوران میری علم کی پیاس بجھانے اور تحقیقی سوچ پیدا کرنے میں میری مدد فرمائی، اللہ تعالیٰ ان سب اساتذہ کرام کی عمر، عمل اور علم میں برکت عطا فرمائے، آمین۔

میں اس موقع پر اپنے ان پُرخلوص دوستوں کا شکریہ ادا نہ کروں تو سراسر بخل ہوگا، جو مجھے نہ صرف اپنی قیمتی آراء سے نوازتے ہیں بلکہ میری حوصلہ افزائی وراہنمائی کے لیے ہمیشہ پیش پیش ہوتے ہیں جن میں پروفیسر غلام فاروق نعیمی، پروفیسر عمیر یعقوب (مرحوم)، پروفیسر عمر حنیف، پروفیسر علی عمران، سر حسنین عسکری، سر نعیم طاہر بیگ، علامہ حافظ محمد امجد چشتی، چوہدری نور محمد اور چوہدری فاروق اقبال شامل ہیں۔

آخر میں تہہ دل سے ممنون ہوں اپنی رفیقۂ حیات کا جس نے میری تعلیمی وتحقیقی مصروفیات کے دوران میرے بچوں کی تعلیم وتربیت کا بارگراں تنہا اٹھائے رکھا اور اس امر میں کوئی دقیقہ فروگذاشت نہ کی۔

اسی طرح مقالہ کی کمپوزنگ کرنے اور اصول وقواعد کے مطابق اس کی سیٹنگ کرنے والے محترم جناب حافظ عبدالوھاب صاحب کا شکریہ ادا کرتا ہوں جنھوں نے میرے مقالہ کی کمپوزنگ کی اور خوب نکھارا سنوارا۔

اللہ تعالیٰ ان سب کو جزائے خیر عطا کرے اور دنیا وآخرت میں کامیاب کرے، آمین۔

مقالہ نگار

حافظ محمد صدیق قادری

فہرست عنوانات

عصر حاضر میں تبلیغ دین کے لیے مکالماتِ رسول ﷺ کی اہمیت وافادیت۔ ایک تحقیقی مطالعہ

مقدمہ

موضوع کا تعارف:

مکالمات رسول ﷺ اپنے حسن وکمال، ایجاز واختصار، فصاحت وبلاغت، جامعیت وکاملیت اور اثر آفرینی کے اعتبار سے بہت ارفع واعلیٰ اہمیت کے حامل ہیں اور دعوت وتبلیغ دین کے حوالے سے ان کی اہمیت وافادیت مسلمہ ہے۔ عصر حاضر میں دعوت وارشاد اور تبلیغ دین کے لیے بھی ان کی اہمیت وافادیت کا انکار نہیں کیا جا سکتا۔ یہ تبلیغ دین کا ایک بہت فطری اور سادہ انداز ہے، یہی وجہ ہے کہ نبی کریم ﷺ کے مکالمات کتب احادیث، سیرت اور تاریخ میں جا بجا موجود ہیں اور تاریخ گواہ ہے کہ جن افراد کو بھی آپ ﷺ سے ہم کلامی کا شرف حاصل ہوا ان میں سے اکثریت کو دولت ایمانی کے ساتھ علم وحکمت کے گوہر بھی عطا ہوئے، چنانچہ عصر حاضر میں بھی اگر دعوت وارشاد اور تبلیغ دین سے وابستہ خواتین وحضرات مکالمات رسول ﷺ کی روشنی میں اپنے دعوتی اور تبلیغی کام کو سر انجام دینے کی طرف متوجہ ہوں تو نہ صرف اس عمل میں مزید نکھار پیدا کیا جا سکتا ہے بلکہ بہتر نتائج بھی حاصل کیے جا سکتے ہیں۔

قرآنِ مجید میں دعوت وتبلیغ کے حوالے سے جو راہنمائی عطا کی گئی ہے وہ یہ ہے:

اُدْعُ اِلٰى سَبِيْلِ رَبِّكَ بِالْحِكْمَةِ وَالْمَوْعِظَةِ الْحَسَنَةِ وَجَادِلْهُمْ بِالَّتِيْ هِيَ اَحْسَنُ ؕ ①

"اپنے رب کے راستے کی طرف حکمت اور اچھی نصیحت کے ساتھ بلا اور ان سے اس طریقے کے ساتھ بحث کر جو سب سے اچھا ہے"۔

یہ مکالمات رسول ﷺ الہامی ہدایت وتبلیغ کی مندرجہ بالا تمام خوبیوں اور دعوتی تقاضوں کا کامل واکمل عملی اظہار ہیں، لہٰذا ان مکالمات کی روشنی میں دعوتی اور تبلیغی کاوشوں میں انقلابی تبدیلی اور اشاعت دین کے امور میں نمایاں کامیابیاں حاصل کی جا سکتی ہیں۔

عصر حاضر تجسس اور جستجو کی بلندیوں کی طرف گامزن ہے اور اس دور کے ہر فرد کے ذہن میں دین ودنیا کے متعلق روزانہ سینکڑوں سوالات جنم لیتے ہیں اور اس کی ذہنی تشفی کے لیے اکثر سوالات کا جواب مکالمات رسول ﷺ کے اسلوب دعوت وتبلیغ کی روشنی میں دیا جا سکتا ہے۔

موضوع کی ضرورت واہمیت:

عصر حاضر میں جب کہ تبلیغ دین میں عدم برداشت، شدت پسندی اور دوسروں پر اپنی ہی بات ٹھونسنے کا چلن عام

① النحل، ۱۶: ۱۲۵

ہوتا جا رہا ہے، تو اس تناظر میں اس بات کی اشد ضرورت ہے کہ مکالمات رسول ﷺ سے برداشت، رواداری، باہمی مسلمات کو قبول کرنے کے جذبات، مدمقابل کی بات کو خندہ پیشانی سے سننے اور اس کی نفسیات کے مطابق اس سے بات کرنے کے اصول وضوابط کو چن چن کر نکالا جائے اور اسے مبلغین کی خدمت میں پیش کیا جائے، تا کہ سیرت رسول ﷺ فائدہ بخش اور دیرپا ہو اور اس انداز میں پوری دنیا تک عصری اسلوب میں دین حق کا پیغام پہنچایا جا سکے۔

تحقیق کا فرضیہ:

* ...... کیا مکالمات کا اسلوب ایک مؤثر اسلوبِ تبلیغ ہے؟
* ......رسول اللہ ﷺ نے اس اسلوب کو کیوں اپنایا اور اس کے ذریعے اسلام کی تفہیم کیسی رہی؟
* ......آج کے دور میں اس انداز کو کس طرح مؤثر ذریعۂ تبلیغ بنایا جا سکتا ہے؟

سابقہ کام کا جائزہ:

مکالمات رسول ﷺ کے موضوع پر میرے ناقص علم کے مطابق پہلے صرف ایک تصنیف ''مکالمات نبوی ﷺ'' جو کہ ابو یحییٰ امام خاں نوشہروی کی تصنیف کردہ ہے وہ موجود ہے، جب کہ اسی موضوع پر ایک مضمون پروفیسر فیض اللہ منصور کا تحریر کردہ ہے جو''مکالمات رسول ﷺ'' کے عنوان سے''ماہنامہ نقوش'' کے رسول نمبر کی جلد ہفتم میں شائع ہو چکا ہے، لیکن ان ہر دو حضرات نے صرف مکالمات رسول ﷺ کو اپنی تصنیف ومضمون میں یکجا کیا ہے، ان پر کوئی خاطر خواہ تبصرہ یا کسی دوسرے موضوع کے ساتھ ان کا موازنہ نہیں کیا ہے، جب کہ مکالمات رسول ﷺ کی عصر حاضر میں تبلیغ دین کے سلسلہ میں اہمیت وافادیت کو اجاگر کرنے کی ضرورت ابھی باقی ہے اسی سلسلہ کی ایک کڑی یہ تحقیقی مقالہ بھی ہے۔

مقاصد تحقیق:

اس تحقیق کا مقصد نبوی اسلوب تبلیغ کی معرفت اور عصر حاضر میں اس سے استفادہ کی صورتوں کو واضح کرنا ہے تا کہ آپ ﷺ کی طرزِ تبلیغ سے دین سے برگشتہ لوگوں کو پھر سے اسلام کی طرف مائل کر کے اس معاشرہ کو نبوی معاشرہ میں تبدیل کیا جا سکے، رسول اللہ ﷺ نے تبلیغ میں مکالمات کا جو انداز اختیار فرمایا آج کے مبلغین کو مؤثر تبلیغ کے لیے ان مکالمات کے انداز کو اپنانا ہے۔

اسلوبِ تحقیق:

تحقیق کے دوران درج ذیل نکات کو اسلوب تحقیق کے طور پر اختیار کیا گیا ہے:

۱......مقالہ ایک مقدمہ، چار ابواب اور خلاصۃ البحث پر مشتمل ہے۔

۲...... یہ مقالہ بیانی اور اطلاقی تحقیق پر مشتمل ہے۔

۳...... اس تحقیقی مقالہ میں جو بھی حدیث بھی پیش کی ہے، اس کی مکمل تخریج کی گئی ہے۔

۴...... اولین اور بنیادی مآخذ کو اختیار کیا گیا ہے۔

۵ ...... بوقت ضرورت ثانوی مآخذ سے استفادہ کیا گیا ہے۔

۶...... حوالہ پہلی دفعہ درج کرنے پر کتاب کے مؤلف یا مصنف کا نام، کتاب کا نام، سنِ اشاعت، مقام اشاعت، صفحہ نمبر اور جلد نمبر درج کیا گیا ہے۔ کتاب کا دوبارہ حوالہ درج کرنے کے لیے مصنف کا مشہور نام، کتاب کا نام، جلد اور صفحہ نمبر درج کیا گیا ہے۔

۷...... اس تحقیقی مقالہ میں قرآنی آیات کا حوالہ اس طریقہ سے درج کیا گیا ہے کہ پہلے سورت کا نام پھر سورت کا نمبر، پھر آیت نمبر جیسے الاحزاب، ۲۱:۵۱، اس میں ۲۱ سورت کا نمبر ہے اور ۵۱ آیت نمبر ہے۔

۸...... حدیث مبارکہ کا حوالہ اس طریقے سے دیا گیا ہے کہ پہلی مرتبہ طریقہ مذکور کے مطابق مکمل حوالہ اور دوسری مرتبہ کتاب کا نام اور حدیث نمبر درج کیا گیا ہے۔

۹...... اس تحقیقی مقالہ کی تکمیل کے لیے پاکستان کی مختلف لائبریریوں سے بھی بھرپور استفادہ کیا گیا ہے۔

۱۰...... اس تحقیقی مقالہ کی تحریر کے دوران علماء کرام، اساتذہ کرام اور دیگر اہل علم سے بھی استفادہ کیا گیا ہے۔

۱۱...... اس تحقیقی کام میں اخبارات، رسائل وجرائد اور دیگر ذرائع سے بھی متعلقہ مطلوبہ مواد حاصل کیا گیا ہے۔

۱۲...... مقالہ ھذا کو مستند بنانے کے لیے امکانی طور پر تمام بنیادی مآخذ سے استفادہ کیا گیا ہے۔

۱۳......حوالہ جات کے متعلقہ تمام ضروری معلومات Foot Note میں دی گئی ہیں۔

۱۴...... مقالہ کے آخر میں مصادر ومراجع کی فہرست دی گئی ہے۔

باب اوّل:

مکالمہ اور تبلیغ: تعریف و تاریخ اور ضرورت واہمیت

فصل اول: مکالمہ: تعریف، تاریخ اور ادبی حیثیت

فصل دوم: تبلیغ: تعریف وتاریخ اور مذہبی حیثیت

فصل سوم: تبلیغ دین میں مکالمہ کی اہمیت وافادیت

فصل اول:

مکالمہ: تعریف، تاریخ اور ادبی حیثیت

اس کائنات ارضی میں اللہ تعالیٰ نے اپنی پیدا کردہ مخلوقات میں تنوع قائم کر رکھا ہے، یہی وجہ ہے کہ یہاں ہر مخلوق بلکہ ایک ہی جنس کے مختلف افراد میں بھی منفرد اور جداگانہ صلاحیتیں موجود ہیں۔ ایک دوسرے کی صلاحیتوں سے فائدہ اٹھانے، اپنے احساس دوسرے تک پہنچا کر دوسرے کے تاثرات واحساسات سے آگاہ ہونے کے لیے ہمیں باہمی گفتگو کرنے کی حاجت ہوتی ہے۔ یہ اللہ تعالیٰ کی حضرت انسان پر کرم نوازی ہے کہ اس نے اسے یہ ملکہ بھی بھرپور طریقے سے عنایت فرمایا ہے، اس کائنات ارضی میں مادی وجود رکھنے والی مخلوقات میں سے صرف حضرت انسان کو ہی یہ نعمت عظمیٰ نصیب ہو سکی ہے، انسان کو اس نعمت خاصہ کے ودیعت کرنے کا تذکرہ فرماتے ہوئے ارشادِ باری تعالیٰ ہے:

خَلَقَ الْاِنْسَانَ۔ عَلَّمَهُ الْبَيَانَ۔ [1]

''اسی (خدا تعالیٰ) نے (اس کامل) انسان کو پیدا فرمایا اور اسی نے اسے بیان سکھایا''۔

ایک دوسرے مقام پر ارشاد فرمایا:

وَعَلَّمَ اٰدَمَ الْاَسْمَآءَ كُلَّهَا۔ [2]

''اور اللہ نے آدم علیہ السلام کو تمام (اشیاء کے) نام سکھا دیئے''۔

ابو البشر حضرت آدم علیہ السلام کو اشیاء کے نام اور کل نسل انسانیت کو زبان وبیان کا ملکہ عطا فرمانا یہ ان پر اللہ تعالیٰ کی خاص کرم نوازی کے مظاہر ہیں۔

انسان جب زبان وبیان کے ذریعے باہم گفتگو کرتے ہیں اور اپنے احساسات وجذبات ایک دوسرے تک پہنچاتے ہیں تو ان کے اسلوب اور لب ولہجے سے جو کلام ترتیب پاتا ہے اہل ادب نے اسے سمجھنے اور اس پر تبصرہ وغیرہ کرنے کے لیے اسے مختلف انواع میں تقسیم کیا ہے، مثلاً تقریر، مکالمہ، مجادلہ وغیرہ۔ گویا ساری اقسام افہام وتفہیم اور انسانی جذبات وخیالات کی تحسین کا بہترین ذریعہ ہیں مگر ان میں سے سب سے زیادہ افہام وتفہیم مکالمہ کے ذریعے ممکن ہے، یہی وجہ ہے کہ ہر دور میں اسالیب کلام میں اسے خاص اہمیت حاصل رہی ہے، ذیل میں ہم اس کا معنی ومفہوم، تعریف وتاریخ اور ادبی اہمیت واضح کر رہے ہیں۔

---

[1] الرحمٰن، ۵۵: ۳۔۴

[2] البقرۃ، ۲: ۳۱

مکالمہ کا لغوی معنی

مکالمہ اردو زبان کا لفظ ہے اور اس زبان میں اس کا معنی ہے:

''گفتگو، زبانی سوال و جواب، ہم کلامی''۔ ①

عربی زبان میں اس کے لیے ''حوار'' کا لفظ استعمال ہوتا ہے جس کا معنی گفتگو اور جواب گفتگو ہے۔

ابن منظور افریقی ''حوار'' کی وضاحت کرتے ہوئے لکھتے ہیں:

المحاورة فی المعنی الآخرة: النطق فی الکلام: کما قال اللہ تعالیٰ فی القرآن الکریم: ﴿وکلم اللہ موسیٰ تکلیما﴾۔ ②

''مکالمہ دوسرے معنوں میں کلام کرتے وقت بولنے کے معنی میں ہے، جیسا کہ اللہ تعالیٰ نے قرآنِ کریم میں فرمایا ہے کہ: اللہ نے موسیٰ علیہ السلام سے گفتگو کی''۔

ڈاکٹر ابراہیم انیس لکھتے ہیں:

''محاورہ کا معنی جواب دیتے ہوئے بحث کرنا ہے''۔ ③

قرآنِ مجید میں بھی یہ لفظ باہمی گفتگو اور بحث وتمحیص کے معنی میں استعمال ہوا ہے، ارشادِ باری تعالیٰ ہے:

قَدْ سَمِعَ اللّٰهُ قَوْلَ الَّتِیْ تُجَادِلُكَ فِیْ زَوْجِهَا وَتَشْتَكِیْۤ اِلَى اللّٰهِ ۖ وَاللّٰهُ یَسْمَعُ تَحَاوُرَكُمَا ؕ اِنَّ اللّٰهَ سَمِیْعٌۢ بَصِیْرٌ۔ ④

''(اے پیغمبر) جو عورت تم سے اپنے شوہر کے بارے میں بحث جدال کرتی اور اللہ سے شکایت (رنج وملال) کرتی تھی۔ اللہ نے اس کی التجا سن لی اور اللہ تم دونوں کی گفتگو سن رہا تھا۔ کچھ شک نہیں کہ اللہ سنتا دیکھتا ہے''۔

مکالمہ کا اصطلاحی معنی

عربی میں مکالمہ کو حوار کہتے ہیں، اس کی اصطلاحی تعریف کرتے ہوئے علامہ راغب اصفہانی لکھتے ہیں:

---

① فیروز الدین، مولوی، فیروز اللغات، فیروز سنز لاہور، ۲۰۱۰ء، ص: ۱۲۷۶

② افریقی، ابن منظور محمد بن مکرم، لسان العرب، دار احیاء التراث العربی، بیروت لبنان، ۱۴۰۸ھ، ج: ۳، ص: ۳۸۳

③ ابراہیم انیس، ڈاکٹر، المعجم الوسیط، انتشارات ناصر خسرو تہران، ۱۳۹۲ھ، ج: ۱، ص: ۲۰۵

④ المجادلۃ، ۵۸: ۱

المحاورۃ والحوار، المرادۃ فی الکلام۔[1]

''محاورہ اور حوار سے مراد ایک دوسرے سے گفتگو کا تبادلہ کرنا ہے''۔

ڈاکٹر ابراہیم انیس اس کی تعریف کرتے ہوئے لکھتے ہیں:

الحوار یجری بین شخصین أو اکثر فی العمل القصي أو بین ممثلین أو اکثر علی المسرح۔[2]

''مکالمہ ایسی گفتگو ہے جو افسانہ نگاری، تمثیل اور ڈراموں کے کام میں دو اشخاص یا زیادہ لوگوں کے درمیان جاری ہوتی ہے''۔

ماہرین لغت کی مذکورہ تعریفات سے یہ بات واضح ہوئی کہ مکالمہ کا لفظ باہمی گفتگو اور سوال وجواب کے لیے استعمال ہوتا ہے چاہے یہ دو آدمیوں کے درمیان ہو یا اس سے زیادہ کے درمیان ہو۔

مکالمہ تاریخی تناظر میں

قریب الفہم بات یہی ہے کہ مکالمہ اس وقت وجود میں آیا جب سے گفتگو پر قدرت رکھنے والی مخلوقات کی پیدائش ہوئی اور پھر خاص طور پر انسانیت کی تخلیق سے اس اسلوب کلام نے پروان چڑھنا شروع کیا، سوچ صرف کر کے تضاد کی وجہ سے انسانوں کو ایک دوسرے کی اداء معلوم کرنے کے لیے اس کی ضرورت پیش آئی، قرآنِ مجید کے مطالعہ سے ہمیں سب سے پہلے اللہ تعالیٰ کے ساتھ تخلیق آدم کے سلسلے میں فرشتوں کا مکالمہ ہماری نظر سے گزرتا ہے، جس کا نقشہ قرآنِ مجید میں ان الفاظ میں کھینچا گیا ہے، ارشادِ باری تعالیٰ ہے:

وَإِذْ قَالَ رَبُّكَ لِلْمَلَـٰٓئِكَةِ إِنِّى جَاعِلٌ فِى ٱلْأَرْضِ خَلِيفَةً ۖ۔[3]

''اور (یاد کرو) جب تمہارے رب نے فرشتوں سے فرمایا کہ بے شک میں زمین پر ایک نائب مقرر کرنے والا ہوں''۔

یہ بات سن کر فرشتے گویا ہوئے:

قَالُوٓا۟ أَتَجْعَلُ فِيهَا مَن يُفْسِدُ فِيهَا وَيَسْفِكُ ٱلدِّمَآءَ وَنَحْنُ نُسَبِّحُ بِحَمْدِكَ وَنُقَدِّسُ

---

[1] اصفہانی، راغب، مفردات الفاظ القرآن، دار نشر اللغۃ العربیۃ، کراچی، ۲۰۱۳ء، ص: ۱۵۰

[2] ابراہیم انیس، ڈاکٹر، المعجم الوسیط، ج: ۱، ص: ۲۰۵

[3] البقرۃ، ۲: ۳۰

لَكَ ؕ۔ ①

''وہ کہنے لگے کہ تو زمین میں اسے مقرر کرتا ہے جو اس میں فساد برپا کرے گا اور خون ریزیاں کرے گا، حالانکہ تیری حمد کے ساتھ تیری تسبیح بیان کرتے ہیں اور تیرے لیے پاکی بیان کرتے ہیں''۔

تو اس کے جواب میں اللہ تعالیٰ نے ارشاد فرمایا:

اِنِّیۡۤ اَعۡلَمُ مَا لَا تَعۡلَمُوۡنَ۔ ②

''بے شک میں وہ جانتا ہوں جو تم نہیں جانتے''۔

اس طرح حضرت آدم علیہ السلام کو سجدہ کرنے کے متعلق اللہ تعالیٰ اور ابلیس کا مکالمہ ہمارے لیے بطور عبرت ونصیحت قرآنِ مجید میں موجود ہے۔

جب تمام فرشتوں کو بمع ابلیس حضرت آدم علیہ السلام کو سجدہ کرنے کا حکم صادر ہوا تو ابلیس نے اس سے انکار کر دیا، اس وقت اللہ تعالیٰ نے اس سے پوچھا:

مَا مَنَعَكَ اَلَّا تَسۡجُدَ اِذۡ اَمَرۡتُكَ ؕ۔ ③

''تجھے کس چیز نے روکا تھا کہ تو اسے سجدہ کرے جب میں نے تجھے حکم دیا تھا؟''۔

تو وہ اس کے جواب میں کہنے لگا:

اَنَا خَيۡرٌ مِّنۡهُ ۚ خَلَقۡتَنِىۡ مِنۡ نَّارٍ وَّخَلَقۡتَهٗ مِنۡ طِيۡنٍ۔ ④

''میں اس سے بہتر ہوں، اس لیے کہ تو نے مجھے آگ سے پیدا کیا ہے اور اسے کیچڑ سے''۔

تو اس کی اس بے باکی وگستاخی پر اللہ نے حکم ارشاد فرمایا:

فَاهۡبِطۡ مِنۡهَا فَمَا يَكُوۡنُ لَكَ اَنۡ تَتَكَبَّرَ فِيۡهَا فَاخۡرُجۡ اِنَّكَ مِنَ الصّٰغِرِيۡنَ۔ ⑤

''تو یہاں سے اتر جا، تیرے لیے مناسب نہیں کہ تو تکبر کرے، یہاں رہتے ہوئے پس نکل

---

① البقرۃ، ۲: ۳۰

② ایضاً

③ الاعراف، ۷: ۱۲

④ ایضاً

⑤ الاعراف، ۷: ۱۳

جا بے شک تو ذلیلوں میں سے ہے''۔

اس کے علاوہ قرآنِ مجید میں حضرت آدم علیہ السلام کے بیٹوں ہابیل وقابیل کا مکالمہ، حضرت نوح علیہ السلام، حضرت صالح علیہ السلام، حضرت ہود علیہ السلام، حضرت شعیب علیہ السلام اور حضرت موسیٰ علیہ السلام وغیرہ انبیاء کرام کے اپنی قوموں کے ساتھ مکالمے تفصیل کے ساتھ موجود ہیں اور پھر آخرت کے احوال کے متعلقہ اہل جنت اور اہل دوزخ کے باہمی مکالمے اور اللہ تعالیٰ کے پہلے بندوں کے مکالمے بھی تفصیلاً مذکور ہیں۔

قرآنِ مجید کے مطالعہ کے علاوہ اگر ہم دیگر اقوام وملل کے ہاں مکالمہ کے تاریخی کھوج لگانا چاہیں تو مشرقی ادب میں مکالمہ کے اولین آثار ہندوؤں کی مذہبی کتاب ''مہا بھارت'' اور ''رگ وید''[1] میں ملتے ہیں۔

ان دونوں کتابوں کے مطالعہ سے یہ بات ظاہر ہوتی ہے کہ ان میں دو یا دو سے زیادہ افراد کے درمیان مکالمہ کے انداز کو اپنا کر تمثیلی صورت اختیار کی گئ ہے، جب کہ مغربی ادب میں مکالمہ کے ابتدائی آثار باقاعدہ طور پر پانچویں صدی قبل از مسیح میں یونانی المیہ (Greeq Trayedy) میں ادبی اصطلاح کی صورت میں ملتے ہیں، مکالمہ کے آثار کے حوالے سے ماہرین اس بات پر متفق ہیں کہ مکالمہ کے اولین آثار سسلی کے تاثراتی ڈراموں (Mimer) میں ملتے ہیں اور ان تاثراتی ڈراموں کو اب سامنے آنے والے ''مکالمہ'' میں قدیم تصور کیا جاتا ہے۔ یہ ڈرامے سوفرون (Sophron) ۴۳۰ ق م نے موسقیت بھری نثر میں لکھے تھے۔[2]

افلاطونی مکالمہ کی آبیاری سسلی کے دو شعراء Sophron (۴۳۰ ق م) اور Epicharmur (۴۵۰ ق م تا ۵۴۰ ق م)[3] نے افلاطون سے آدھ صدی قبل کی تھی۔ افلاطون (۴۲۷ ق م۔ ۳۴۷ ق م) نے مکالمہ کو ایک مربوط نظام کے تحت وسیع تر معانی میں پہلی ادبی تحریروں میں شامل کیا اور اس کو ایک الگ سے ادبی صورت کے طور پر پیش کیا افلاطون نے سسلی کے ان دو شعراء کے کلام کو بہت سراہا اور ان کے انداز کو اپنانے کی کوشش کی، بدقسمتی سے ان شعراء کا کلام امتدادِ زمانہ کا شکار ہو کر نظروں سے اوجھل ہو گیا۔ افلاطون نے ان شعراء کے انداز کو مزید خوبصورت بنانے اور اس میں مدلل انداز میں ہونے والی بحث کو شامل کرنے کی سعی کی۔ یہ اپنے استاد سقراط سے بہت متاثر تھا، سقراط کی موت نے افلاطون کی سوچ پر انتہائی گہرے نقوش چھوڑے، یہی سبب ہے کہ افلاطون پر اپنے استاد کے نقوش اس حد

---

[1] صدیقی، مظہر الدین، اسلام اور مذاہب عالم کا تقابلی مطالعہ، ادارہ ثقافت اسلامیہ، لاہور، ۲۰۰۰ء، ص: ۱۴

[2] Encyclopedia Britannica, Chicage, Wiliam Benton. Pulisher, 1970, U.7. PP358

[3] "Sophron's Mines. Text, Translation and commentary by J.H. Hovdern" Peview by Rolando ferri, Retrieved on May 24 Sunday, 2009 from https://bmcr.brynmawr.edu/2005-08-02.html

تک ثبت ہوئے کہ اس نے اپنے استاد سے ہونے والی گفتگو کو مکالمہ کی صورت میں پیش کیا، ارسطو نے بھی اپنے استاد افلاطون کی تقلید میں اس کے انداز تحریر میں اپنی فلسفیانہ موشگافیوں کی خاطر مکالمہ کا انتخاب کیا، بدقسمتی سے ارسطو کے فلسفیانہ انداز مکالمہ کی کسی تحریر کا کوئی بھی نمونہ آج دستیاب نہیں ہے۔ مکالمہ کو زمانہ قدیم سے ہی ادبی اصطلاح کا درجہ حاصل ہے، لاطینی اور یونانی ادب میں اس کی بہت مثالیں ملتی ہیں، دوسری صدی عیسوی میں لیوسین (Lueian) نے مکالمہ کو اپنا کر نئے انداز اور سلیقے سے ہمکنار کیا، یہ وہ صدی تھی جس میں عیسائیت مقبولیت کی منازل طے کرنے کا سفر شروع کر چکی تھی، عیسائیت کے آغاز کے ساتھ ہی عیسائی مصنفین نے بھر پور انداز میں اور انتہائی عمدگی کے ساتھ مکالمہ کو اپنی تحریروں میں شامل کیا۔①

نبی کریم ﷺ کی احادیث طیبات میں بھی مختلف طبقہ ہائے زندگی سے تعلق رکھنے والے افراد کے ساتھ سینکڑوں مکالمات موجود ہیں۔ عصر حاضر میں مکالمہ باقاعدہ ایک ادبی اسلوب گفتگو بن چکا ہے جس کی اہمیت ہر زبان کے ادب میں خصوصیت کی حامل ہے اور یہ افہام و تفہیم کا آسان اور خوبصورت ذریعہ تصور کیا جاتا ہے۔

مکالمہ کی ادبی اہمیت

اس وقت دنیا میں جتنی بھی زبانیں بولی جاتی ہیں، سب میں مکالمہ ایک اہم اسلوب کلام کی حیثیت سے موجود ہے اور اسے افہام و تفہیم اور اپنے خیالات دوسروں تک منتقل کرنے کا اہم ذریعہ تصور کیا جاتا ہے۔

پروفیسر فیض اللہ منصور لکھتے ہیں:

''اصناف ادب میں مکالمہ منفرد خصوصیات کا حامل ہے، تقریر و تحریر کے مقابلہ میں یہ صنف اثر انگیزی میں کہیں بڑھ کر ہے، کیونکہ متکلم اور مخاطب کے درمیان براہِ راست گفتگو ہوتی ہے، مزید برآں اس میں آمد کی سی خصوصیات بھی پائی جاتی ہیں، مکالمہ متکلم کی شخصیت، اس کے مزاج و مرتبہ، اس کے علم و فضل، فکر و نظر کی افتاد، اس کے ظاہر و باطن کے احوال، غرضیکہ متکلم کے ہر پہلو کی بھر پور عکاسی کرتا ہے۔ ماحول کے تقاضوں کا بھی عکاس ہوتا ہے، اس کے ذریعے افہام و تفہیم کا جو ماحول پیدا ہوتا ہے وہ کسی بھی دوسری صنفِ ادب میں ممکن نہیں، نیز یہ تعلیم و تعلم کا بھی مؤثر ترین ذریعہ ہے''۔②

---

① Brgn mawr classic peview 24-10-2005 by Kathryn Bosher Petrieved on May 24 Sunday, 2009 from https://bmcr.brynmawr.edu/2005

② منصور، فیض اللہ، مکالمات رسول ﷺ، مشمولہ نقوش رسول ﷺ نمبر، ادارہ فروغ اردو، لاہور، ۱۹۸۴ء، ص: ۷

چونکہ مکالمہ کے ذریعے بات سمجھنے اور سمجھانے میں آسانی اور سہولت فراہم ہو جاتی ہے کہ شاید انہی خصوصیات کی بنیاد پر ادب میں اسے نمایاں مقام حاصل ہے، ادیب لوگ اسے اپنے مافی الضمیر کو دوسرے تک پہنچانے کے آسان ذریعے کے طور پر استعمال کرتے ہیں اور پوری دنیا کے ادب میں یہ اہم اسلوب گفتگو کے طور پر شمار کیا جاتا ہے۔

فصل دوم:

تبلیغ: تعریف و تاریخ اور مذہبی حیثیت

اس عالم انسانی میں انسان تنہائی کی بجائے دوسرے لوگوں سے مل جل کر زندگی گزارنے کا عادی ہے اور اس مقصد کے لیے اسے زبانی یا اشاروں کنایوں سے اپنے جذبات دوسروں تک منتقل کرنے کی ضرورت پیش آتی رہتی ہے اور اسے ہی بلاغ اور تبلیغ کہتے ہیں اور اگر تبلیغ کو شرعی نقطہ نظر سے دیکھا جائے تو اللہ تعالیٰ کی عادت ہے کہ وہ ڈائریکٹ اپنی کسی بھی مخلوق سے گفتگو نہیں فرماتا، بلکہ اس نے اس مقصد کے لیے انسانوں میں سے کچھ خاص لوگ منتخب فرمائے تھے، جنہیں منصب نبوت پر فائز کر کے اس نے ان سے ہم کلامی کی اور اپنے احکامات سے نوازا، ان تک اللہ تعالیٰ کے جو احکامات پہنچے ان کو اپنی امتوں تک پہنچانا ان کی ذمہ لازم تھی اور انہوں نے یہ فرض پوری دل جمعی کے ساتھ ادا کیا بھی، اسی عمل کو تبلیغ کہتے ہیں، ذیل میں ہم اس کی لغوی واصطلاحی اور تاریخی ومذہبی حیثیت بیان کر رہے ہیں۔

تبلیغ کا لغوی معنی

تبلیغ کا مادہ ''ب، ل، غ'' ہے اس کے لغوی معنی کے متعلق ابراہیم مصطفیٰ لکھتے ہیں:

''تبلیغ کا معنی ہے کسی تک کوئی بات پہنچانا''۔①

لویس معلوف یسوعی لکھتے ہیں:

''تبلیغ کا معنی ہے کسی تک کوئی پیغام پہنچانا''۔②

علامہ راغب اصفہانی اس کی تحقیق کرتے ہوئے لکھتے ہیں:

البلوغ والبلاغ الانتهاء الى اقصي المقصد والمنتهي مكاناً كان أو زماناً أو امراً من الأمور المقدرة۔③

''بلوغ اور بلاغ کا معنی مقصد اور منتہیٰ کے آخری حد تک پہنچنے کے ہیں، عام اس سے کہ وہ مقصد کوئی مقام ہو یا زمانہ یا اندازہ کیے ہوئے امور میں سے کوئی امر ہو''۔

مذکورہ لغوی تحقیق سے واضح ہوا کہ تبلیغ کا معنی کسی تک کوئی پیغام یا کسی کام کو منتہاء مقصود تک پہنچا دینا ہے۔

---

① ابراہیم مصطفیٰ، المعجم الوسیط، مکتبہ رحمانیہ، لاہور، ۲۰۰۵ء، ص: ۸۴

② یسوعی، لویس معلوف، المنجد، خزینہ علم وادب، لاہور، ۲۰۰۰ء، ص: ۷۰

③ اصفہانی، راغب، المفردات لالفاظ القرآن، دار نشر اللغۃ العربیۃ، کراچی، ص: ۷۳

تبلیغ کی اصطلاحی تعریف

اصطلاح شرع میں تبلیغ کا معنی اللہ تعالیٰ کی طرف سے نازل کردہ پیغام واحکامات کو صاف صاف انداز میں لوگوں تک پہنچانا ہے، اگر یہ کام نبی کی طرف سے ہو تو یہ اس کے لیے فرض کے درجے میں ہے، جیسا کہ ارشادِ باری تعالیٰ ہے:

يَاأَيُّهَا الرَّسُولُ بَلِّغْ مَا أُنْزِلَ إِلَيْكَ مِنْ رَبِّكَ ۔ ①

''اے رسول! جو پیغامات اللہ کی طرف سے آپ پر نازل کیے گئے ہیں وہ سب لوگوں تک پہنچا دو''۔

اور جب نبی کی طرف سے امت کی یہ ذمہ داری لگائی گئی ہو تو اس وقت کبھی واجب اور کبھی مستحب کے درجے میں ہوتی ہے۔

فتاویٰ عالم گیری میں ہے:

''اگر غالب گمان ہو کہ لوگ اس کی بات مانیں گے تو اس صورت میں کام واجب ہے اور اگر غالب گمان ہو لوگ اس کو بدنام کریں گے، گالیاں دیں گے، دشمنی کھڑی ہو جائے گی تو اس صورت میں کم ہمت والا یہ کام نہ کرے اور اگر ہمت والا یہ کام کر لے تو اسے مجاہد سمجھا جائے گا، اگر غالب گمان ہو کہ لوگ بات نہیں مانیں گے لیکن نقصان بھی نہیں پہنچائیں گے تو اب اس کی مرضی ہے چاہے یہ کام کرے یا نہ کرے، لیکن کرنا افضل ہے''۔ ②

عمومی حالات میں ہر مسلمان پر حسب علم و وسعت تبلیغ کرنا مستحب ہے، حضور نبی کریم ﷺ کا ارشادِ گرامی ہے:

«بلغوا عني ولو آية»۔ ③

''میری طرف سے آگے پہنچاؤ اگرچہ ایک ایک آیت ہی کیوں نہ ہو''۔

تبلیغ کی تاریخی اہمیت

تبلیغ کی تاریخ اتنی ہی پرانی ہے جتنی کہ حضرت انسان کی، کیونکہ انسان بنیادی طور پر دو ایسی ضروریات کا محتاج

---

① المائدۃ، ۵: ۶۷

② ہندی، نظام الدین، فتاویٰ عالمگیری، موسسۃ الرسالۃ، بیروت لبنان، ۱۴۳۱ھ، ج: ۵، ص: ۳۵۳

③ بخاری، ابو عبداللہ محمد بن اسماعیل، الجامع الصحیح، کتاب احادیث الانبیاء، باب ما ذکر عن بنی اسرائیل، دار السلام، الریاض، سعودی عرب، ۱۴۳۸ھ، رقم الحدیث: ۳۴۶۱

ہے جس سے وہ ایک لمحہ کے لیے بھی صرف نظر نہیں کر سکتا، ایک طرف اسے ان اشیاء، وسائل کی ضرورت در پیش ہے جو اس کی مادی احتیاجات کو پورا کریں جن کے ذریعے وہ اپنے جسم اور روح کے روشتے کو قائم واستوار رکھ سکے اور بقائے حیات کے مادی تقاضوں کو پورا کرے، دوسری طرف وہ اس ہدایت اور رہنمائی کا محتاج ہے جس کی روشنی میں وہ اپنی اخلاقی اجتماعی اور تمدنی زندگی کی تشکیل صحت مند بنیادوں پر کر سکے اور اس طرح انسانیت کے حقیقی مقاصد کی بطریق احسن ادائیگی کر سکے۔ اللہ تعالیٰ نے انسان کی ان دونوں ضرورتوں کو اس طرح پورا فرمایا کہ اس نے زمین وآسمان میں وسائل معیشت کا ایک نہ ختم ہونے والا خزانہ ودیعت کر دیا تا کہ انسان ان وسائل کے ذریعے اپنی مادی ضرورتوں کو پورا کر سکے، جب کہ دوسری ضرورت کو پورا کرنے کے لیے انبیاء ورسل کو مبعوث فرمایا، تا کہ وہ انسان کو زندگی کی حقیقت سے روشناس کرائیں، انہیں جینے کا طریقہ سکھائیں اور اصول تمدن کی تعلیم دیں، تا کہ روزِ قیامت لوگ یہ عذر پیش نہ کر سکیں کہ ان کو نیکی اور سچائی کا راستہ معلوم نہ تھا، جس کی وجہ سے وہ گمراہی وضلالت کی وادیوں میں بھٹکتے رہے، قرآنِ مجید کی اس آیت میں اسی حقیقت کو آشکار کیا گیا ہے:

رُسُلًا مُّبَشِّرِيْنَ وَمُنْذِرِيْنَ لِئَلَّا يَكُوْنَ لِلنَّاسِ عَلَى اللّٰهِ حُجَّةٌۢ بَعْدَ الرُّسُلِ ۭ وَكَانَ اللّٰهُ عَزِيْزًا حَكِيْمًا۔ ①

''(سب) پیغمبروں کو (اللہ نے) خوشخبری سنانے والے اور ڈرانے والے (بنا کر بھیجا تھا) تا کہ پیغمبروں کے آنے کے بعد لوگوں کو اللہ پر الزام کا موقع نہ رہے اور اللہ غالب حکمت والا ہے''۔

اس مقصد کے لیے اللہ تعالیٰ نے ہر قوم میں ہادی اور رسول بھیجے تا کہ لوگوں پر حق پوری طرح آشکار ہو جائے اور پھر تمام انبیاء کے آخر میں محمد رسول اللہ ﷺ کو مبعوث فرمایا اور ان کے ذریعے سے لوگوں کو وہ مکمل نظام زندگی عنایت فرمایا جو تمام بنی نوع انسان کے مزاج اور ان کے حالات وضروریات کے لیے کافی ہے۔ آپ کو اہل عرب کی طرف بالخصوص اور تمام انسانوں کی طرف بالعموم رسول بنا کر بھیجا گیا اس لیے آپ نے اہل عرب میں دعوت وتبلیغ کا فریضہ براہِ راست سر انجام دیا، جب کہ تمام عالم کی طرف دعوت کے لیے امت محمد ﷺ کو حکم دیا گیا کہ رسول اللہ ﷺ نے جس دین حق کی تبلیغ تم پر کی ہے اس کو دوسروں تک پہنچانا اب اس کی ذمہ داری ہے، قرآنِ مجید نے صراحت کی ہے کہ تبلیغ دین کی ذمہ داری رسول اللہ ﷺ کے بعد آپ کی امت پر رہے گی اور اسے وہ کام انجام دینا ہو گا جو رسول اللہ ﷺ نے انجام دیا ہے۔ آپ نے جس طرح امت کے سامنے حق کی گواہی دی تھی اسی طرح اس امت کو دوسروں

---

① النساء، ۴: ۱۶۵

کے سامنے حق کی گواہی دینا ہے، ارشادِ باری تعالیٰ ہے:

وَكَذٰلِكَ جَعَلْنٰكُمْ اُمَّةً وَّسَطًا لِّتَكُوْنُوْا شُهَدَآءَ عَلَى النَّاسِ وَيَكُوْنَ الرَّسُوْلُ عَلَيْكُمْ شَهِيْدًا ؕ ۔[1]

''اور اسی طرح ہم نے تم کو امتِ معتدل بنایا ہے، تاکہ تم لوگوں پر گواہ بنو اور پیغمبر (آخرالزماں) تم پر گواہ بنیں''۔

گویا دعوت وتبلیغ کا کام اب امت محمدیہ ﷺ کے ہر فرد پر فرض ہے اور ہر مسلمان کو دعوت وتبلیغ کا اہل اور حق دار قرار دیا گیا ہے۔

علامہ شبلی نعمانی لکھتے ہیں:

''پس یہودیوں میں مذہبی فرائض کے ادا کرنے کے لیے ایک مخصوص خاندان مقرر تھا، اس کے علاوہ کسی اور کو ان خدمات کی بجا آوری کا حق حاصل نہیں ہوسکتا تھا، عیسائیوں میں کسی خاندان کی تخصیص نہ تھی، لیکن ان میں ایک خاص طبقہ پیدا ہوگیا تھا جس نے ان خدمات کو اپنا حق قرار دے دیا تھا۔ ہندوؤں میں غیر برہمن کسی مذہبی خدمت کا مستحق نہیں۔ دنیا کی دوسری قوموں کا بھی یہی حال تھا لیکن جو شریعت محمد رسول اللہ ﷺ نے دنیا میں قائم کی اس میں مخصوص اشخاص، خاندان اور مخصوص طبقہ کی حاجت نہ تھی، بلکہ ہر شخص جو اسلام کا کلمہ گوہ تھا اس رتبہ کا مستحق ہوسکتا تھا''۔[2]

اسلام میں دعوت وتبلیغ کے اس کمال ہی کی بدولت اس کے دائرہ تبلیغ کو کمال وسعت نصیب ہوئی ہے، جب ہم اسلامی تاریخ کا مطالعہ کرتے ہیں یا عصر جدید میں اسلامی تبلیغ کی تاریخ کو دیکھتے ہیں تو اس سلسلے میں امت برادری ازم سے بالاتر ہوکر فقط اسلام ازم پر جمع نظر آتی ہے اور ہر رنگ ونسل اور برادری کا بندہ یکساں اپنی خدمات سرانجام دے رہا ہے۔

تبلیغ دین کے لیے انبیاء کرام علیہم السلام کی تبلیغ مساعی کو اگر ہم تاریخی تناظر میں دیکھیں تو ان کی ترتیب یوں بنتی ہے:

* ......حضرت آدم علیہ السلام
* ......حضرت شیث علیہ السلام

---

[1] البقرۃ، ۲: ۱۴۳

[2] شبلی نعمانی، سیرۃ النبی ﷺ، شمع بک ایجنسی، لاہور، ۲۰۱۱ء، ج:۲، ص: ۵۵

✱......حضرت ادریس علیہ السلام

✱......حضرت نوح علیہ السلام

✱......حضرت ہود علیہ السلام

✱......حضرت صالح علیہ السلام

✱......حضرت ابراہیم علیہ السلام

✱......حضرت اسماعیل علیہ السلام

✱......حضرت اسحاق علیہ السلام

✱......حضرت لوط علیہ السلام

✱......حضرت شعیب علیہ السلام

✱......حضرت یعقوب علیہ السلام

✱......حضرت یوسف علیہ السلام

✱......حضرت ایوب علیہ السلام

✱......حضرت ذی الکفل علیہ السلام

✱......حضرت یونس علیہ السلام

✱......حضرت موسیٰ علیہ السلام

✱......حضرت ہارون علیہ السلام

✱......حضرت الیاس علیہ السلام

✱......حضرت یحییٰ علیہ السلام

✱......حضرت عیسیٰ علیہ السلام

✱......حضرت سیدنا محمد مصطفیٰ صلی اللہ علیہ وسلم۔ ①

یہ معلوم انبیاء کرام علیہم السلام کی فہرست ہے، اس کے علاوہ بھی بے شمار انبیاء کرام علیہم السلام اپنے اپنے وقت پر یہ اہم اور مقدس فریضہ سرانجام دیتے رہے، ان کے نام اور کارنامے ہم تک نہ پہنچ سکے، ان معلوم ناموں اور ان کے کارناموں سے ہم تبلیغ کی تاریخی حیثیت کا بخوبی اندازہ کر سکتے ہیں۔

---

① ابن کثیر، ابو الفداء عماد الدین، البدایۃ والنہایۃ، نفیس اکیڈمی، کراچی، ۱۹۸۷ء، ج:۱، ص:۲

تبلیغ کی مذہبی حیثیت

تبلیغ کا کام ہر دور میں اہمیت کا حامل رہا ہے، ہر نبی نے خود بھی اس ذمہ داری کو بطریق احسن ادا کیا اور اپنے متبعین کو بھی اس مقدس مشن پر لگایا، سب سے آخر میں جب ہمارے نبی کریم ﷺ کی تشریف آوری ہوئی تو آپ نے کارنبوت کو پایہ تکمیل تک پہنچاتے ہوئے یہ ذمہ داری ہمیشہ کے لیے اپنی امت کے سپرد فرما دی، آپ ﷺ کی تعلیمات کی روشنی میں تبلیغ کی مذہبی حیثیت کو سمجھنے کے لیے اسے دو حصوں میں تقسیم کیا جا سکتا ہے:

۱۔ تبلیغ کی اہمیت اور دائرہ کار

۲۔ امت مسلمہ کی تبلیغی ذمہ داری

جہاں تک پہلے حصے کا تعلق ہے تو اس سلسلے میں ہمیں قرآنِ مجید کے واضح احکامات میں اس کی اہمیت، وسعت اور دائرہ کار کی تفصیلات نہ صرف دستیاب ہوتی ہیں بلکہ حضور نبی کریم ﷺ کی سیرت طیبہ میں اس کا عملی جامہ بھی ہماری نگاہوں کے سامنے موجود ہے۔

ہمارے نبی کریم ﷺ نے اپنے دین اسلام میں تبلیغ کی اہمیت اور دائرہ کار کی وسعت کے پیش نظر دنیا کی تمام قوموں کو برابری اور مساوات کی ایک ہی سطح پر لا کھڑا کیا اور اللہ کے پیغام کی منادی کا سب کو یکساں مستحق قرار دیا اس لیے اپنی تبلیغ کے لیے قریش وغیر قریش، حجاز و یمن، عرب و عجم ہند و روم کی تخصیص نہیں فرمائی بلکہ دنیا کی ہر قوم، ہر زبان اور ہر گوشے میں صدائے الٰہی کا پہنچانا فرض قرار دیا ابتدائی وحی میں انجانوں کو ہوشیار اور بے خبروں کو آگاہ کرنا سب سے پہلے حکم تھا:

يَاأَيُّهَا الْمُدَّثِّرُ۔ قُمْ فَأَنْذِرْ۔ ①

''اے چادر پوش اٹھ کھڑا ہو اور ہوشیار و آگاہ کر''۔

پھر بار بار حکم ہوتا رہا کہ:

بَلِّغْ مَا أُنْزِلَ إِلَيْكَ مِنْ رَبِّكَ۔ ②

''جو تیری طرف اتارا گیا اس کو دوسروں تک پہنچا''۔

ایک جگہ فرمایا:

---

① المدثر، ۷۴: ۱۔۲

② المائدۃ، ۵: ۶۷

فَادۡعُ وَاسۡتَقِمۡ كَمَاۤ اُمِرۡتَ۔ ①

''لوگوں کو دعوت دے اور مضبوط قائم رہ، جس طرح تجھے حکم دیا گیا''۔

فَذَكِّرۡ بِالۡقُرۡاٰنِ مَنۡ يَّخَافُ وَعِيۡدِ۔ ②

''قرآن سے سمجھاؤ اس کو جو میری دھمکی سے ڈرتا ہو''۔

اور ان کے علاوہ بیسیوں آیتوں میں اس فرض کی اہمیت ظاہر کی گئی، حضرت علی رضی اللہ عنہ سے آنحضرت ﷺ نے فرمایا کہ اے علی تمہاری کوشش سے ایک آدمی کا بھی دین حق قبول کر لینا دنیا کی بڑی سے بڑی دولت سے بڑھ کر ہے۔ ③

اس سے زیادہ یہ کہ اسلام نے اپنے ہر پیرو پر خیر کی دعوت امر بالمعروف ونہی عن المنکر اور تواصی بالحق یعنی باہم ایک دوسرے کو سچائی کی نصیحت کرنا ضروری قرار دیا ہے اور مسلمانوں کے لیے یہ فرض بتایا ہے کہ وہ اپنے ساتھ دوسرے کو تاریکی سے نکالنے کی کوشش کریں، آنحضرت ﷺ کو حکم ہوتا ہے کہ ہر قسم کے خطرات سے بے پرواہ ہو کر پیغامِ الٰہی لوگوں تک پہنچایئے اور اگر ایسا نہ کیا تو رسالت کا فرض انجام نہ دیا۔

يٰۤاَيُّهَا الرَّسُوۡلُ بَلِّغۡ مَاۤ اُنۡزِلَ اِلَيۡكَ مِنۡ رَّبِّكَ ؕ وَاِنۡ لَّمۡ تَفۡعَلۡ فَمَا بَلَّغۡتَ رِسَالَـتَهٗ ؕ وَاللّٰهُ يَعۡصِمُكَ مِنَ النَّاسِ ؕ۔ ④

''اے خدا کے پیغام پہنچانے والے تیرے پروردگار کے پاس سے جو کچھ تیری طرف اترا ہے اس کو پہنچا دے اگر تو نے ایسا نہیں کیا تو تو نے خدا کا پیغام نہیں پہنچایا اور تجھ کو خدا لوگوں سے بچا لے گا''۔

اس کی وسعت:

اس کے بعد اس فریضہ تبلیغ کی وسعت کی بحث ہے، پیغام الٰہی سچائی کا ایک بہتا چشمہ ہے جو آہستہ آہستہ قدرتی رفتار سے پہلے اپنے قریب کی زمین کو پھر آگے کو پھر اس سے آگے کو سیراب کرتا چلا جاتا ہے، یہاں تک کہ وہ زمین کے کناروں تک پہنچ جاتا ہے، آنحضرت ﷺ کو اس تبلیغ کا حکم اس تدریج کے ساتھ ہوا سب سے پہلے خاص اپنے گھر اور

---

① الشوریٰ، ۴۲: ۱۵

② ق، ۵۰: ۴۵

③ قشیری، مسلم بن حجاج، الجامع الصحیح، کتاب الجہاد والسیر، باب غزوۃ خیبر، دار السلام، الریاض، سعودی عرب، ۱۴۲۵ھ، رقم الحدیث: ۱۳۶۵

④ المائدۃ، ۵: ۶۷

خاندان کے لوگوں کو سمجھانے کا حکم ہوا:

وَاَنْذِرْ عَشِيْرَتَكَ الْاَقْرَبِيْنَ۔ ①

''اور اپنے قریب کے رشتہ داروں کو ڈر سنا دو''۔

اس کے بعد یہ دائرہ بڑھ کر شہر مکہ اور اس کے اطراف کی آبادیوں تک پہنچتا ہے:

لِّتُنْذِرَ اُمَّ الْقُرٰى وَمَنْ حَوْلَهَا۔ ②

''تاکہ تو مکہ اور جو اس کے آس پاس کے بدوں ہیں ان کو آگاہ و ہوشیار کرے''۔

اب تبلیغ کا دائرہ اس سے بھی آگے بڑھتا ہے اور ہر زندہ روح یعنی سمجھ بوجھ احساس وعقل وغیرہ حقیقی زندگی کی علامتیں جس میں موجود ہوں اس کی مخاطب ہوتی ہے:

اِنْ هُوَ اِلَّا ذِكْرٌ وَّقُرْاٰنٌ مُّبِيْنٌ۔ لِّيُنْذِرَ مَنْ كَانَ حَيًّا۔ ③

''یہ قرآن تو صرف ایک نصیحت اور صاف صاف خدا کا کلام ہے تاکہ وہ اس کو ہوشیار کرے جو زندہ ہے''۔

پھر جس تک بھی وہ آواز پہنچ جائے سب سے اس کا خطاب ہے:

لِاُنْذِرَكُمْ بِهٖ وَمَنْۢ بَلَغَ۔ ④

''تاکہ میں تمہیں آگاہ و ہوشیار کروں اور ان کو جن تک میری یہ آگاہ ہوشیار کرنے والی آواز پہنچے''۔

پھر تمام انسانوں تک اس کی وسعت ہے:

هٰذَا بَلٰغٌ لِّلنَّاسِ۔ ⑤

''یہ قرآن تمام انسانوں کے لیے پیغام ہے''۔

آنحضرت ﷺ کو خطاب ہوا:

---

① الشعراء، ۲۶: ۲۱۴

② الشوریٰ، ۴۲: ۷

③ یٰسین، ۳۶: ۶۹-۷۰

④ الانعام، ۶: ۱۹

⑤ ابراہیم، ۶: ۱۰

وَمَآ اَرْسَلْنٰكَ اِلَّا كَآفَّةً لِّلنَّاسِ بَشِيْرًا وَّنَذِيْرًا۔ ①

''اور ہم نے تم کو تمام انسانوں کے لیے خوشخبری سنانے والا اور ہوشیار کرنے والا بنا کر بھیجا ہے''۔

آپ کو حکم ہوا کہ تمام انسانوں کو خطاب کر کے یہ اعلان فرما دیں:

قُلْ يٰٓاَيُّهَا النَّاسُ اِنِّىْ رَسُوْلُ اللّٰهِ اِلَيْكُمْ جَمِيْعًا۔ ②

''اے لوگو میں تم سب کی طرف خدا کا پیغام دے کر بھیجا گیا ہوں''۔

اس سے زیادہ یہ ہے کہ تمام کائنات آپ کی دعوت و تبلیغ کے دائرہ میں داخل فرمائی ہے، فرمایا:

تَبٰرَكَ الَّذِىْ نَزَّلَ الْفُرْقَانَ عَلٰى عَبْدِهٖ لِيَكُوْنَ لِلْعٰلَمِيْنَ نَذِيْرًا۔ الَّذِىْ لَهٗ مُلْكُ السَّمٰوٰتِ وَالْاَرْضِ۔ ③

''برکت والا ہے وہ خدا جس نے حق و باطل میں امتیاز بنانے والی کتاب اپنے بندے محمد ﷺ پر نازل کی تا کہ وہ دنیا جہاں کے لیے ہوشیار و آگاہ کرنے والا ہو وہ خدا جس کی ملکیت میں آسمانوں کی اور زمین کی سلطنت ہے''۔

تمام انبیاء کرام علیہم السلام اپنے اپنے دور میں بحکم خداوندی توحید و رسالت، ایمان بالآخرت کی تبلیغ کے ساتھ ساتھ اپنے دور کی برائیوں سے نجات کے لیے اپنے اپنے حلقہ اثر میں دعوت و تبلیغ کا فریضہ سرانجام دیتے رہے اور ہمارے نبی کریم ﷺ بھی یہی کام کیا۔

جب حضور نبی کریم ﷺ وعدہ خداوندی کے مطابق اس دنیا سے تشریف لے گئے تو اب دعوت و تبلیغ کی ذمہ داری امت مسلمہ کے کندھوں پر ڈال دی گئی ہے، اب قیامت تک انہوں نے ہی اس فریضہ کو ادا کرنا ہے، حضور نبی کریم ﷺ نے اپنی امت کی اس ذمہ داری کو بیان کرتے ہوئے ارشاد فرمایا:

انتم شهداء الله فى الارض۔ ④

''تم زمین پر اللہ کے گواہ ہو''۔

اس حدیث سے معلوم ہوا کہ یہ امت اللہ تعالیٰ کی طرف سے حق کی شاہد بنا کر بھیجی گئی ہے، چونکہ آپ ﷺ کے

---

① سباء، ۳۴: ۲۸

② الاعراف، ۷: ۱۵۸

③ الفرقان، ۲۵: ۱۔۲

④ بخاری، محمد بن اسماعیل، الجامع الصحیح، کتاب الجنائز، باب ثناء الناس علی المیت، دار السلام، الریاض، سعودی عرب، ۱۴۲۸ھ، رقم الحدیث: ۱۳۶۷

بعد اب کسی نبی کی بعثت ہونے والی نہیں تھی اس لیے خلق خدا کی رہنمائی اور تمام حجت کی ذمہ داری ہمیشہ کے لیے آپ ﷺ کی امت پر ڈال دی گئی۔ اس امت کا مقام یہ نہیں کہ وہ صرف اپنی حد تک اصلاح وتقویٰ کی زندگی گزارتی رہے، بلکہ اسے پوری دنیا کی ہدایت اور امامت کا کام بھی انجام دینا ہے۔ اس بنا پر ہر مسلمان واعظ بھی ہوتا ہے اور محتسب بھی، داعی مذہب بھی ہوتا ہے اور ماہر شریعت بھی، اسلام کی اسی تربیت کا نتیجہ تھا کہ عرب کا وہ معاشرہ جہاں قبل از اسلام جہالت وگمراہی کا دور دورہ تھا اب ہر گھر فقہ، حدیث، تفسیر اور دعوت وتبلیغ کا مرکز بن چکا تھا، اس امت کی یہ ایک ایسی خصوصیت ہے جس سے کوئی دوسری قوم اور امت متصف نہ تھی، اللہ تعالیٰ امت محمدیہ ﷺ کی اس خصوصیت کا ذکر کرتے ہوئے فرماتا ہے:

كُنْتُمْ خَيْرَ أُمَّةٍ أُخْرِجَتْ لِلنَّاسِ تَأْمُرُونَ بِالْمَعْرُوفِ وَتَنْهَوْنَ عَنِ الْمُنْكَرِ وَتُؤْمِنُونَ بِاللّٰهِ ؕ۔ ①

’’تم بہترین امت ہو کہ تم لوگوں کی نفع رسائی کے لیے ظاہر کیے گئے ہو، تم لوگوں کو بھلے کاموں کا حکم دیتے ہو اور بری باتوں سے روکتے ہو اور اللہ کو مانتے ہو‘‘۔

گویا اس امت کو ’’خیرامت‘‘ کا لقب اس لیے ملا کہ کفر وضلالت سے بھری ہوئی اس دنیا کے لیے سراپا خیر ثابت ہوگی، ان کو نیکی کی راہ دکھائے گی اور حق کی طرف بلاتی رہے گی، نیز یہ حکم بھی دیا کہ اس اجتماعی فریضہ کی ادائیگی کے لیے ایک مخصوص جماعت ایسی بھی ہونی چاہیے جو ہمہ وقت دعوت وتبلیغ کا فریضہ ادا کرتی رہے، ارشادِ باری تعالیٰ ہے:

وَلْتَكُنْ مِّنْكُمْ أُمَّةٌ يَّدْعُونَ إِلَى الْخَيْرِ وَيَأْمُرُونَ بِالْمَعْرُوفِ وَيَنْهَوْنَ عَنِ الْمُنْكَرِ ؕ وَأُولٰٓئِكَ هُمُ الْمُفْلِحُونَ۔ ②

’’تم میں ایک جماعت ہونی چاہیے، جو لوگوں کو خیر اور بھلائی کی طرف بلائے اور اچھی باتوں کا حکم دے اور بری باتوں سے روکے اور یہی لوگ فلاح پانے والے ہیں‘‘۔

اجتماعی کوشش اس وقت تک بار آور نہیں ہوسکتی جب تک ہر فرد اس تحریک میں شریک نہ ہو، یہ شمولیت حسب استطاعت ہی ہوگی، اسلام نے ہر فرد کو یہی تربیت دی ہے، ارشادِ باری تعالیٰ ہے:

وَتَعَاوَنُوا عَلَى الْبِرِّ وَالتَّقْوٰى ۖ وَلَا تَعَاوَنُوا عَلَى الْإِثْمِ وَالْعُدْوَانِ۔ ③

---

① آلِ عمران، ۳: ۱۱۰

② آلِ عمران، ۳: ۱۰۴

③ المائدة، ۵: ۲

''اور نیکی اور تقویٰ پر ایک دوسرے کی مدد کیا کرو اور گناہ اور زیادتی میں ایک دوسرے کی مدد نہ کرو''۔

قرآنِ مجید نے مومن مرد اور عورت کی تعریف ان الفاظ میں کی ہے:

﴿وَالْمُؤْمِنُونَ وَالْمُؤْمِنٰتُ بَعْضُهُمْ اَوْلِيَآءُ بَعْضٍ ۘ يَأْمُرُونَ بِالْمَعْرُوفِ وَيَنْهَوْنَ عَنِ الْمُنْكَرِ﴾ [1]

''اور مومن مرد اور مومن عورتیں ایک دوسرے کے دوست ہیں کہ اچھے کام کرنے کو کہتے ہیں اور بری باتوں سے منع کرتے ہیں''۔

جب کہ منافق مرد اور عورت کا تعارف ان الفاظ میں کروایا گیا ہے:

﴿اَلْمُنٰفِقُونَ وَالْمُنٰفِقٰتُ بَعْضُهُمْ مِّنْۢ بَعْضٍ ۘ يَأْمُرُونَ بِالْمُنْكَرِ وَيَنْهَوْنَ عَنِ الْمَعْرُوفِ﴾ [2]

''منافق مرد اور منافق عورتیں ایک دوسرے کے ساتھی ہیں جو برائی کا حکم دیتے ہیں اور بھلائی سے روکتے ہیں''۔

اس سے معلوم ہوا کہ اللہ تعالیٰ کے ہاں مومن اور منافقین کے درمیان اول اور حقیقی فرق وامتیاز امر بالمعروف ونہی عن المنکر ہے نیکی کی تلقین اور دعوت اسلامی ہی مسلمانوں کا سب سے نمایاں وصف ہے، یہی نہیں بلکہ اللہ تعالیٰ کے آخری دین کی بنیاد پر وجود میں آنے والی امت کو رسول اللہ ﷺ نے بھی واضح الفاظ میں ہدایت فرمائی ہے کہ جس شخص کو دین حق کی جو بات بھی معلوم ہو اسے عام کرنے اور دوسروں تک پہنچانے میں کوتاہی نہ کرے، حضرت عبداللہ بن عمر رضی اللہ عنہما سے روایت ہے کہ رسول اللہ ﷺ نے فرمایا:

«بلغوا عني ولو آية»۔ [3]

''میری طرف سے آگے پہنچاؤ اگرچہ ایک ایک آیت ہی کیوں نہ ہو''۔

گویا آدمی کو صرف ایک آیت یا حدیث کا ہی علم ہو تو بھی اسے اپنی ذات تک محدود نہ رکھے، بلکہ اسے دوسروں تک پہنچا دے تا کہ اس طرح دین عام ہوتا چلا جائے، رسول اللہ ﷺ نے حجۃ الوداع کے موقع پر امت کے

---

[1] التوبۃ، ۹: ۷۱

[2] التوبۃ، ۹: ٦۷

[3] بخاری، ابوعبداللہ محمد بن اسماعیل، الجامع الصحیح، کتاب احادیث الانبیاء، باب ما ذکر عن بنی اسرائیل، رقم الحدیث: ۳۴٦۱

نام اپنے آخری پیغام میں بار بار فرمایا:

الا هل بلغت؟

''کیا میں نے تم تک دین کا پیغام پہنچا دیا ہے؟''۔

جب سب نے تصدیق کی تو آپ ﷺ نے فرمایا:

ليبلغ الشاهد الغائب، فان الشاهد عسى ان يبلغ من هو اوعى له منه۔ ①

''جو یہاں موجود ہے وہ ان لوگوں تک میری باتیں پہنچا دیں جو یہاں موجود نہیں ہیں''۔

اسی طرح ہو سکتا ہے کہ موجود شخص ان باتوں کو کسی ایسے شخص تک پہنچا دے جو اس سے زیادہ ان کی حفاظت کر سکے۔

یہ درحقیقت رسول اللہ ﷺ کی طرف سے دین و شریعت کی تبلیغ کا حکم تھا، یہ اس بات کی تاکید تھی کہ جس طرح آپ ﷺ نے اللہ تعالیٰ کا دین اپنے مخاطبین تک پہنچایا ہے اسی طرح وہ اسے دوسروں تک پہنچائیں۔

عبداللہ بن عباس رضی اللہ عنہ سے روایت ہے کہ آپ ﷺ نے فرمایا:

تسمعون ويسمع منكم، ويسمع ممن يسمع منكم۔ ②

''تم دین کی باتیں (براہِ راست) سن رہے ہو، اس کے بعد تم سے یہ باتیں سنی جائیں گی اور پھر تم سے جو لوگ سنیں گے ان سے ان کے بعد والے سنیں گے''۔

یہی وجہ ہے کہ رسول اللہ ﷺ نے دعوت و تبلیغ کا فریضہ ادا کرنے والے شخص کو امت کے بہترین افراد میں شمار کیا ہے، درہ بنت ابی لہب فرماتی ہیں:

قام رجل الى النبى ﷺ وهو على المنبر فقال يا رسول الله اى الناس خيرا فقال خير الناس اقرؤهم وأتقاهم وامرهم بالمعروف وانهاهم عن المنكر واوصلهم للرحم۔ ③

''رسول اللہ ﷺ منبر پر وعظ فرما رہے تھے کہ ایک شخص کھڑا ہو کر آپ کی طرف بڑھا اور سوال کیا کہ اے اللہ کے رسول ﷺ انسانوں میں سب سے بہتر انسان کون ہے؟ آپ ﷺ

---

① بخاری، محمد بن اسماعیل، الجامع الصحیح، کتاب العلم، باب قول النبی ﷺ رب مبلغ اوعی من سامع، رقم الحدیث: ۶۷

② سجستانی، ابوداود سلیمان بن اشعث، السنن، کتاب العلم، باب فضل نشر العلم، دار السلام، الریاض، سعودی عرب، ۱۴۲۸ھ، رقم الحدیث: ۳۶۵۹

③ احمد بن حنبل، المسند، مسند درہ بنت ابی لہب، دار الکتب العلمیۃ، بیروت لبنان، ۱۴۲۲ھ، رقم الحدیث: ۳۶۸۸۸

نے فرمایا: جو ان میں سے سب سے زیادہ اللہ تعالیٰ کی کتاب پڑھنے والا، سب سے زیادہ متقی، سب سے زیادہ معروف کا حکم دینے والا اور منکر سے روکنے والا، صلہ رحمی کرنے والا ہو"۔

رسول اللہ ﷺ نے دعوت وتبلیغ کا نہ صرف تاکیدی حکم دیا بلکہ اس کو چھوڑنے پر عذاب الٰہی کے نزول کا اندیشہ بھی ظاہر فرمایا، حضرت حذیفہ رضی اللہ عنہ سے روایت ہے کہ آپ ﷺ نے فرمایا:

والذی نفسی بیده لتأمرن بالمعروف ولتنهون عن المنکر أو ليوشكن الله ان يبعث عليكم عذابا منه فتدعونه ولا يستجاب لكم۔ (1)

"قسم ہے اس ذات کی جس کے ہاتھ میں میری جان ہے کہ تمھیں نیکی کا حکم ضرور دینا ہوگا اور برائی سے ضرور روکنا ہوگا ورنہ عین ممکن ہے کہ اللہ تم پر اپنی طرف سے عذاب بھیج دے پھر تم اسے پکارو گے اور تمھیں جواب نہ آئے گا"۔

جب کوئی شخص چھپ کر گناہ کرتا ہے تو اس کی نحوست اور نقصان کا وہ تنہا ہی شکار ہوتا ہے لیکن جب کوئی وہ گناہ سرعام ہو اور لوگ طاقت اور قدرت کے باوجود اس کو نہ روکیں تو اس گناہ کی نحوست سے پورا معاشرہ عذابِ الٰہی کا شکار ہو جاتا ہے آپ ﷺ کا فرمان ہے:

ما من رجل يكون فی قوم يعمل فيهم بالمعاصي يقدرون على ان يغيروا عليه، فلا يغيروا الا اصابهم الله بعذاب من قبل ان يموتوا۔ (2)

"جو کوئی ایسی قوم میں ہو کہ ان میں اللہ کی نافرمانیاں کی جا رہی ہوں اور وہ لوگ ان کی اصلاح اور ان کے بدلنے پر قادر ہوں، اس کے باوجود وہ ان کی اصلاح نہ کریں اور انہیں نہ بدلیں تو اللہ تعالیٰ ان سب کو ان کے مرنے سے پہلے عذاب دے گا"۔

حضرت ابو سعید خدری رضی اللہ عنہ سے روایت ہے کہ رسول اللہ ﷺ نے فرمایا:

من رای منکم منکرا فليغيره بيده فان لم يستطع فبلسانه فان لم يستطع فبقلبه وذلك اضعف الايمان۔ (3)

---

(1) ترمذی، ابوعیسیٰ محمد بن عیسیٰ، السنن، کتاب الفتن، باب ما جاء فی الامر بالمعروف والنھی عن المنکر، دار السلام، الریاض، سعودی عرب، ۱۴۲۸ھ، رقم الحدیث: ۲۱۶۹

(2) سجستانی، ابوداود سلیمان بن اشعث، کتاب الملاحم، باب الامر والنھی، رقم الحدیث: ۴۳۳۹

(3) قشیری، مسلم بن حجاج، الجامع الصحیح، کتاب الایمان، باب بیان کونہ النھی عن المنکر من الایمان، رقم الحدیث: ۱۷۷

''تم میں سے کوئی برائی کو دیکھے تو اس کو روکے اپنے ہاتھوں سے، اگر اس کی طاقت نہیں تو زبان سے اور اگر اس کی بھی طاقت نہیں تو دل سے برا جانے یہ ایمان کا کمزور ترین حصہ ہے''۔

مذکورہ بحث و تحقیق سے یہ بات پایہ ثبوت تک پہنچی کہ دین اسلام میں دعوت و تبلیغ کو انبیاء کرام علیہم السلام کے حق میں فرض کی حیثیت حاصل تھی، انہوں نے اس کو بخوبی سرانجام دیا، اس کے بعد یہ فریضہ امت مسلمہ کے سپرد ہوا اور امت پر یہ فریضہ بقدر استطاعت فرض اور مستحب کے درجے میں ہے اور بحیثیت مجموعی امت کی ذمہ داری ہے کہ اس پیغام کو آئندہ نسلوں تک پہنچانے کے لیے حتی المقدور تگ و دو کریں تا کہ یہ خدائی امانت بحسن وخوبی بندگانِ خدا تک پہنچ سکے۔

تبلیغ کے اصول وضوابط

ہمارے دین اسلام میں صرف تبلیغ کو ہی لازم قرار نہیں دیا گیا، بلکہ اسے فائدہ مند اور ثمر آور بنانے کے لیے اصول وضوابط بھی بیان کیے گئے ہیں، اس کے چند اہم اصول وضوابط ملاحظہ فرمائیں:

* ......تبلیغ کے لیے ضروری ہے کہ مبلغ جس دین کی دعوت دے رہا ہے وہ خود اس پر کامل ایمان ویقین رکھنے والا ہو، یہی وجہ ہے کہ ابنیاء علیہم السلام جس حق کی طرف دعوت دیتے تھے پہلے خود اس پر ایمان لاتے تھے، ارشادِ باری تعالیٰ ہے:

اٰمَنَ الرَّسُوْلُ بِمَآ اُنْزِلَ اِلَيْهِ مِنْ رَّبِّهٖ وَالْمُؤْمِنُوْنَ ط۔ [1]

''رسول ایمان لایا اس چیز پر جو اس پر اس کے رب کی جانب سے اتاری گئی اور مومن ایمان لائے''۔

* ......تبلیغ دین ہر قسم کی قومی وگروہی عصبیت سے بالاتر ہو کر دی جائے، کسی قوم کی دشمنی مبلغ کو حق سے منحرف نہ کرے، ارشادِ باری تعالیٰ ہے:

يٰٓاَيُّهَا الَّذِيْنَ اٰمَنُوْا كُوْنُوْا قَوّٰمِيْنَ لِلّٰهِ شُهَدَآءَ بِالْقِسْطِ ز وَلَا يَجْرِمَنَّكُمْ شَنَاٰنُ قَوْمٍ عَلٰٓى اَلَّا تَعْدِلُوْا ط اِعْدِلُوْا قف هُوَ اَقْرَبُ لِلتَّقْوٰى ز وَاتَّقُوا اللّٰهَ ط اِنَّ اللّٰهَ خَبِيْرٌۢ بِمَا تَعْمَلُوْنَ۔ [2]

---

[1] البقرۃ، ۲:۲۸۵

[2] المائدۃ، ۵:۸

''اے ایمان والوں! اللہ کے لیے انصاف کی گواہی دینے کے لیے کھڑے ہو جایا کرو۔ اور لوگوں کی دشمنی تم کو اس بات پر آمادہ نہ کرے کہ انصاف چھوڑ دو۔ انصاف کیا کرو کہ یہی پرہیزگاری کی بات ہے اور اللہ سے ڈرتے رہو۔ کچھ شک نہیں کہ اللہ تمہارے سب اعمال سے خبردار ہے''۔

* ......مبلغ کے لیے ضرورت ہے کہ موقع محل کی مناسبت سے مخاطب کی ذہنی کیفیت کو دیکھتے ہوئے مناسب ماحول میں اسے تبلیغ کرے، تبلیغ کا انداز ایسا ہو کہ اس میں نرم خوئی، دل سوزی اور حسن خلق کی جھلکیاں نمایاں ہوں اور اگر مخاطب سے بحث وتمحیص کرنا پڑ جائے تو دلائل کا تبادلہ تحمل وبردباری سے ہو، محض مناظرہ بازی، طرزِ کلام میں طنز اور الزام تراشی وغیرہ سے کام نہ لے۔ ان تینوں اصول کو یکجا اور خوبصورت انداز میں اس آیت کریمہ میں بیان کیا گیا ہے، ارشادِ باری تعالیٰ ہے:

اُدۡعُ اِلٰى سَبِيۡلِ رَبِّكَ بِالۡحِكۡمَةِ وَالۡمَوۡعِظَةِ الۡحَسَنَةِ وَجَادِلۡهُمۡ بِالَّتِىۡ هِىَ اَحۡسَنُ‌ؕ اِنَّ رَبَّكَ هُوَ اَعۡلَمُ بِمَنۡ ضَلَّ عَنۡ سَبِيۡلِهٖ وَهُوَ اَعۡلَمُ بِالۡمُهۡتَدِيۡنَ۔ ①

''(اے پیغمبر) لوگوں کو دانش اور نیک نصیحت سے اپنے پروردگار کے رستے کی طرف بلاؤ اور بہت ہی اچھے طریق سے ان سے مناظرہ کرو، جو اس کے رستے سے بھٹک گیا تمہارا پروردگار اسے بھی خوب جانتا ہے اور جو رستے پر چلنے والے ہیں ان سے بھی خوب واقف ہے''۔

ان اصولوں کو مدِّنظر رکھتے ہوئے ہی کی جانے والی تبلیغ کارآمد اور نفع بخش ہوسکتی ہے۔

مبلغ کے اوصاف

اسلام میں جہاں دعوت وتبلیغ کے اوصاف بیان کیے گئے ہیں وہاں مبلغ کے لیے جن ضروری اوصاف کا موجود ہونا ضروری ہے انہیں تفصیل سے بیان کیا گیا ہے، چند اہم اوصاف ملاحظہ فرمائیں:

* ......مبلغ صاحب اخلاق وکردار ہونا چاہیے اور دعوت وتبلیغ کا یہ کام وہ دنیاوی ومادی اغراض سے بالاتر ہو کر صرف اور صرف اعلائے کلمۃ اللہ کے لیے کرے، وگرنہ یہی تبلیغ اس کے لیے وبالِ جان بن جائے گی اور بجائے رضائے الٰہی اور جنت کے ناراضگی اور دوزخ اس کا مقصد بنے گی۔

* ......مبلغ نہ صرف دین کا عالم ہو بلکہ ہر لحظہ اس کے مزید حصول کے لیے کوشاں ہو، کیونکہ اس کے بغیر تبلیغ اور امر ونہی کا فریضہ سرانجام دینا ناممکن ہے، اللہ تعالیٰ کے بعد اس کائنات میں حضور نبی کریم ﷺ سے بڑھ کر کون بڑا عالم ہوسکتا

① النحل، ١٦: ١٢٥

ہے، لیکن پھر بھی آپ ﷺ کو فرمایا گیا:

وَقُل رَّبِّ زِدْنِي عِلْمًا۔ ①

''دعا کرو کہ اے میرے رب میرے علم میں اضافہ فرما''۔

* ...... اپنے پاس موجود علم پر عمل کرنا بھی مبلغ کے لیے بہت ضروری اور تبلیغ کے اندر چاشنی اور اثر پیدا کرنے کا سبب ہے، ایسے مبلغین جو دوسروں کو تو تبلیغ و تلقین کرتے ہیں لیکن خود عمل سے غافل ہیں ان کو ان سخت الفاظ میں ڈانٹ پلائی گئی ہے:

اَتَأْمُرُونَ النَّاسَ بِالْبِرِّ وَتَنْسَوْنَ اَنْفُسَكُمْ۔ ②

''کیا تم لوگوں کو نیکی کا حکم دیتے ہو اور اپنے آپ کو بھلا دیا ہے؟''۔

* ...... مبلغ لوگوں کے مقام و مرتبہ، ان کی سوچ بوجھ اور ذہنی سطح اور ان کی نفسیات کا لحاظ رکھتے ہوئے ان سے تبلیغی گفتگو کرے، حضور نبی کریم ﷺ کا ارشادِ گرامی ہے:

انزلوا الناس منازلهم۔ ③

''لوگوں کے ساتھ ان کے مرتبہ کے مطابق پیش آؤ''۔

اس طرح مبلغ کے لیے فرض، واجب، سنت، مستحب اور مباح وغیرہ کا فرق جاننا بھی ضروری ہے، تا کہ حکم کی سختی اور نرمی کے مطابق تبلیغ میں بھی سختی اور نرمی کا رویہ اختیار کر سکے۔

* ...... مبلغ تبلیغ میں مدارج کا خیال رکھے، کیونکہ بیک وقت تمام عقائد و اعمال کی تبلیغ بوجھ بن جاتی ہے، اس طرح ہمہ وقتی اور لمبی تقریر سے بھی پرہیز کرے، حضرت عبداللہ بن عباس رضی اللہ عنہ بیان کرتے ہیں:

كان النبي ﷺ يتخولنا بها، مخافة السامة علينا۔ ④

''نبی کریم ﷺ ہمارے تھک جانے کا خیال کرتے ہوئے ہمیں کبھی کبھی وعظ فرماتے تھے''۔

دعوت و تبلیغ کے یہ آفاقی اصول و ضوابط ہیں جن کا ہر مبلغ میں پایا جانا ضروری ہے اور انہی اصول و ضوابط کی بنیاد پر اسلام کی دعوت خطہ عرب سے نکل کر پوری دنیا میں پھیلی اور آج پوری دنیا اسلامی تعلیمات سے فیض یاب ہو رہی ہے۔

---

① طٰہٰ، ۲۰: ۱۱۴

② البقرۃ، ۲: ۴۴

③ سجستانی، ابوداود سلیمان بن اشعث، السنن، کتاب الادب، باب فی تنزیل الناس منازلھم، رقم الحدیث: ۴۸۴۲

④ بخاری، محمد بن اسماعیل، الجامع الصحیح، کتاب العلم، باب من جعل لاھل العلم ایام معلوما، رقم الحدیث: ۷۰

فصل سوم:

تبلیغ دین میں مکالمہ کی اہمیت وافادیت

تبلیغ دین میں مکالمہ کو اتنی ہی اہمیت حاصل ہے جتنی کہ جسم انسانی میں ریڑھ کی ہڈی کو اہمیت حاصل ہے، کیونکہ دورانِ تبلیغ مبلغ کا مدعا اور مطمع نظر مخاطب تک اپنی بات کو کما حقہ پہنچانا ہوتا ہے اور یہ کام اس وقت تک ممکن نہیں جب تک مبلغ کو مخاطب سے قرب حسی ومعنوی یا صرف قرب معنوی کمال درجے کا حاصل نہ ہو۔ مکالمے میں چونکہ دو یا اس سے زائد آدمی بیک وقت سامع بھی ہوتے ہیں اور متکلم بھی اور اس کے ذریعے ان کی شخصیتوں، مزاج ومرتبے، علم وفضل، فکرونظر کی افتاد، ظاہر وباطن کے احوال غرضیکہ ہر پہلو کی عکاسی ہو رہی ہوتی ہے اس لیے فریقین کو اس کے ذریعے باہمی حسی ومعنوی قرب انتہائی درجے میں حاصل ہو جاتا ہے جو کہ تبلیغ کی کامیابی کا اقرب ترین سبب ہے۔ یہی وجہ ہے کہ انبیاء ورسل علیہم السلام، ان کے متبعین اور دیگر افکار ونظریات کے حاملین مثلاً افلاطون، جان، ویلڈی، سوڈانو برونو وغیرہ نے دیگر اسالیب کلام کے ساتھ ساتھ ترجیحی بنیادوں پر مکالمات کو ہی ذریعہ تبلیغ بنایا ہے، دینی اعتبار سے اگر ہم تبلیغ کے ساتھ مکالمے کی تاریخ کا جائزہ لیں تو ہمارے پاس موجود قرآنی معلومات میں ہمیں حضرت نوح علیہ السلام وہ پہلے نبی نظر آتے ہیں جنھوں نے بذریعہ مکالمہ اپنی قوم کو دین حق کی تبلیغ کی ہے۔ آپ کا پورا نام نوح بن لامک بن متوشلخ بن خنوخ تھا، آپ کی ولادت حضرت آدم علیہ السلام کی وفات کے ایک سو چھبیس برس بعد ہوئی۔ ①

اس وقت حالات یہ تھے کہ آپ کی قوم کفر وشرک اور اصنام پرستی میں ڈوبی ہوئی تھی، آپ نے ان کی تربیت واصلاح اور اعلائے کلمۃ اللہ کے لیے دعوت وتبلیغ کا کام شروع کیا، وعظ ونصیحت اور تقریر وتنذیر کے ذریعے ساڑھے نو سو برس تک آپ یہ فریضہ سرانجام دیتے رہے، قرآنِ مجید میں متعدد مقامات پر آپ کا تذکرہ نور اور اپنی قوم کے ساتھ مکالمات مذکور ہیں، ایک مکالمہ ملاحظہ فرمائیں۔

آپ اپنی قوم سے خطاب کرتے ہوئے ارشاد فرماتے ہیں:

اَنْ لَّا تَعْبُدُوْٓا اِلَّا اللّٰهَ ۭ اِنِّىْٓ اَخَافُ عَلَيْكُمْ عَذَابَ يَوْمٍ اَلِيْمٍ۔ ②

''کہ اللہ کے سوا کسی کی عبادت نہ کرو۔ مجھے تمہاری نسبت عذاب الیم کا خوف ہے''۔

تو یہ سن کر آپ کی قوم کے سردار کہنے لگے:

---

① ابن کثیر، ابو الفداء عماد الدین، البدایۃ والنہایۃ، نفیس اکیڈمی، کراچی، ۱۹۸۷ء، ج:۱، ص:۱۴۶

② ھود، ۱۱:۲۶

مَا نَرٰىكَ اِلَّا بَشَرًا مِّثْلَنَا وَمَا نَرٰىكَ اتَّبَعَكَ اِلَّا الَّذِيْنَ هُمْ اَرَاذِلُنَا بَادِيَ الرَّاْيِ ۚ وَمَا نَرٰى لَكُمْ عَلَيْنَا مِنْ فَضْلٍۭ بَلْ نَظُنُّكُمْ كٰذِبِيْنَ۔ [1]

''ہم تم کو اپنے ہی جیسا ایک آدمی دیکھتے ہیں اور یہ بھی دیکھتے ہیں کہ تمہارے پیرو وہی لوگ ہوئے ہیں جو ہم میں ادنیٰ درجے کے ہیں۔ اور وہ بھی رائے ظاہر سے (نہ غور وتعمق سے) اور ہم تم میں اپنے اوپر کسی طرح کی فضیلت نہیں دیکھتے بلکہ تمہیں جھوٹا خیال کرتے ہیں''۔

ان کی اس بات پر حضرت نوح علیہ السلام نے فرمایا:

قَالَ يٰقَوْمِ اَرَءَيْتُمْ اِنْ كُنْتُ عَلٰى بَيِّنَةٍ مِّنْ رَّبِّيْ وَاٰتٰىنِيْ رَحْمَةً مِّنْ عِنْدِهٖ فَعُمِّيَتْ عَلَيْكُمْ ؕ اَنُلْزِمُكُمُوْهَا وَاَنْتُمْ لَهَا كٰرِهُوْنَ۔ وَيٰقَوْمِ لَاۤ اَسْـَٔلُكُمْ عَلَيْهِ مَالًا ؕ اِنْ اَجْرِيَ اِلَّا عَلَى اللّٰهِ وَمَاۤ اَنَا بِطَارِدِ الَّذِيْنَ اٰمَنُوْا ؕ اِنَّهُمْ مُّلٰقُوْا رَبِّهِمْ وَلٰكِنِّيْۤ اَرٰىكُمْ قَوْمًا تَجْهَلُوْنَ۔ [2]

''انہوں نے کہا کہ اے قوم! دیکھو تو اگر میں اپنے پروردگار کی طرف سے دلیل (روشن) رکھتا ہوں اور اس نے مجھے اپنے ہاں سے رحمت بخشی ہو جس کی حقیقت تم سے پوشیدہ رکھی گئی ہے۔ تو کیا ہم اس کے لیے تمہیں مجبور کر سکتے ہیں اور تم ہو کہ اس سے ناخوش ہو رہے ہو۔ اور اے قوم! میں اس (نصیحت) کے بدلے تم سے مال و زر کا خواہاں نہیں ہوں، میرا صلہ تو اللہ کے ذمے ہے اور جو لوگ ایمان لائے ہیں، میں ان کو نکالنے والا بھی نہیں ہوں۔ وہ تو اپنے پروردگار سے ملنے والے ہیں لیکن میں دیکھتا ہوں کہ تم لوگ نادانی کر رہے ہو''۔

حضرت نوح علیہ السلام کے بعد حضرت ابراہیم علیہ السلام کے مکالمے بڑی تفصیل کے ساتھ قرآنِ مجید کے مختلف مقامات پر ملتے ہیں، ان میں سے ایک مکالمہ ملاحظہ فرمائیں۔

جب اپنی قوم کے میلہ پر جانے کے بعد مرکزی بت خانے کے تمام بتوں کو توڑ کر کلہاڑا بڑے بت کے کندھے پر رکھ کر آپ گھر تشریف لے آئے، قوم نے واپس پلٹ کر جب اپنے بتوں کی اس قابل رحم حالت کو دیکھ کر قرائن وشواہد کی بنیاد پر آپ پر الزام لگا کر بھرے مجمع میں آپ علیہ السلام سے اس معاملے کے متعلق گفتگو کی تو قرآنِ مجید میں اس کی تصویر کشی ان الفاظ میں کی گئی ہے، حضرت ابراہیم علیہ السلام کو مخاطب کر کے وہ کہنے لگے:

---

[1] ھود، ۱۱: ۲۷

[2] ایضاً، ۱۱: ۲۸-۲۹

ءَاَنْتَ فَعَلْتَ هٰذَا بِاٰلِهَتِنَا يٰۤاِبْرٰهِيْمُ ۔ [1]

''ابراہیم بھلا یہ کام ہمارے معبودوں کے ساتھ تم نے کیا ہے؟''۔

آپ علیہ السلام نے فرمایا:

بَلْ فَعَلَهٗ ۖ كَبِيْرُهُمْ هٰذَا فَسْـَٔلُوْهُمْ اِنْ كَانُوْا يَنْطِقُوْنَ ۔ [2]

''بلکہ ان کے اس بڑے نے یہ حرکت کی ہو گی، سو ان سے پوچھو اگر یہ گفتگو کی سکت رکھتے ہیں تو''۔

اس کے جواب میں وہ کہنے لگے:

لَقَدْ عَلِمْتَ مَا هٰۤؤُلَاۤءِ يَنْطِقُوْنَ ۔ [3]

''تم خوب جانتے ہو کہ یہ بولتے نہیں''۔

تو آپ نے جب قوم کی بے بسی کی حالت دیکھی تو فوراً ان کے بت پر چوٹ بھی کی اور خدائے وحدہ لاشریک کی قدرت کے متعلق انہیں سوچنے کی تبلیغ کرتے ہوئے آپ فرمانے لگے:

اَفَتَعْبُدُوْنَ مِنْ دُوْنِ اللّٰهِ مَا لَا يَنْفَعُكُمْ شَيْـًٔا وَّلَا يَضُرُّكُمْ ۔ اُفٍّ لَّكُمْ وَلِمَا تَعْبُدُوْنَ مِنْ دُوْنِ اللّٰهِ ۭ اَفَلَا تَعْقِلُوْنَ ۔ [4]

''پھر تم اللہ کو چھوڑ کر کیوں ایسی چیزوں کو پوجتے ہو جو نہ تمہیں کچھ فائدہ دے سکیں اور نقصان پہنچا سکیں؟۔ تف ہے تم پر اور جن کو تم اللہ کے سوا پوجتے ہو ان پر بھی کیا تم عقل نہیں رکھتے؟''۔

حضرت ابراہیم علیہ السلام کے مکالمات کے بعد حضرت شعیب علیہ السلام کا اپنی قوم کے ساتھ تبلیغی مکالمہ بھی تفصیلاً قرآنِ مجید میں مذکور ہے، اس کی ایک جھلک ملاحظہ فرمائیں۔

آپ نے اپنی قوم کو مخاطب کر کے ارشاد فرمایا:

قَالَ يٰقَوْمِ اعْبُدُوا اللّٰهَ مَا لَكُمْ مِّنْ اِلٰهٍ غَيْرُهٗ ۭ وَلَا تَنْقُصُوا الْمِكْيَالَ وَالْمِيْزَانَ اِنِّيْۤ

---

[1] الانبیاء، ۲۱: ۶۲

[2] ایضاً، ۶۳

[3] ایضاً، ۶۵

[4] ایضاً، ۶۶ ۔ ۶۷

اَرٰىكُمْ بِخَيْرٍ وَّاِنِّيْٓ اَخَافُ عَلَيْكُمْ عَذَابَ يَوْمٍ مُّحِيْطٍ۔ وَيٰقَوْمِ اَوْفُوا الْمِكْيَالَ وَالْمِيْزَانَ بِالْقِسْطِ وَلَا تَبْخَسُوا النَّاسَ اَشْيَآءَهُمْ وَلَا تَعْثَوْا فِي الْاَرْضِ مُفْسِدِيْنَ۔ بَقِيَّتُ اللّٰهِ خَيْرٌ لَّكُمْ اِنْ كُنْتُمْ مُّؤْمِنِيْنَ ۚ وَمَآ اَنَا عَلَيْكُمْ بِحَفِيْظٍ۔ ①

''اُنہوں نے کہا کہ اے قوم! اللہ ہی کی عبادت کرو کہ اس کے سوا تمہارا کوئی معبود نہیں۔ اور ناپ تول میں کمی نہ کیا کرو۔ میں تو تم کو آسودہ حال دیکھتا ہوں اور (اگر تم ایمان نہ لاؤ گے تو) مجھے تمہارے بارے میں ایک ایسے دن کے عذاب کا خوف ہے جو تم کو گھیر کر رہے گا۔اور قوم! ماپ اور تول انصاف کے ساتھ پوری پوری کیا کرو اور لوگوں کو ان کی چیزیں کم نہ دیا کرو اور زمین میں خرابی کرتے نہ پھرو۔اگر تم کو (میرے کہنے کا) یقین ہو تو اللہ کا دیا ہوا نفع ہی تمہارے لیے بہتر ہے اور میں تمہارا نگہبان نہیں ہوں''۔

اس کے جواب میں آپ کی قوم کے افراد کہنے لگے:

يٰشُعَيْبُ اَصَلٰوتُكَ تَاْمُرُكَ اَنْ نَّتْرُكَ مَا يَعْبُدُ اٰبَآؤُنَآ اَوْ اَنْ نَّفْعَلَ فِيْٓ اَمْوَالِنَا مَا نَشٰٓؤُا ؕ اِنَّكَ لَاَنْتَ الْحَلِيْمُ الرَّشِيْدُ۔ ②

''شعیب کیا تمہاری نماز تمہیں یہ سکھاتی ہے کہ جن کو ہمارے باپ دادا پوجتے آئے ہیں ہم ان کو ترک کر دیں یا اپنے مال میں تصرف کرنا چاہیں تو نہ کریں۔تم تو بڑے نرم دل اور راست باز ہو''۔

آپ نے ان کی گفتگو سن کر خیر خواہانہ لہجے اور تبلیغی انداز میں فرمایا:

قَالَ يٰقَوْمِ اَرَءَيْتُمْ اِنْ كُنْتُ عَلٰى بَيِّنَةٍ مِّنْ رَّبِّيْ وَرَزَقَنِيْ مِنْهُ رِزْقًا حَسَنًا ؕ وَمَآ اُرِيْدُ اَنْ اُخَالِفَكُمْ اِلٰى مَآ اَنْهٰىكُمْ عَنْهُ ؕ اِنْ اُرِيْدُ اِلَّا الْاِصْلَاحَ مَا اسْتَطَعْتُ ؕ وَمَا تَوْفِيْقِيْٓ اِلَّا بِاللّٰهِ ؕ عَلَيْهِ تَوَكَّلْتُ وَاِلَيْهِ اُنِيْبُ۔ وَيٰقَوْمِ لَا يَجْرِمَنَّكُمْ شِقَاقِيْٓ اَنْ يُّصِيْبَكُمْ مِّثْلُ مَآ اَصَابَ قَوْمَ نُوْحٍ اَوْ قَوْمَ هُوْدٍ اَوْ قَوْمَ صٰلِحٍ ؕ وَمَا قَوْمُ لُوْطٍ مِّنْكُمْ بِبَعِيْدٍ۔ وَاسْتَغْفِرُوْا رَبَّكُمْ ثُمَّ تُوْبُوْٓا اِلَيْهِ ؕ اِنَّ رَبِّيْ رَحِيْمٌ وَّدُوْدٌ۔ ③

---

① ھود، ۱۱: ۸۴۔۸۶

② ایضاً، ۸۷

③ ایضاً، ۸۸۔۹۰

''انہوں نے کہا کہ اے قوم! دیکھو تو اگر میں اپنے پروردگار کی طرف سے دلیل روشن پر ہوں اور اس نے اپنے ہاں سے مجھے نیک روزی دی ہو (تو کیا میں ان کے خلاف کروں گا؟) اور میں نہیں چاہتا کہ جس امر سے میں تمہیں منع کروں خود اس کو کرنے لگوں۔ میں تو جہاں تک مجھ سے ہو سکے (تمہارے معاملات کی) اصلاح چاہتا ہوں اور (اس بارے میں) مجھے توفیق کا ملنا اللہ ہی (کے فضل) سے ہے۔ میں اسی پر بھروسہ رکھتا ہوں اور اس کی طرف رجوع کرتا ہوں۔ اور اے قوم! میری مخالفت تم سے کوئی ایسا کام نہ کرادے کہ جیسی مصیبت نوح کی قوم یا ہود کی قوم یا صالح کی قوم پر واقع ہوئی تھی ویسی ہی مصیبت تم پر واقع ہو۔ اور لوط کی قوم (کا زمانہ تو) تم سے کچھ دور نہیں۔ اور اپنے پروردگار سے بخشش مانگو اور اس کے آگے توبہ کرو۔ بے شک میرا پروردگار رحم والا (اور) محبت والا ہے''۔

اس کے علاوہ قرآنِ مجید میں متعدد مقامات پر حضرت لوط علیہ السلام، حضرت صالح علیہ السلام، حضرت یوسف علیہ السلام اور حضرت موسیٰ علیہ السلام کے تبلیغی مکالمے موجود ہیں، جن سے یہ بات واضح ہوتی ہے کہ تبلیغ کے میدان میں مکالمہ کو بنیادی حیثیت حاصل ہے، ذیل میں تبلیغ دین میں مکالمہ کی اہمیت، افادیت پر چند عنوانات ملاحظہ فرمائیں۔

تبلیغ دین میں مکالمے کی افادیت کے چند پہلو

* ......تبلیغ میں سامع اور مبلغ کے لیے ضروری ہے، مبلغ آسان انداز میں سامع کے فہم کے مطابق گفتگو کرے اور سامع کے لیے ضروری ہے کہ مبلغ کی بات پوری توجہ سے ہمہ تن گوش ہو کر سنے اور اگر کوئی بات سمجھ نہ آئے تو اس کے متعلق مزید استفسار کرلے، مکالمے میں افہام وتفہیم کا حق کامل طور پر ادا کیا جا سکتا ہے، مبلغ و سامع چونکہ ایک دوسرے کے آمنے سامنے محو گفتگو ہوتے ہیں اس لیے افادہ واستفادہ اور استفسار کے مکمل اور بلاجھجک مواقع آسانی سے دستیاب ہوتے ہیں۔
* ...... داعی اور مدعو کے درمیان قرب حسی جتنا زیادہ ہوتا ہے افہام وتفہیم کا سلسلہ اتنا ہی فائدہ مند ثابت ہوتا ہے۔ مکالمے میں چونکہ دونوں فریقین بالکل آمنے سامنے ہوتے ہیں اس لیے وہ اس پہلو سے بھی خوب فائدہ اٹھا رہے ہوتے ہیں۔
* ...... دوریاں دوری پیدا کرتی ہیں چونکہ مبلغ کا مقام اور نام معاشرے میں نمایاں ہوتا ہے اور اس کے کام سے حسد کرتے ہوئے کئی لوگ اس کے متعلق معاشرے میں غلط فہمیاں پھیلا دیتے ہیں، مکالمے کے دوران مبلغ اور سامع کو یہ موقع فراہم ہو جاتا ہے کہ اگر مبلغ کے ذہن میں سامع کے متعلق کوئی غلط فہمی موجود ہے تو وہ اس کا ازالہ کروا سکتا ہے۔

تبلیغ دین میں مکالمے کے نفع بخش اثرات کے چند مظاہر

تبلیغ دین میں مکالمے کی اہمیت وافادیت کا انکار ناممکن ہے اور اس کے اثرات اتنے زیادہ ہیں کہ ان کا احاطہ کرنے کے لیے کئی صفحات درکار ہیں، ذیل میں ہم قرآن وحدیث کی روشنی میں اس کے چند واقعات ذکر کر رہے ہیں۔

✱......تخلیق آدم علیہ السلام کے سلسلے میں فرشتوں کا سر تسلیم خم کرنا:

جب اللہ تعالیٰ نے حضرت آدم علیہ السلام کو بنانا چاہا تو ان الفاظ میں فرشتوں کو اپنے اس منصوبے کی خبر دی:

إِنِّي جَاعِلٌ فِي الْأَرْضِ خَلِيفَةً ۖ [1]

''بے شک میں زمین پر ایک نائب مقرر کرنے والا ہوں''۔

تو اس کے جواب میں فرشتے کہنے لگے:

أَتَجْعَلُ فِيهَا مَن يُفْسِدُ فِيهَا وَيَسْفِكُ الدِّمَاءَ وَنَحْنُ نُسَبِّحُ بِحَمْدِكَ وَنُقَدِّسُ لَكَ ۖ [2]

''(اے اللہ) تو زمین میں اسے مقرر کرتا ہے جو اس میں فساد برپا کرے گا اور خون ریزیاں کرے گا، حالانکہ تیری حمد کے ساتھ تیری تسبیح بیان کرتے ہیں اور تیرے لیے پاکی بیان کرتے ہیں''۔

جب گفتگو مزید آگے چلی اور ان پر حضرت آدم علیہ السلام کی فضیلت واضح ہوگئی تو سر تسلیم خم کرتے ہوئے بیک زباں ہو کر پکار اٹھے:

سُبْحَانَكَ لَا عِلْمَ لَنَا إِلَّا مَا عَلَّمْتَنَا ۖ إِنَّكَ أَنتَ الْعَلِيمُ الْحَكِيمُ ۔ [3]

''تو پاک ہے۔ جتنا علم تو نے ہمیں بخشا ہے، اس کے سوا ہمیں کچھ معلوم نہیں۔ بے شک تو دانا (اور) حکمت والا ہے''۔

وہ فرشتے جو پہلے تخلیق آدم کو زمین کی تباہی وبربادی کا سبب سمجھتے تھے، اس مکالمے کا ان پر یہ اثر ہوا کہ وہ نہ صرف عظمت آدم کے قائل ہوئے بلکہ ہمہ تن گوش ہو کر انہوں نے فیصلہ الٰہی کے سامنے سر تسلیم خم کر لیا۔

✱......سلیمان علیہ السلام کے سامنے ملکہ بلقیس کا سر تسلیم خم کرنا:

جب ملکہ بلقیس حضرت سلیمان علیہ السلام کی خدمت عالیہ میں حاضر ہونے لگی تو آپ نے اس کا تخت پہلے ہی منگوا کر

---

[1] البقرۃ، ۲: ۳۰

[2] ایضاً

[3] ایضاً، ۳۲

اپنے پاس رکھوا لیا اور اس کے گزرنے کے راستے میں شیشے کا فرش بچھوا دیا، جب وہ اس کے اوپر سے گزرنے لگی تو اسے پانی سمجھ کر اس نے اپنی پنڈلیوں سے کپڑے کو اٹھا لیا تو حضرت سلیمان علیہ السلام نے سامنے دیوان خانے سے اسے پکار کر کہا یہ شیشے کا فرش ہے پانی نہیں، اسے اپنی عقل کا قصور اور آپ کی عقل کا کمال معلوم ہوا اور وہ سمجھ گئی کہ دین میں بھی جو یہ سمجھتے ہیں وہی صحیح ہو گا۔[1] اور دائرہ اسلام میں داخل ہو گئی، اس کی تصویر لفظی قرآن مجید میں اس طرح کھینچی گئی ہے:

فَلَمَّا جَآءَتۡ قِيۡلَ اَهٰكَذَا عَرۡشُكِ‌ؕ قَالَتۡ كَاَنَّهٗ هُوَ‌ ۚ وَاُوۡتِيۡنَا الۡعِلۡمَ مِنۡ قَبۡلِهَا وَكُنَّا مُسۡلِمِيۡنَ۔ وَصَدَّهَا مَا كَانَتۡ تَّعۡبُدُ مِنۡ دُوۡنِ اللّٰهِ‌ؕ اِنَّهَا كَانَتۡ مِنۡ قَوۡمٍ كٰفِرِيۡنَ۔ قِيۡلَ لَهَا ادۡخُلِى الصَّرۡحَ‌ ۚ فَلَمَّا رَاَتۡهُ حَسِبَـتۡهُ لُـجَّةً وَّكَشَفَتۡ عَنۡ سَاقَيۡهَا‌ ؕ قَالَ اِنَّهٗ صَرۡحٌ مُّمَرَّدٌ مِّنۡ قَوَارِيۡرَ‌ ؕ قَالَتۡ رَبِّ اِنِّىۡ ظَلَمۡتُ نَفۡسِىۡ وَاَسۡلَمۡتُ مَعَ سُلَيۡمٰنَ لِلّٰهِ رَبِّ الۡعٰلَمِيۡنَ۔[2]

''جب وہ آ پہنچی تو پوچھا گیا کہ کیا آپ کا تخت بھی اسی طرح کا ہے؟ اس نے کہا کہ یہ تو گویا ہو بہو وہی ہے اور ہم کو اس سے پہلے ہی (سلیمان کی عظمت شان) کا علم ہو گیا تھا اور ہم فرمانبردار ہیں۔ اور وہ جو اللہ کے سوا (اور کی) پرستش کرتی تھی، سلیمان نے اس کو اس سے منع کیا (اس سے پہلے تو) وہ کافروں میں سے تھی۔ (پھر) اس سے کہا گیا کہ محل میں چلیے، جب اس نے اس (کے فرش) کو دیکھا تو اسے پانی کا حوض سمجھا اور (کپڑا اٹھا کر) اپنی پنڈلیاں کھول دیں۔ سلیمان نے کہا یہ ایسا محل ہے جس میں (نیچے بھی) شیشے جڑے ہوئے ہیں۔ وہ بول اٹھی کہ پروردگار میں اپنے آپ پر ظلم کرتی رہی تھی اور (اب) میں سلیمان کے ہاتھ پر خدائے رب العالمین پر ایمان لاتی ہوں''۔

یہ حضرت سلیمان علیہ السلام کے خداداد طاقت اور مکالمے کا اثر تھا کہ اتنی بڑی سلطنت کی مالک آپ کے سامنے سر تسلیم خم کرتی ہے اور دین حق کو قبول کرنے کا نعرہ مستانہ بلند کرتی ہے۔

✱...... اصحاب الجنۃ کی توبہ:

سورۂ قلم میں ایک باغ کا تذکرہ کیا گیا ہے، وہ ایک نیک آدمی کا تھا، جو اس کی کٹائی کے وقت غرباء، یتامی اور

---

[1] عثمانی، شبیر احمد، تفسیر عثمانی، پاک کمپنی، لاہور، ۲۰۰۹ء، ص: ۵۰۷

[2] النمل، ۲۷: ۴۲۔۴۴

مساکین کو وافر حصہ دیا کرتا تھا، اس کی وفات کے بعد اس کے بیٹوں نے ان لوگوں کو حصہ نہ دینے کا منصوبہ بنایا اور اسے عملی جامہ پہنانے کے لیے راتوں رات باغ کے پھل کا صفایا کرنے کا پروگرام بنایا، خدا کی قدرت کا اظہار وہاں اس طرح ہوا کہ رات کے پچھلے پہر جب وہ وہاں پہنچے تو باغ جل کر راکھ ہو چکا تھا، یہ معاملہ دیکھ کر کف افسوس ملتے ہوئے وہ باغ کے اس نقصان کے اسباب وعوامل پر باہم مکالمہ کرنے لگے، دورانِ مکالمہ درمیانے بھائی نے ان کی توجہ اللہ تعالیٰ کی نافرمانی اور حق داروں کو ان کا حق نہ ادا کرنے کی طرف مبذول کروائی تو وہ اس نقصان کا اصل سبب جان کر تائب ہوئے تو اللہ تعالیٰ نے اس کے بدلے میں انہیں بہتر باغ عطا فرما دیا، قرآنِ مجید میں اس واقعہ کی یوں منظر کشی کی گئی ہے، ارشادِ باری تعالیٰ ہے:

إِنَّا بَلَوْنَٰهُمْ كَمَا بَلَوْنَآ أَصْحَٰبَ ٱلْجَنَّةِ إِذْ أَقْسَمُوا۟ لَيَصْرِمُنَّهَا مُصْبِحِينَ۔ وَلَا يَسْتَثْنُونَ۔ فَطَافَ عَلَيْهَا طَآئِفٌ مِّن رَّبِّكَ وَهُمْ نَآئِمُونَ۔ فَأَصْبَحَتْ كَٱلصَّرِيمِ۔ فَتَنَادَوْا۟ مُصْبِحِينَ۔ أَنِ ٱغْدُوا۟ عَلَىٰ حَرْثِكُمْ إِن كُنتُمْ صَٰرِمِينَ۔ فَٱنطَلَقُوا۟ وَهُمْ يَتَخَٰفَتُونَ۔ أَن لَّا يَدْخُلَنَّهَا ٱلْيَوْمَ عَلَيْكُم مِّسْكِينٌ۔ وَغَدَوْا۟ عَلَىٰ حَرْدٍ قَٰدِرِينَ۔ فَلَمَّا رَأَوْهَا قَالُوٓا۟ إِنَّا لَضَآلُّونَ۔ بَلْ نَحْنُ مَحْرُومُونَ۔ قَالَ أَوْسَطُهُمْ أَلَمْ أَقُل لَّكُمْ لَوْلَا تُسَبِّحُونَ۔ قَالُوا۟ سُبْحَٰنَ رَبِّنَآ إِنَّا كُنَّا ظَٰلِمِينَ۔ فَأَقْبَلَ بَعْضُهُمْ عَلَىٰ بَعْضٍ يَتَلَٰوَمُونَ۔ قَالُوا۟ يَٰوَيْلَنَآ إِنَّا كُنَّا طَٰغِينَ۔ عَسَىٰ رَبُّنَآ أَن يُبْدِلَنَا خَيْرًا مِّنْهَآ إِنَّآ إِلَىٰ رَبِّنَا رَٰغِبُونَ۔ [1]

''ہم نے ان لوگوں کی اسی طرح آزمائش کی ہے جس طرح باغ والوں کی آزمائش کی تھی۔ جب انہوں نے قسمیں کھا کھا کر کہا کہ صبح ہوتے ہوتے ہم اس کا میوہ توڑ لیں گے۔ اور ان شاء اللہ نہ کہا۔ سو وہ ابھی سو ہی رہے تھے کہ تمہارے پروردگار کی طرف سے (راتوں رات) اس پر ایک آفت پھر گئی۔ تو وہ ایسا ہو گیا جیسے کٹی ہوئی کھیتی۔ جب صبح ہوئی تو وہ لوگ ایک دوسرے کو پکارنے لگے۔ اگر تم کو کاٹنا ہے تو اپنی کھیتی پر سویرے ہی جا پہنچو۔ تو وہ چل پڑے اور آپس میں چپکے چپکے کہتے جاتے تھے۔ آج یہاں تمہارے پاس کوئی فقیر نہ آنے پائے۔ اور کوشش کے ساتھ سویرے ہی جا پہنچے (گویا کھیتی پر) قادر ہیں۔ جب باغ کو دیکھا تو (ویران) کہنے لگے کہ ہم رستہ بھول گئے ہیں۔ نہیں بلکہ ہم (برگشتہ نصیب) بے نصیب ہیں۔ ایک جو اُن میں فرزانہ تھا بولا کہ کیا میں نے تم سے نہیں کہا تھا کہ تم تسبیح کیوں نہیں

[1] القلم، ۶۸: ۱۷۔۳۲

کرتے؟۔ (تب) وہ کہنے لگے کہ ہمارا پروردگار پاک ہے بے شک ہم ہی قصوروار تھے۔ پھر لگے ایک دوسرے کو رو در رو ملامت کرنے۔ کہنے لگے ہائے شامت ہم ہی حد سے بڑھ گئے تھے۔ امید ہے کہ ہمارا پروردگار اس کے بدلے میں ہمیں اس سے بہتر باغ عنایت کرے ہم اپنے پروردگار کی طرف سے رجوع لاتے ہیں''۔

ان لوگوں کی بہت بڑی نافرمانی جس کی وجہ سے ان کا اتنا بڑا نقصان ہوا تھا، اس مکالمے کے بعد وہ اس سے تائب ہو گئے اور اللہ تعالیٰ نے مالی معاملے میں ان پر مزید کئی کرم نوازیاں فرما دیں۔

✱...... اعرابی کو جنت کا پروانہ مل گیا:

حضرت ابوہریرہ رضی اللہ عنہ بیان کرتے ہیں نبی کریم ﷺ کی بارگاہ میں ایک اعرابی حاضر ہوا اور اس نے عرض کیا:

دلنی علی عمل اذا عملته دخلت الجنة۔

''میری کسی ایسے عمل کی طرف رہنمائی کیجیے جسے میں کروں تو جنت میں داخل ہو جاؤں''۔

تو آپ ﷺ نے اسے ارشاد فرمایا:

تعبد الله ولا تشرك به شيئا۔

''اللہ کی عبادت کر اور اس کے ساتھ کسی کو شریک نہ ٹھہرا''۔

وتؤدی الزکاة المفروضة۔

''اور فرض زکوۃ ادا کیا کرو''۔

وتصوم رمضان۔

''اور رمضان کے روزے رکھا کرو''۔

اس نے یہ سن کر عرض کیا:

والذی نفسی بیده لا ازید علی هذا۔

''قسم ہے اس اللہ کی جس کے ہاتھ میں میری جان ہے میں اس پر کچھ زیادہ نہ کروں گا''۔

جب وہ اعرابی واپس پلٹا تو نبی کریم ﷺ نے ارشاد فرمایا:

من سره ان ينظر الی رجل من اهل الجنة فلينظر الی هذا۔ [1]

''جو یہ چاہتا ہے کہ جنتی آدمی کی طرف دیکھے، اسے چاہیے کہ اس آدمی کی طرف دیکھ لے''۔

---

[1] بخاری، محمد بن اسماعیل، الجامع الصحیح، کتاب الزکوۃ، باب وجوب الزکوۃ، رقم الحدیث: ۱۳۹۷

* ......ثمامہ بن اثال اسلام کی دہلیز پر :

حضرت ابوہریرہ رضی اللہ عنہ بیان کرتے ہیں کہ حضور نبی کریم ﷺ نے نجد کی طرف سواروں کا ایک دستہ روانہ فرمایا، یہ سوار ایک نجدی کو گرفتار کر کے لے آئے، جس کا نام ثمامہ بن اُثال تھا، نبی کریم ﷺ کے حکم نامے سے اسے مسجد نبوی کے ایک ستون کے ساتھ باندھ دیا گیا، حضور نبی کریم ﷺ اس کے پاس تشریف لائے اور فرمایا:

ما عندك يا ثمامة۔

''اے ثمامہ بولو کس حال میں ہو؟''۔

ثمامہ نے جواب دیا:

عندي خير يا محمد إن تقتلني تقتل ذا دم وإن تنعم تنعم على شاكر وإن كنت تريد المال فسل منه ما شئت۔

''اے محمد (ﷺ) میں ٹھیک ہوں، اگر تم مجھے قتل کرو تو یہ ایسے آدمی کا قتل ہوگا جو اپنی قوم کا سردار ہے، اگر احسان کرو تو اسے فراموش نہیں پاؤ گے اور اگر میرے بدلے مال چاہتے ہو تو جتنا بھی طلب کرو حاضر ہے''۔

اگلے دن حضور نبی کریم ﷺ نے پھر ارشاد فرمایا:

ما عندك يا ثمامة۔

''اے ثمامہ تمہارا کیا خیال ہے؟''۔

اس نے جواب دیا:

ما قلت لك إن تنعم تنعم على شاكر۔

''میں نے آپ کو عرض کر دیا ہے کہ اگر آپ احسان کریں گے تو اسے فراموش نہیں پائیں گے''۔

آپ نے اسے اسی حالت میں چھوڑ دیا اور اگلے دن پھر اس کے پاس تشریف لا کر ارشاد فرمایا:

ما عندك يا ثمامة۔

''اے ثمامہ تیرا کیا خیال ہے؟''۔

اس نے کہا:

عندي ما قلت لك۔

''وہی جو پہلے آپ کو عرض کر چکا ہوں''۔

آپ ﷺ نے ارشاد فرمایا:

أطلقوا ثمامة۔

''ثمامہ کو رہا کر دو''۔

(رہائی کے بعد) ثمامہ مسجد کے قریب کھجوروں کے باغ میں گیا، وہاں پر غسل کیا اور مسجد نبوی میں حاضر ہو کر کہا:

أشهد ان إله إلا الله وأشهد أن محمدا رسول الله يا محمد والله ما كان على الأرض وجه أبغض إلى من وجهك فقد أصبح وجهك أحب الوجوه إلى والله ما كان من دين أبغض إلى من دينك فأصبح دينك أحب دين إلى والله ما كان من بلد أبغض إلى من بلدك فأصبح بلدك أحب البلاد إلى۔

''میں گواہی دیتا ہوں کہ اللہ کے سوا کوئی معبود نہیں اور محمد ﷺ اللہ کے رسول ہیں (اور حضور ﷺ کو مخاطب کرتے ہوئے کہنے لگا) اے محمد ﷺ آج سے پہلے روئے زمین پر آپ کے چہرے سے زیادہ مجھے کسی چہرے پر غصہ نہیں آتا تھا، لیکن آج آپ کا رُخ انور میرے لیے محبوب ترین چہرہ ہے، اللہ کی قسم! آپ کے دین سے زیادہ مجھے کسی دین سے نفرت نہ تھی، مگر آج میرا محبوب ترین دین یہ ہے، اللہ کی قسم! آپ کے شہر سے زیادہ مجھے کسی دوسرے شہر سے نفرت نہیں تھی، اب یہ شہر مجھے تمام شہروں سے زیادہ محبوب ہے''۔

پھر عرض کرنے لگا کہ آپ کے سواروں نے مجھے عین اس وقت گرفتار کیا ہے جب میں عمرہ کی نیت سے مکہ جا رہا تھا، اب فرمائیے مجھے کیا کرنا چاہیے؟

تو نبی کریم ﷺ نے ارشاد فرمایا: بشارت ہو تمہیں، جاؤ اور عمرہ ادا کرو''۔

جب ثمامہ رضی اللہ عنہ عمرہ کے لیے مکہ پہنچے تو وہاں کافروں نے انہیں کہا کہ سنا ہے تم بے دین ہو گئے ہو؟ یہ بات سن کر ثمامہ نے کہا:

لا ولكن أسلمت مع محمد رسول الله ﷺ ولا والله لا يأتيكم من اليمامة حبة حنطة حتى يأذن فيها النبي ﷺ۔[1]

''ہر گز نہیں، میں تو اللہ کے رسول پر ایمان لایا ہوں، قسم ہے اس ذات کی جس نے آپ کو

---

[1] بخاری، محمد بن اسماعیل، الجامع الصحیح، کتاب المغازی، باب وفد بنی حنیفة وحدیث ثمامة بن اثال، رقم الحدیث: ۴۳۷۲

مبعوث فرمایا ہے، جب تک رسول اللہ ﷺ اجازت نہیں دیں گے، تمہارے پاس یمامہ سے گندم کا ایک دانہ بھی نہیں آئے گا''۔

مذکورہ حدیث میں ثمامہ بن اثال رضی اللہ عنہ پر رسول اللہ ﷺ کے مکالمے کا اتنا اثر ہوا وہ نہ صرف دائرہ اسلام میں داخل ہوئے بلکہ مسلمانوں کے دشمنوں قریش مکہ کے لیے اس وجہ سے یمامہ کی طرف سے گندم آنا بھی رک گئی، جس کا معاشی طور پر انہیں بہت زیادہ نقصان ہوا اور یہی باتیں آگے چل کر فتح مکہ کے اسباب میں شامل ہوئیں اور پورے عرب پر اسلام کا جھنڈا بلند ہوا۔

باب دوم:

تبلیغ نبوی کا منہج واسلوب

فصل اول: مکی دور میں تبلیغ نبوی ﷺ کا منہج واسلوب

فصل دوم: مدنی دور تشکیل میں تبلیغ کا نبوی منہج واسلوب

فصل سوم: مدنی دورِ عروج میں تبلیغ کا نبوی منہج واسلوب

فصل اول:

مکی دور میں تبلیغ نبوی ﷺ کا منہج واسلوب

اللہ تعالیٰ نے اپنے بندوں تک اپنا پیغام حق پہنچانے کے لیے جن انبیاء ورسل علیہم السلام کو مبعوث فرمایا تھا اپنے اپنے وقت میں انہوں نے بطریق احسن ابلاغ وتبلیغ کا فریضہ سر انجام دیا اور بھولے بھٹکے لوگوں کو واصل باللہ کرنے کے لیے اپنی تمام تر صلاحیتیں وقف کیں۔ ان خدائی مبلغین ومصلحین کی آخری کڑی اور سلسلہ نبوت کے آخری سرتاج ہمارے حضور نبی مکرم ﷺ ہیں، پہلے انبیاء کرام علیہم السلام کا دائرہ نبوت محدود ہوا کرتا تھا، لیکن چونکہ آپ آخری نبی بنا کر بھیجے گئے اس لیے آپ کی نبوت کا دائرہ کار بھی زمان ومکان کی حد بندیوں سے ماوراء تا قیام قیامت تک پھیلا دیا گیا۔ آپ کی تعلیمات اور مواد تبلیغ کو اتنی وسعت اور جامعیت عطا کی گئی قیامت تک دنیا کے کسی بھی حصے کا، کسی بھی زبان اور زمانے سے تعلق رکھنے والا اگر اپنے فکری، روحانی، معاشرتی، معاشی اور سیاسی مسائل وغیرہ کے حل کے لیے آپ کی تعلیمات کی طرف رجوع کرے تو اسے ان میں ہر مسئلے کا کافی وشافی حل مل سکے اور پھر آپ کی نبوت کا کمال یہ ہے کہ آپ کے پیغام کو عام کرنے کے لیے خود کی ذاتی محنت وکاوش، آپ کے متبعین کی جہد مسلسل اور عطائے خداوندی سے ایسے اسباب مہیا ہوئے کہ وہ تعلیمات ہمیشہ کے لیے محفوظ بھی ہوگئیں اور دنیا کے کونے کونے تک ان کو پہنچانا آسان بھی ہوگیا۔ گھر کی تنہائی اور گلی محلے کی محدود آبادی سے آپ کا تبلیغی پروگرام کا آغاز اور پھر آج جدید میڈیا اور انٹرنیٹ کے ذریعے پوری دنیا تک اس کی رسائی سے بڑھ کر آپ کی نبوت کی خاتمیت اور ہمیشہ کے لیے ضابطہ حیات ہونے کی عقلی اور تجرباتی دلیل کیا ہوسکتی ہے؟

اگرچہ آج آپ کا تبلیغی پروگرام دور جدید کے تمام ذرائع ابلاغ کو اپنے گھیرے میں لیے ہوئے ہے اور دنیا کے کونے کونے میں اس کی صدا سنی وسنائی جا رہی ہے، لیکن یہ بات سوچنے کے قابل ہے کہ یہ سارے انتظام کسی معجزے کی بنیاد پر نہیں ہوئے، گو اس میں تائید خداوندی کا موجود ہونا کسی شک وشبہ سے بالا تر ہے لیکن یہ بھی حقیقت ہے کہ ''ابراہیم کا ایمان'' آپ نے خود بھی پیدا کیا ہے۔ پہلے آپ نے جان گسل محنتیں اور کاوشیں کیں ہیں، پھر مدد خداوندی اتری ہے، جب آپ نے دعوت وتبلیغ دین کا آغاز کیا اس وقت آپ کا منہج اور اسلوب دعوت وتبلیغ کیا تھا؟ اس کو سمجھنے سے پہلے اس وقت کے عرب معاشرہ کی مذہبی، معاشی اور معاشرتی صورتِ حال کو جاننا بہت ضروری ہے، کیونکہ داعی کا منہج دعوت اس کے علاقے کے لوگوں کی ذہنی وفکری، نظریات اور رجحانات کے مطابق ہی ہوتا ہے۔

آغاز تبلیغ کے وقت اہل عرب کی معاشرتی کیفیت

حضور نبی کریم ﷺ جس معاشرے سے اپنی تبلیغ کا آغاز فرما رہے تھے وہ جاہل اور اَن پڑھ لوگوں پر مشتمل تھا، ارشادِ باری تعالیٰ ہے:

هُوَ الَّذِي بَعَثَ فِي الْأُمِّيِّينَ رَسُولًا۔ ①

''(اللہ) وہی ہے جس نے اَن پڑھ لوگوں میں انہی میں سے ایک رسول کو بھیجا''۔

چونکہ جاہل لوگوں کے عقائد ونظریات اور معاشی معاشرتی معاملات بغیر کسی الہامی تعلیم کے محض ظن وتخمین کی بنیاد پر قائم ہوتے ہیں اس لیے یہ معاشرہ بھی ہر حوالے سے انتہائی کسمپرسی کا شکار تھا، اگر ہم اس معاشرے کے جاہلانہ عقائد ونظریات اور رسم ورواج کا اگر جائزہ لیں تو اس کی درج ذیل چند اہم جھلکیاں ہمارے سامنے آتی ہیں:

* ......عرب کے لوگ اور بالخصوص قریش اگرچہ خود کو حضرت ابراہیم علیہ السلام کی طرف منسوب کرتے تھے اور گو وہ ان کی اولاد بھی ان کے راستے پر چلنے کے دعویدار بھی تھے لیکن اس کے باوجود انہوں نے دین ابراہیم کی بنیادوں کو بگاڑ کر رکھ دیا تھا، مزدلفہ سے ہی اضافہ کر لینا، قریش کے لیے حالت احرام میں گھی اور پنیر کا استعمال جائز نہ سمجھنا، بیرون حرم سے آنے والے باشندوں کے لیے کھانے کی کوئی چیز ساتھ لانا جائز نہ سمجھنا، ننگے ہو کر خانہ کعبہ کا طواف کرنا وغیرہ درجنوں بدعات انہوں نے دین ابراہیمی میں شامل کر لیں تھیں اور سب سے بڑھ کر یہ کہ انہوں ننے دین ابراہیمی جو کہ خالص توحید پر مشتمل تھا اس میں بے شمار شرکیہ عقائد ونظریات کی آمیزش کر دی تھی۔ بتوں کی پوجا، انہیں معبود اور خدائی اختیارات وغیرہ کا حامل سمجھنا اور فرشتوں کو اللہ تعالیٰ کی بیٹیاں تصور کرنا، یہ ان کے صریح شرکیہ نظریات تھے جن کی وجہ سے ان کے ہاں دین ابراہیمی کا حلیہ بگڑ چکا تھا، یہی وجہ ہے کہ اللہ تعالیٰ نے قرآنِ مجید میں حضرت ابراہیم علیہ السلام کے ذکر کے ساتھ اکثر مقامات پر شرک کی نفی کی ہے، ایک مقام پر ارشادِ باری تعالیٰ ہے:

وَقَالُوا كُونُوا هُودًا أَوْ نَصَارَىٰ تَهْتَدُوا ۗ قُلْ بَلْ مِلَّةَ إِبْرَاهِيمَ حَنِيفًا ۖ وَمَا كَانَ مِنَ الْمُشْرِكِينَ۔ ②

''اور (یہودی اور عیسائی) کہتے ہیں کہ یہودی یا عیسائی ہو جاؤ تو سیدھے رستے پر لگ جاؤ۔ (اے پیغمبر ان سے) کہہ دو، (نہیں) بلکہ (ہم) دین ابراہیم (اختیار کیے ہوئے ہیں) جو ایک اللہ کے ہو رہے تھے اور مشرکوں میں سے نہ تھے''۔

---

① الجمعة، ۶۲:۲

② البقرة، ۲:۱۳۵

✱...... اجتماعی حالات کا اگر جائزہ لیا جائے تو طبقہ اشراف میں مرد و عورت کا تعلق گہرا اور ترقی یافتہ تھا، اسے بہت کچھ خودمختاری حاصل تھی اور اس کی خودمختاری یہاں تک پہنچی ہوئی تھی کہ اگر چاہتی تو دو قبائل کے اندر صلح کروا دیتی اور چاہتی تو دو قبائل میں جنگ کروا دیتی، جب کہ دوسری طرف کچھ قبائل میں عورت کو باعث عار سمجھا جاتا تھا اور اسے زندہ درگور کرنے میں ہی عافیت سمجھی جاتی تھی۔ کچھ قبائل میں باقاعدہ پارسائی کے طریقے پر نکاح کا رواج تھا اور کچھ میں یہ طریقہ بھی بے حیائی پر مشتمل تھا۔ متعدد بیویاں رکھنا ایک معروف بات تھی، نکاح کی کئی قسمیں معروف تھیں، مثلاً معروف طریقے سے نکاح، نکاح استبضاع، اجتماعی نکاح جس میں ایک عورت سے دس آدمیوں تک کی جماعت بدکاری کرتی تھی اور وقتی نکاح جس میں رنڈیاں اپنے گھروں پر نشانی کے لیے جھنڈے گاڑ دیتی تھیں اور لوگ بے دھڑک ان کے پاس جا کر بدکاری کرتے تھے، حضور نبی کریم ﷺ نے تشریف لا کر ان سارے نکاحوں کو ختم فرما دیا، صرف نکاح کا ایک معروف طریقہ پاکیزہ اور اسلامی سانچے میں ڈھال کر باقی رکھا۔[1]

اس معاشرے میں باپ بیٹے کا تعلق بھی مختلف نوعیت کا تھا، کچھ باپ اپنے بچوں سے حد سے زیادہ پیار کرتے تھے اور کچھ فقر و فاقہ کے خوف سے اسے جان سے مار ڈالتے تھے۔[2]

اسی وجہ سے اسلام نے اس فعل قبیح سے انہیں منع کیا۔[3]

جہاں تک سگے بھائیوں، چچیرے بھائیوں اور کنبے قبیلے کے باہمی تعلقات کا معاملہ تھا تو یہ قبائلی عصبیت کی وجہ سے پختہ اور مضبوط تھے، ہاں مختلف قبائل کے باہمی تعلقات ہمیشہ شکست و ریخت کا شکار رہتے تھے، بعض حالات میں حلف، موالاۃ اور تابعداری کے اصولوں پر مختلف قبائل یکجا بھی ہو جاتے تھے۔ خلاصہ یہ ہے کہ اجتماعی حالت ضعف و بے بصیرتی کی پستی میں گری ہوئی تھی، جہل اپنی طنابیں تانے ہوئے تھا اور خرافات کا دور دورہ تھا، لوگ جانوروں کی سی زندگی گزار رہے تھے، عورت بیچی اور خریدی جاتی تھی اور بعض اوقات اس سے مٹی اور پتھر جیسا سلوک کیا جاتا تھا۔ قوم کے باہمی تعلقات کمزور بلکہ ٹوٹے ہوئے تھے۔[4] اور وہ ایک جاہلی معاشرے کی صحیح صحیح عکاسی کر رہے تھے۔

✱ ...... اقتصادی حوالے سے عربوں کی معیشت کا دارومدار تجارت پر تھا اور اس کے لیے بھی انہیں امن و سلامتی کی

---

[1] البقرۃ، ۲: ۱۳۵

[2] بخاری، محمد بن اسماعیل، الجامع الصحیح، باب من قال لا نکاح الا بولی، رقم الحدیث: ۵۱۲۷

[3] بنی اسرائیل، ۱۷: ۳۱

[4] مبارک پوری، صفی الرحمن، الرحیق المختوم، مکتبہ سلفیہ، لاہور، ۲۰۰۵ء، ص: ۷۱

ضرورت تھی اور یہ اشہر حرم کے سوا مفقود تھی، یہی وجہ ہے کہ ان مہینوں میں عرب کے مشہور بازار عُکاظ، ذی المجاز اور مجنہ وغیرہ لگتے تھے، صنعتوں کے معاملہ میں عرب ساری دنیا سے پیچھے تھے، کپڑے کی بنائی اور چمڑے کی دباغت وغیرہ کی شکل میں چند صنعتیں جو پائی جاتی تھیں وہ زیادہ تر یمن، حیرہ اور شام کے متصل علاقوں میں تھیں، اندرون عرب میں کھیتی باڑی اور گلہ بانی کا کسی قدر رواج تھا، لیکن بالخصوص مکہ مکرمہ اس سے بالکل خالی تھا، قرآن مجید میں ان الفاظ میں اشارہ کیا گیا ہے:

بِوَادٍ غَيْرِ ذِي زَرْعٍ عِنْدَ بَيْتِكَ الْمُحَرَّمِ ۙ ①

''بے گیاہ وادی میں تیرے حرمت والے گھر کے پاس''۔

*...... عربوں کی اخلاقی حالت میں اچھائی اور برائی دونوں کے اوصاف ملے جلے تھے، اگر ان کی بری اقدار اور عادات کا جائزہ لیا جائے تو ان میں قبائلی عصبیت، غرور وفخر، خود پسندی، شراب نوشی اور پھر اس پر فخر اور جوا وغیرہ نمایاں تھے اور اگر ان کے اعلیٰ اوصاف کا جائزہ لیا جائے تو وفائے عہد، خود داری، عزت نفس، عزائم کی تکمیل، حلم وبردباری، سنجیدگی اور سادگی وغیرہ ان میں نمایاں ہیں۔ شاید انہی اعلیٰ اوصاف کی بنیاد پر اللہ تعالیٰ نے اپنی آخری دعوت کا حامل انہیں ہی بنایا اور پھر ان کی انہی صلاحیتوں کی بدولت اس دعوت کا دنیا کے کونے کونے تک پہنچنا اس عالم وجود میں ممکن ہو سکا۔

عرب کے جاہلی معاشرے میں مبلغ اعظم ﷺ کی پاکیزہ سیرت کے چند نمونے

کسی بھی مبلغ کی تبلیغ کی کامیابی کے لیے ضروری ہے کہ اس کا مقام ومرتبہ معاشرے کے دیگر افراد سے نمایاں اور ممتاز ہو، اس کا کردار اتنا پاکیزہ ہو کہ لوگ اس کی طرف رشک کی نگاہوں سے دیکھیں۔ عرب کے جاہلی معاشرے میں جب ہم دیگر افراد کے درمیان اسلام کے مبلغ اپنے نبی مکرم ﷺ کی طرف نگاہ دوڑاتے ہیں تو یہ بات کھل کر سامنے آتی ہے کہ آپ کا وجود ان تمام خوبیوں اور کمالات کا جامع تھا جو متفرق عدد پر لوگوں کے مختلف طبقات میں پائے جاتے ہیں، آپ اصابتِ فکر، دور بینی اور حق پسندی کا بلند مینار تھے، آپ کو حسن فراست، پختگی فکر اور وسیلہ ومقصد کی درستگی سے وافر حصہ عطا ہوا تھا، آپ اپنی طویل خاموشی سے مسلسل غور وخوض، دائمی تفکیر اور حق کی کرید میں مدد لیتے تھے، آپ نے اپنی شاداب عقل اور روشن فطرت سے زندگی کے صفحے پر لوگوں کے معاملات اور جماعتوں کے احوال کا مطالعہ کیا اور جن خرافات میں یہ سب لت پت تھیں، ان سے سخت بیزاری محسوس کی، چنانچہ آپ نے ان سب سے دامن

---

① ابراہیم، ۱۴: ۳۷

کش رہتے ہوئے پوری بصیرت کے ساتھ لوگوں کے درمیان زندگی کا سفر طے کیا، یعنی لوگوں کا جو کام اچھا ہوتا اس میں کثرت فرماتے ورنہ اپنی مقررہ تنہائی کی طرف پلٹ جاتے، چنانچہ آپ نے شراب کو کبھی منہ نہ لگایا، آستانوں کا ذبیحہ نہ کھایا اور بتوں کے لیے منائے جانے والے تہوار میلوں ٹھیلوں میں کبھی شرکت نہ کی، آپ کو شروع ہی سے ان باطل معبودوں سے اتنی نفرت تھی، ان سے بڑھ کر آپ کی نظر میں کوئی چیز مبغوض نہ تھی، حتی کہ لات وعزیٰ کی قسم سننا بھی آپ کو گوارا نہ تھا، اس میں شبہ نہیں کہ تقدیر نے آپ پر حفاظت کا سایہ ڈال رکھا تھا، چنانچہ جب بعض دنیاوی تمتعات کے حصول کے لیے نفس کے جذبات متحرک ہوئے یا بعض ناپسندیدہ رسم ورواج کی پیروی پر طبیعت آمادہ ہوئی تو عنایت ربانی دخیل ہو کر رکاوٹ بن گئی۔

ابن کثیر کی ایک روایت ہے کہ رسول اللہ ﷺ نے فرمایا: اہل جاہلیت جو کام کرتے تھے مجھے دو دفعہ کے علاوہ کبھی ان کا خیال نہیں گزرا، لیکن ان دونوں میں بھی اس کا خیال گزرا یہاں تک کہ اللہ نے مجھے اپنی پیغمبری سے مشرف فرما دیا، ہوا یہ کہ جو لڑکا بالائی مکہ میں میرے ساتھ بکریاں چرایا کرتا تھا اس سے ایک رات میں نے کہا کیوں نہ تم میری بکریاں دیکھو اور میں جا کر دوسرے لوگوں کی طرح وہا کی شبانہ قصہ گوئی کی محفل میں شرکت کرلوں اس نے کہا: ٹھیک ہے، اس کے بعد میں نکلا اور ابھی مکہ کے پہلے ہی گھر کے پاس پہنچا تھا کہ باجے کی آواز سنائی پڑی، میں نے دریافت کیا لوگوں نے بتایا فلاں کی فلاں سے شادی ہے، میں سننے بیٹھ گیا اور اللہ نے میرا کان بند کر دیا اور میں سو گیا، ھر سورج کی تمازت ہی سے میری آنکھ کھلی اور میں اپنے ساتھی کے پاس واپس چلا گیا، اس کے پوچھنے پر میں تفصیلات بتائیں اس کے بعد ایک رات پھر میں نے اپنی بات کہی اور مکہ پہنچا تو پھر اسی رات کی طرح واقعہ پیش آیا اور اس کے بعد پھر کبھی غلط ارادہ نہ ہوا۔ ①

صحیح بخاری میں حضرت جابر بن عبداللہ رضی اللہ عنہما سے مروی ہے کہ جب کعبہ تعمیر کیا گیا تو نبی ﷺ اور حضرت عباس رضی اللہ عنہ پتھر ڈھو رہے تھے، حضرت عباس رضی اللہ عنہ نے نبی ﷺ سے کہا اپنا تہبند اپنے کندھے پر رکھ لو، اس سے حفاظت رہے گی، لیکن جونہی آپ نے ایسا کیا آپ زمین پر جا گر، نگاہیں آسمان کی طرف اٹھ گئیں، افاقہ ہوتے ہی آواز لگائی میرا تہبند اور آپ کو باندھ دیا گیا۔ ②

نبی ﷺ اپنی قوم میں شیریں کردار، فاضلانہ اخلاق اور کریمانہ عادات کے لحاظ سے ممتاز تھے، چنانچہ آپ سب سے زیادہ بامروت، سب سے خوش اخلاق، سب سے معزز ہمسایہ، سب سے بڑھ کر دور اندیش، سب سے زیادہ

---

① ابن کثیر، ابو الفداء عماد الدین، البدایۃ والنہایۃ، ج: ۲، ص: ۲۸۷

② بخاری، محمد بن اسماعیل، الجامع الصحیح، کتاب الحج، باب فضل مکۃ وبنیانہا، رقم الحدیث: ۱۵۸۲

راست گو، سب سے نرم پہلو، سب سے زیادہ پاک نفس، خیر میں سب سے زیادہ کریم، سب سے نیک عمل، سب سے بڑھ کر پابند عہد اور سب سے بڑے امانت دار تھے، حتی کہ آپ کی قوم نے آپ کا نام ہی امین رکھ دیا تھا، کیونکہ آپ سب اعمال صالحہ اور خصال حمیدہ کا پیکر تھے۔

نبی کریم ﷺ کے تبلیغی منہج واسلوب کی جامعیت وآفاقیت

حضور نبی کریم ﷺ نے جب عرب کے جاہلی معاشرے میں دین کی دعوت وتبلیغ کا آغاز کیا تو آپ کے پیش نظر صرف وہی معاشرہ نہیں تھا، بلکہ پوری دنیا آپ کے پیش نظر تھی، اس لیے آپ نے اس مقام سے اس انداز میں تبلیغ کا کام اٹھایا کہ سامعین نہ صرف خود تبلیغ سے مستفید ہوں بلکہ مستقبل کے لیے مبلغ بھی بن جائیں، تاکہ پھر ان کے ذریعے پوری دنیا میں یہ پیغام حق پھیل سکے، اگر ہم حضور نبی کریم ﷺ کی پوری دعوتی وتبلیغی زندگی کا مطالعہ کریں تو اس میں تبلیغ کے حوالے سے ہمیں چند یہ نمایاں اصول اور خاص منہج واسلوب نظر آتے ہیں:

تبلیغ کا معجزانہ منہج واسلوب:

نبی کریم ﷺ نے ایسے انفرادی منہج واسلوب کے ذریعے اسلام کی تبلیغ کا آغاز فرمایا جو اس سے پہلے کسی الہامی وغیر الہامی مذہب کو حاصل نہیں تھا، علامہ سید سلیمان ندوی لکھتے ہیں:

> ''یہ نکتہ کہ کس طرح لوگوں کو سچائی قبول کرنے کی دعوت دینی چاہیے دنیا میں پہلی دفعہ محمد رسول اللہ ﷺ کی زبان وحی ترجمان سے ادا ہوا، وہ مذہب بھی جو الہامی اور تبلیغی ہونے کا دعویٰ رکھتے ہیں یہ نہیں کہہ سکتے کہ ان کے صحیفوں نے ان کے لیے تبلیغ کے اہم اصول کی تشریح کی ہے، لیکن صحیفہ محمدی ﷺ نے اختصار لیکن پوری تشریح کے ساتھ اپنے پیروں کو یہ بتایا کہ پیغام الٰہی کو کس طرح لوگوں تک پہنچایا جائے اور ان کو قبول حق کی دعوت کس طرح دی جائے''۔①

اور وہ منہج واسلوب کیا ہے؟ قرآن مجید نے اسے ان معجزانہ الفاظ میں بیان کیا ہے:

اُدْعُ اِلٰى سَبِيْلِ رَبِّكَ بِالْحِكْمَةِ وَالْمَوْعِظَةِ الْحَسَنَةِ وَجَادِلْهُمْ بِالَّتِیْ هِیَ اَحْسَنُ ۔②

''(اے پیغمبر) لوگوں کو دانش اور نیک نصیحت سے اپنے پروردگار کے راستے کی طرف بلاؤ

---

① ندوی، سید سلیمان، سیرۃ النبی ﷺ، ج: ۴، ص: ۹۱

② النحل، ۱۶: ۱۲۵

اور بہت ہی اچھے طریقے سے ان سے مناظرہ کرو'۔

اس آیت کریمہ میں تبلیغ دین کے تین بنیادی اصول بیان ہوئے ہیں:

۱۔ حکمت

۲۔ موعظہ حسنہ

۳۔ مجادلہ بطریق احسن

حکمت سے مراد یہ ہے کہ مدعو کی نفسیات اور موقع محل کی مناسبت سے بات کی جائے تا کہ وہ اس بات کو اپنے اوپر بوجھ سمجھے بغیر قبول کرنے پر آمادہ ہو جائے، موعظہ حسنہ سے مراد یہ ہے کہ مبلغ کی گفتگو اتنی حسین، شستہ اور اپیل بھرے انداز پر مشتمل ہو کہ مدعو اسے اپنے دل کی ہی آواز سمجھے اور مجادلہ احسن سے مراد یہ ہے کہ اگر مدعو کسی بات کو قبول کرنے کی بجائے اس کے متعلق بحث پر اتر آیا ہے تو اس کے ساتھ نرمی اور پر اخلاق لہجے میں بحث کی جائے، اپنی ذات کو منوانے کی بجائے مسئلے کی تفہیم کی پوری کوشش کی جائے اور اس بحث کو لڑائی جھگڑے میں تبدیل نہ ہونے دیا جائے۔

تبلیغ دین کا یہ اسلوب و منہج اللہ تعالیٰ نے براہِ راست نبی کریم ﷺ کو سکھلایا تھا اور آپ نے اسی کے مطابق صحابہ کرام رضی اللہ عنہم کو تبلیغ کی اور اس اسلوب پر چل کر تبلیغ کا کام اتنا نفع آور ہوا کہ آج پوری دنیا میں پیغام حق پہنچ چکا ہے۔

تبلیغ میں تدریج:

نبی کریم ﷺ نے تبلیغ میں تدریج کا خود بھی ہمیشہ خیال رکھا اور اسلام کے دیگر مبلغین کو بھی خصوصیت کے ساتھ اس کی تلقین فرمائی ہے، یہ بات تو واضح حقیقت ہے کہ مبلغ اگر یکبارگی شریعت کے تمام احکامات کو بوجھ مخاطب کی گردن پر لاد دے گا تو یہ بجائے مخاطب کو قریب کرنے کے اسے ڈرا کر دور بھگانے والا کام ہے۔ اگر مدعو کے سامنے آہستہ آہستہ دین کے احکام پیش کیے جائیں تو اس سے ہی مبلغ کے مطلوبہ نتائج حاصل ہو سکتے ہیں، اسی حقیقت کی طرف اشارہ کرتے ہوئے حضرت عائشہ رضی اللہ عنہا کا ارشادِ گرامی ہے:

إنما نزل أول ما نزل منه سورة من المفصل فيها ذكر الجنة والنار حتى إذا ثاب
الناس إلي الإسلام نزل الحلال والحرام ولو نزل أول شيء لا تشربوا الخمر

لقالوا لا ندع الخمر أبدا ولو نزل لا تزنوا لقالوا لا ندع الزنا أبدا۔ ①

''قرآن میں سب سے پہلے جو چیز نازل کی گئی وہ مفصل سورتوں میں سے ایک سورت ہے، جس میں جنت اور جہنم کا ذکر ہے، یہاں تک کہ جب لوگ اسلام کے دائرے میں آ گئے تب حلال وحرام کے احکام نازل ہوئے، اگر بالکل شروع ہی میں حکم آ جاتا کہ شراب نہ پیو تو لوگ کہتے کہ ہم ہرگز نہ چھوڑیں گے اور اگر یہ حکم دیا جاتا کہ زنا نہ کرو تو لوگ کہتے ہم ہرگز زنا نہ چھوڑیں گے''۔

اصول تدریج میں مبلغ احکام کی ترتیب کیا رکھے؟ اس کی وضاحت بھی نبی کریم ﷺ نے خود فرمادی ہے، چنانچہ جب آپ نے حضرت معاذ بن جبل رضی اللہ عنہ کو یمن کا گورنر بنا کر بھیجا تو یہ تلقین فرمائی:

«إنك ستأتي قوما من أهل الكتاب فإذا جئتهم فادعهم إلي أن يشهدوا أن لا إله إلا الله وأن محمدا رسول الله فإن هم أطاعوا لك بذلك فأخبرهم أن الله قد فرض عليهم خمس صلوات فى كل يوم وليلة فإن هم أطاعوا لك بذلك فأخبرهم أن الله قد فرض عليهم صدقة تؤخذ من أغنيائهم فترد على فقرائهم فإن هم أطاعوا لك بذلك فإياك وكرائم أموالهم واتق دعوة المظلوم فإنه ليس بينه وبين الله حجاب»۔ ②

''تم اہل کتاب کے پاس جا رہے ہو، وہاں جا کر انہیں پہلے کلمہ شہادت کی دعوت دینا کہ اللہ تعالیٰ کے سوا کوئی معبود برحق نہیں اور محمد اللہ تعالیٰ کے رسول برحق ہیں۔ اگر وہ اس کا اقرار کرنے میں تمہاری اطاعت کر لیں تو انہیں بتانا کہ اللہ تعالیٰ نے تم پر روزانہ پانچ نمازیں فرض کی ہیں۔ جب یہ بھی مان لیں تو انہیں خبردار کرنا کہ اللہ تعالیٰ نے تم پر زکاۃ فرض کی ہے جو ان کے مالداروں سے وصول کر کے ان کے غرباء پر تقسیم کر دی جائے گی۔ پھر اگر وہ اسے تسلیم کر لیں تو زکاۃ وصول کرتے وقت ان کا سب سے عمدہ مال لینے سے پرہیز کرنا اور مظلوم کی آہ و بکا سے بھی ڈرتے رہنا کیونکہ اس کی بددعا اور اللہ کے درمیان کوئی پردہ حائل نہیں ہوتا''۔

① بخاری، محمد بن اسماعیل، الجامع الصحیح، کتاب فضائل القرآن، باب تالیف القرآن، رقم الحدیث: ۴۹۹۳

② ایضاً، کتاب المغازی، باب بعث أبي موسى ومعاذ الى اليمن، رقم الحدیث: ۴۳۴۷

رفق اور نرمی کا برتاؤ:

نرمی اور خیر خواہی کے جذبے کے بغیر مبلغ کی بات بے اثر ہے، کیونکہ سختی اور شدت سے مخاطب کے دل میں نفرت اور عداوت کے جذبات پیدا ہوتے ہیں جس کے نتیجے میں وہ حق قبول کرنے کی بجائے ضد پر اڑ جاتا ہے، یہی وجہ ہے کہ جب حضرت موسیٰ علیہ السلام اور حضرت ہارون علیہ السلام کو فرعون جیسے باغی وسرکش بادشاہ کے سامنے پیغام ربانی لے جانے کے حکم ملا تو ساتھ یہ بھی فرمایا گیا:

اِذْهَبَآ اِلٰى فِرْعَوْنَ اِنَّهٗ طَغٰى. فَقُوْلَا لَهٗ قَوْلًا لَّيِّنًا لَّعَلَّهٗ يَتَذَكَّرُ اَوْ يَخْشٰى. ①

''اور اس سے نرمی سے بات کرنا شاید وہ غور کرے یا ڈر جائے۔ دونوں کہنے لگے کہ ہمارے پروردگار ہمیں خوف ہے کہ ہم پر تعدی کرنے لگے یا زیادہ سرکش ہوجائے''۔

خود حضور نبی کریم صلی اللہ علیہ وسلم بھی اپنے اسلوب دعوت میں اسی طریقے پر چلے ہیں، جب حضرت طفیل بن عمرو رضی اللہ عنہ نے اسلام قبول کرنے کے بعد اپنی قوم کو اسلام کی دعوت دینا شروع کی اور ان کی طرف سے مسلسل انکار ہی ہوتا رہا تو انہوں نے آپ کی خدمت میں ان کے لیے بددعا کرنے کی درخواست پیش کر دی، تو آپ صلی اللہ علیہ وسلم نے بددعا کی بجائے ان کے لیے یہ دعا فرمائی:

اللهم اهد دوسا، ارجع الى قومك فادعهم وارفق بهم۔ ②

''اے اللہ دوس کو ہدایت عطا فرما (اور طفیل بن عمرو سے فرمایا) تم اپنی قوم کی طرف لوٹ جاؤ اور ان کو دعوت دیتے رہو لیکن ان کے ساتھ نرمی اختیار کرنا''۔

چنانچہ ان کے اس عمل سے ۷ ہجری میں ان کے ستر یا اسی گھرانوں کے لوگ حضرت طفیل رضی اللہ عنہ کی معیت میں نبی کریم صلی اللہ علیہ وسلم کی بارگاہ میں حاضر ہوئے، اسی طرح مسلسل رفق ونرمی کی وجہ سے آپ کا حلقہ تبلیغ پھیلتا چلا گیا۔

موقع ومحل کے لحاظ سے دعوت:

مبلغ کے لیے یہ ضروری ہے کہ تبلیغ کا ماحول سازگار دیکھ کر اپنا فریضہ سرانجام دے، اسی میں اس کے مشن کی کامیابی کا راز پوشیدہ ہے ورنہ جذبے کی سچائی اور اندرونی لگن کے باوجود دعوت غیر مؤثر رہے گی، جب مدعو بحث پر اتر آئے اور فضول نکتہ چینی کرنا شروع کر دے تو تب بغیر بحث کیے کسی دوسرے موقع کی تلاش میں اس سے ہٹ جانا

---

① طٰہٰ، ۲۰: ۴۳۔۴۴

② ابن ہشام، السیرۃ النبویۃ، دار احیاء التراث العربی، بیروت لبنان، ۱۹۹۵ء، ج:۱،ص:۴۲۲

چاہیے، ارشادِ باری تعالیٰ ہے:

وَاِذَا رَاَیۡتَ الَّذِیۡنَ یَخُوۡضُوۡنَ فِیۡۤ اٰیٰتِنَا فَاَعۡرِضۡ عَنۡہُمۡ حَتّٰی یَخُوۡضُوۡا فِیۡ حَدِیۡثٍ غَیۡرِہٖ [1]

''جب تم ان لوگوں کو دیکھو جو ہماری آیات میں نکتہ چینی کر رہے ہیں تو ان سے اعراض کرو، یہاں تک کہ وہ کسی اور بات میں لگ جائیں''۔

حضور نبی کریم ﷺ نے خود بھی اس اصول کو پیش نظر رکھا اور صحابہ کرام رضی اللہ عنہم کو بھی تلقین فرمائی کہ وہ دعوت وتبلیغ کے جوش میں ہر مجلس میں نہ گھس جایا کریں، بلکہ پہلے حالات کا جائزہ لیں، اگر دعوت کے لیے ماحول ساز گار ہو تو دعوت دیں ورنہ مناسب وقت کا انتظار کریں۔[2]

ترغیب وترھیب کے ذریعے دعوت:

حضور نبی کریم ﷺ کی دعوت نیکیوں کی ترغیب اور برائی سے ترھیب پر مشتمل تھی، آپ نے حضرت عمرو بن حزم انصاری رضی اللہ عنہ کی طرف مکتوب میں تبلیغ کرنے کا حکم اور اس کے اصول وضوابط اور اسالیب بیان کرتے ہوئے ارشاد فرمایا:

ويبشر الناس بالجنة وبعملها، وينذر الناس النار وعملها ويستأنف الناس حتى يفقهوا في الدين۔[3]

''لوگوں کو جنت کی بشارت دیں اور اس کے اعمال سے آگاہ کریں، دوزخ سے ڈرائیں اور اس کے اعمال سے متنبہ کریں، لوگوں کے ساتھ نہایت اخلاق سے پیش آئیں تاکہ وہ ارکان دین کو اچھی طرح سمجھ لیں''۔

آسانی اور سہولت پر مبنی احکام:

چونکہ جائز آسانی اور سہولت کو پیش نظر رکھنا اور دین کو درشت اور مشکل نہ بنانا اس کی قبولیت کا اہم ذریعہ بن سکتا ہے اس لیے حضور نبی کریم ﷺ نے تبلیغ دین میں اس کام کو خصوصیت کے ساتھ پیش نظر رکھا، حضرت عائشہ رضی اللہ عنہا بیان فرماتی ہیں:

ما خير رسول الله صلى الله عليه وسلم بين أمرين إلا أخذ أيسرهما ما لم يكن

---

[1] الانعام، ۶: ۶۸

[2] ورک، محمد اکرم، ڈاکٹر، صحابہ کرام کا اسلوب دعوت وتبلیغ، مکتبہ جمال کرم، لاہور، ۲۰۰۴ء، ص: ۴۶

[3] مالک بن انس، المؤطا، کتاب حسن الخلق، باب ما جاء فی حسن الخلق، رقم الحدیث: ۶۹۰

إثما فإن كان إثما كان أبعد الناس منه وما انتقم رسول الله صلى الله عليه وسلم لنفسه إلا أن تنتهك حرمة الله فينتقم لله بها ۔ ①

''رسول اللہ ﷺ کو کبھی دو امور میں اختیار نہیں دیا گیا، مگر یہ کہ آپ نے ان میں سے آسان کو اختیار کیا، بشرطیکہ اس میں گناہ نہ ہو، اگر گناہ ہو تو اس سے تمام انسانوں سے زیادہ دور ہوتے تھے، آپ نے اپنی ذات کے لیے کسی سے انتقام نہیں لیا، مگر جب کہ اللہ کی حرمت کو مجروح کیا جاتا تو پھر آپ اللہ کے لیے انتقام لیتے تھے''۔

یہی وجہ ہے کہ آپ صحابہ کرام رضی اللہ عنہم کو اعمال وافعال کی تلقین کرتے اور ان کے معاملات کا خیال کرتے ہوئے آسانی کو پیش نظر رکھتے تھے، اور یہی وجہ تبلیغ دین کی قبولیت کا سبب بن رہی تھی، حضرت ابوہریرہ رضی اللہ عنہ سے روایت ہے ایک اعرابی نے مسجد میں پیشاب کر دیا، لوگ اس کو مارنے کے لیے آگے بڑھنے لگے تو آپ نے انہیں روک کر اس جگہ کو صاف کروا دیا اور صحابہ کرام رضی اللہ عنہم کو فرمایا:

انما بعثتم میسرین ولم تبعثوا معسرین۔ ②

''تم آسانی کرنے والے بنا کر بھیجے گئے ہو نہ کہ مشکل پسند''۔

حضرت معاذ بن جبل رضی اللہ عنہ اور حضرت ابوموسیٰ اشعری رضی اللہ عنہ کو یمن کی طرف تبلیغی مہم پر بھیجتے ہوئے ارشاد فرمایا:

یسرا ولا تعسرا وبشرا ولا تنفرا۔ ③

''دین کو آسان بنا کر پیش کرنا، سخت بنا کر پیش نہ کرنا، لوگوں کو خوشخبری سنانا، نفرت نہ دلانا''۔

مخاطب کی ذہنی استعداد کے مطابق تبلیغ:

مدعو کی ذہنی استعداد کا لحاظ رکھتے ہوئے اسے تبلیغ وتلقین کرنا دعوتی حکمت عملی کا تقاضا اور اس کی کامیابی کا سبب ہے، اس میدان میں شہری، دیہاتی، پڑھے لکھے اور جاہل وغیرہ کے ساتھ گفتگو کرتے ہوئے فرق مراتب رکھنا بہت ضروری ہے، ہر کسی کے ساتھ اس کے ذہنی معیار کے مطابق ہی بات کی جائے تو وہ فائدہ مند ثابت ہو سکتی ہے، حضور نبی کریم ﷺ تبلیغ کرتے وقت لوگوں کی ذہنی استعداد کا خوب لحاظ رکھتے تھے۔

---

① بخاری، محمد بن اسماعیل، الجامع الصحیح، کتاب الادب، باب قول النبی ﷺ: یسروا ولا تعسروا، رقم الحدیث: ۶۱۲۶

② ایضاً، کتاب الادب، باب قول النبی ﷺ: یسروا ولا تعسروا، رقم الحدیث: ۶۱۲۸

③ قشیری، مسلم بن حجاج، الجامع الصحیح، کتاب الجهاد، باب فی الامر بالتیسیر، دار السلام، الریاض، سعودی عرب، ۱۴۲۵ھ، رقم الحدیث: ۴۵۲۶

حضرت ابو ہریرہ رضی اللہ عنہ بیان کرتے ہیں کہ ایک اعرابی آپ کی خدمت میں حاضر ہوا اور کہنے لگا:

يا رسول الله إن امرأتي ولدت غلاما أسود وإني أنكرته فقال له النبي صلى الله عليه وسلم هل لك من إبل ؟ قال نعم قال ما ألوانها ؟ قال حمر قال فهل فيها من أورق ؟ قال نعم قال رسول الله صلى الله عليه وسلم فأنى هو ؟ قال لعله يا رسول الله يكون نزعه عرق له فقال له النبي صلى الله عليه وسلم وهذا لعله يكون نزعه عرق له ۔ ①

''اے اللہ کے رسول ﷺ! میری بیوی نے سیاہ بچے کو جنم دیا ہے اور میں اس کو پسند نہیں کرتا، رسول اللہ ﷺ نے اس سے فرمایا: کیا تمہارے پاس اونٹ ہیں؟ اس نے کہا: ہاں، آپ ﷺ نے فرمایا: ان کے رنگ کیا ہیں؟ اس نے کہا: سرخ ہیں، آپ ﷺ نے فرمایا: کیا ان میں سے کوئی سیاہی مائل بھی ہے؟ اس نے کہا: ہاں، سیاہی مائل بھی ہے، آپ ﷺ نے فرمایا: وہ کہاں سے آ گیا؟ وہ کہنے لگا: شاید ان کی کہیں اصل نسب میں ہوگا، آپ ﷺ نے فرمایا: شاید یہ بھی کہیں اصل نسب میں ہوگا''۔

وہ اعرابی یہ بات سن کر بالکل مطمئن ہوگیا، آپ نہ صرف خود اس اسلوب پر تبلیغ کرتے تھے، بلکہ اپنے مبلغ صحابہ رضی اللہ عنہم کو بھی آپ نے یہی تلقین کر رکھی تھی، صحابہ کرام رضی اللہ عنہم فرماتے ہیں:

أمرنا ان نعلم الناس على قدر عقولهم ۔ ②

''آپ نے ہمیں حکم دیا کہ ہم لوگوں کی ذہنی استعداد کے مطابق بات کریں''۔

مدعو کے مقام ومرتبے کا لحاظ:

تبلیغ دین کے سلسلے میں حضور نبی کریم ﷺ کا طرزِ عمل لوگوں کے مقام ومرتبے کے پیش نظر جدا جدا تھا، یہی وجہ ہے کہ آپ وفودِ عرب جو عموماً قبائلی رؤسا اور سرداروں پر مشتمل ہوتے تھے، ان کی پیشوائی فرماتے، ان کے احترام کے پیش نظر ان کے لیے کھڑے ہوتے اور ان کی عزت افزائی فرماتے تھے، یہی وجہ ہے کہ کئی وفود جو محض معاہدہ صلح کے لیے آپ کے پاس حاضر ہوئے تھے وہ آپ کے اخلاق سے متاثر ہو کر ہمیشہ کے لیے اسلام کے دامنِ رحمت سے وابستہ ہو گئے، آپ نے صحابہ کرام رضی اللہ عنہم کی تربیت بھی اس نہج پر فرمائی اور ہم سب کے لیے اس میدان میں جامع

---

① بخاری، محمد بن اسماعیل، کتاب الطلاق، باب اذا عرض بنفی الولد، رقم الحدیث: ۵۳۰۵

② ہندی، علاؤ الدین، کنز العمال، کتاب الاخلاق، باب فی الاخلاق المحمودۃ، موسسۃ الرسالۃ، بیروت لبنان، ۱۹۸۵ء، ج: ۴، ص: ۷۰، رقم الحدیث: ۸۵۰۳

اصول بیان فرما دیا:

انزلوا الناس منازلهم۔ ①

''لوگوں سے ان کی قدر ومنزلت کے مطابق پیش آؤ''۔

ایجاز واختصار:

تبلیغ کو فضول تکرار اور بے فائدہ طول سے بچانا بھی داعی کی ذمہ داری میں شامل ہے کہ کہیں لوگ اس سے متنفر ہی نہ ہو جائیں، حضور نبی کریم ﷺ کا تبلیغی میدان میں طرزِ عمل یہی تھا، حضرت عمار بن یاسر رضی اللہ عنہ بیان کرتے ہیں:

امرنا رسول الله ﷺ باقتصار الخطب۔ ②

''رسول اللہ ﷺ نے ہمیں خطبہ میں اختصار کا حکم فرمایا ہے''۔

جبر واکراہ سے اجتناب:

ہمارے حضور نبی کریم ﷺ کے لائے ہوئے دین رحمت کی خصوصیت ہے کہ یہ دین محض دعوت وتبلیغ اور محنت ومشقت سے پھیلا ہے، اس میں جبر واکراہ اور بزور شمشیر ایمان لانے کی کوئی گنجائش موجود نہیں ہے، کیونکہ اسلام کا اولین جزء ایمان ہے اور وہ نام ہے یقین کا اور جب تک بندہ اس کی تعلیمات سے متاثر ہو کر اس کے مطابق زندگی کا خود بخود ارادہ نہ کر لے تب تک جبراً یقین کا ایک ذرہ بھی کسی کے دل میں پیدا نہیں کیا جا سکتا، قرآنِ مجید میں واضح الفاظ میں ارشاد باری تعالیٰ ہے:

لَآ اِكْرَاهَ فِي الدِّيْنِ ۖ قَدْ تَّبَيَّنَ الرُّشْدُ مِنَ الْغَيِّ ۚ۔ ③

''دین میں زبردستی نہیں، تحقیق ہدایت گمراہی سے الگ ہو چکی ہے''۔

حضور نبی کریم ﷺ نے اسی اسلوب کو پیش نظر رکھتے ہوئے دعوت وتبلیغ کا فریضہ سرانجام دیا ہے، چنانچہ جب آپ نے عمرو بن حزام رضی اللہ عنہ کو بنو حارث بن کعب کی طرف دعوت وتبلیغ اور صدقات کی وصولی کے لیے روانہ کیا تو واضح طور پر ہدایت عطا فرمائی:

وانه من اسلم من يهودى أو نصرانى إسلاما خالصا من نفسه ودان بدين

---

① سجستانی، ابوداود، سلیمان بن اشعث، السنن، کتاب الادب، باب فی تنزیل الناس منازلہم، رقم الحدیث: ۴۸۴۲

② ایضاً، کتاب الصلوٰۃ، باب اقصار الخطب، رقم الحدیث: ۱۱۰۶

③ البقرۃ، ۲:۲۵۶

الإسلام فإنه من المؤمنين له مثل ما لهم وعليه مثل ما عليهم ومن كان على نصرانيته أو يهوديته فإنه لا يرد عنها۔①

''اور جو یہودی یا نصرانی اپنی طرف سے مخلصانہ اسلام لے آئے اور دین اسلام کو اپنا دین بنا لے وہ مومنوں میں شمار ہوں گے، ان کے حقوق وہی ہوں گے جو مومنوں پر ہوں گے اور جو اپنی یہودیت یا نصرانیت پر قائم رہے گا اسے اس یہودیت یا نصرانیت سے پھیرا نہ جائے گا''۔

مذکورہ بالا صفحات میں حضور نبی کریم ﷺ کے نظام تبلیغ کے جامع اسالیب اورمنہاج قدرے تفصیل سے بیان کرنے کی کوشش کی گئی ہے، تا کہ ایک تو ہمیں آپ کا تبلیغی منہج اور اسلوب واضح ہو اور دوسرا ہمارے لیے اس میدان میں کامیابی کی راہیں کھلیں، اب ہم مختلف ادوار کے حوالے سے آپ کے تبلیغی اسالیب ومناہج ذکر کر رہے ہیں۔

مکی دور میں تبلیغ نبوی کا منہج واسلوب

جس ماحول میں نبی کریم ﷺ پیدا ہوئے اور پرورش پاتے ہوئے عمر عزیز کی چالیس منزلیں طے کیں وہاں کفرو شرک اور غیر اخلاقی حرکات کی موجودگی میں لوگوں کے زہنی ونفسیاتی حالات چونکہ آپ ﷺ کے پیش نظر تھے اس لیے آپ نے اپنی بعثت کے فوراً بعد ایک دم دعوت وتبلیغ کا آغاز نہیں کر دیا بلکہ موقع ومحل کی مناسبت سے ماحول کو سمجھتے ہوئے آہستہ آہستہ اور بتدریج اس کا آغاز کیا۔

جب آپ نے تبلیغ کا آغاز کیا تو اسے کن بنیادوں پر اٹھایا اوراس کے لیے آپ نے کیا کیا مناہج واسالیب اختیار کیے انہیں سمجھنے کے لیے پہلے آپ کی تبلیغ کا دائرہ کار سمجھنا ضروری ہے اس لیے پہلے ہم آپ کے ذمہ تبلیغ کا ذکر کر رہے ہیں اور پھر فریضہ تبلیغ کی ادائیگی کے لیے اپنائے گئے مختلف مناہج واسالیب کا تفصیلی تذکرہ کرتے ہیں۔

حکم تبلیغ اور اس کا دائرہ کار:

نبی کریم ﷺ پر جب وحی کا آغاز ہوا اور خدا تعالیٰ نے فریضہ نبوت کی ذمہ داری مکمل طور پر آپ کو سونپ دی اور سورۂ مدثر کی ابتدائی آیات کے ذریعے دعوت وتبلیغ کے لیے اٹھ کھڑے ہونے کا حکم ارشاد فرمایا تو اس وقت اس حکم اور عطا کیے گئے کام کے دائرہ کار کی نوعیت میں ارشاد باری تعالیٰ ہے:

يَاأَيُّهَا الْمُدَّثِّرُ۔ قُمْ فَأَنْذِرْ۔ وَرَبَّكَ فَكَبِّرْ۔ وَثِيَابَكَ فَطَهِّرْ۔ وَالرُّجْزَ فَاهْجُرْ۔ وَلَا تَمْنُنْ

① ابن ہشام، ابو محمد عبد الملک، السیرۃ النبویۃ، مصطفیٰ البابی، مصر، ۱۳۷۵ھ، ج: ۴، ص: ۲۵۱

تَسْتَكْثِرُ ۔ وَلِرَبِّكَ فَاصْبِرْ ۔ [1]

''اے (محمد ﷺ) جو کپڑا لپیٹے پڑے ہو۔ اُٹھو اور ہدایت کرو۔ اور اپنے پروردگار کی بڑائی کرو۔ اور اپنے کپڑوں کو پاک رکھو۔ اور ناپاکی سے دور رہو۔ اور (اس نیت سے) احسان نہ کرو کہ اس سے زیادہ کے طالب ہو۔ اور اپنے پروردگار کے لئے صبر کرو''۔

ان آیات میں جو تبلیغ کا حکم دیا گیا ہے اگر گہری نظر سے اس کا مطالعہ کیا جائے تو اس کا دائرہ کار اور اس پر عملی کارروائی درج ذیل نکات کی صورت میں سامنے آتی ہے۔

یہ وہ تبلیغ کا دائرہ کار تھا جس کے لیے نبی کریم ﷺ نے اپنے کام کا آغاز کیا اور مسلسل تئیس برس دن رات، صبح وشام ہر وقت اور ہر کیفیت میں مسلسل محنت سے اسے پایہ تکمیل تک پہنچایا، اس کی خاطر ہر قسم کی مشقتیں بھی برداشت کیں اور کسی بھی قسم کی قربانی دینے سے دریغ نہیں کیا۔

آپ کے اس تبلیغی دور کے مناہج اور اسالیب کو سمجھنے کے لیے آپ کی زندگی کو دو حصوں میں تقسیم کیا جا سکتا ہے:

۱۔ مکی دور۔ یہ تقریباً تیرہ سالوں پر مشتمل ہے

۲۔ مدنی دور۔ یہ دس سالوں پر مشتمل ہے۔

پھر آگے ان ادوار کو سمجھنے کے لیے انہیں مزید مراحل میں تقسیم کیا جا سکتا ہے اگر مکی زندگی کے مرحلے بنائے جائیں تو وہ یہ تین ہیں:

۱۔ خفیہ دعوت وتبلیغ کا مرحلہ، یہ تین سالوں پر محیط ہے

۲۔ اعلانیہ دعوت وتبلیغ کا مرحلہ، یہ چوتھے سال نبوت کے آغاز سے دسویں سال کے اواخر تک پھیلا ہوا ہے

۳۔ مکہ کے باہر اسلام کی دعوت وتبلیغ کی مقبولیت اور پھیلاؤ کا مرحلہ، یہ دسویں سال نبوت سے اواخر سے ہجرت مدینہ تک پھیلا ہوا ہے

اب مرحلہ وار ان میں تبلیغ کے مناہج واسالیب کی تفصیل درج ذیل ہے۔

مکی دور کے پہلے مرحلے میں تبلیغ کے مناہج واسالیب:

عرب میں چونکہ ایک لمبے عرصے کے بعد نبوت اور نبی کا ظہور ہو رہا تھا، رسالت اور وحی وغیرہ چیزیں ان کے لیے نامانوس تھیں اور ایک دم ان کے سامنے اعلان نبوت کر کے پیغام خداوندی کو رکھ دینا ان کے لیے تعجب ونکیر کے سوا کچھ نہیں تھا اس لیے نبی کریم ﷺ نے فطری تقاضوں کے مطابق اس مرحلے میں تبلیغ کے یہ اسالیب اختیار کیے:

---

[1] المدثر، ۷۴: ۱۔۷

*......آپ نے سب سے پہلے ان لوگوں پر اسلام کی دعوت پیش کی جن سے آپ کا تعلق اور ربط بہت گہرا تھا اور جن کے متعلق آپ کو یقین تھا کہ وہ بغیر رد وقدح کے اسے قبول کر لیں گے، کیونکہ انہوں نے آپ کی ذات میں صدق وصلاح اور بھلائی کے آثار پہلے ہی دیکھے ہوئے تھے، چنانچہ آپ نے پہلے پہل اپنی زوجہ حضرت خدیجہ بنت خویلد رضی اللہ عنہا، اپنے آزاد کردہ غلام زید بن حارثہ، اپنے چچیرے بھائی حضرت علی، اپنے لڑکپن وجوانی کے دوست حضرت سیدنا ابوبکر صدیق رضی اللہ عنہ کو دعوت دی اور یہ سب کے سب پہلے ہی دن مسلمان ہو گئے۔ اس وقت نبی کریم ﷺ کن الفاظ وکلمات کے ذریعے دعوت پیش کرتے تھے اس کا اندازہ اس ایک جھلک سے لگایا جا سکتا ہے، حضرت علی رضی اللہ عنہ کاشانہ نبوی میں حاضر ہوئے، دیکھا کہ نبی کریم ﷺ اور حضرت خدیجہ رضی اللہ عنہا نماز پڑھ رہے ہیں، یہ کام ان کے لیے بالکل نیا تھا، استفسار کیا کہ آپ کیا کر رہے ہیں؟ تو نبی کریم ﷺ نے ارشاد فرمایا:

دين الله الذى اصطفاه لنفسه وبعث به رسله فادعوك الى الله وحده لا شريك له وإلى عبادته والى الكفر باللات والعزى۔[1]

''یہ اللہ کا دین ہے جسے اس نے اپنے لیے پسند کیا ہے اور اس کی تبلیغ کے لیے رسول مبعوث کیے ہیں پس میں تمہیں دعوت دیتا ہوں کہ اللہ وحدہ لاشریک پر ایمان لاؤ اور اس کی عبادت کرو اور لات وعزیٰ کے ساتھ کفر کرو''۔

*......تبلیغ میں اپنے تعلقات اور ذرائع استعمال کرنے کے ساتھ ساتھ اب آپ نے اپنے متعلقین کے تعلقات کی بنیادوں پر بھی دعوت وتبلیغ کے کام کو بڑھانا شروع کیا، اس مقصد کے لیے سب سے پہلے حضرت ابوبکر صدیق رضی اللہ عنہ نے کاوشیں کیں، چونکہ آپ مکہ کے بہت بڑے تاجر، ملنسار اور غریب پرور اور خوش اخلاق انسان تھے، آپ نے اپنے حلقہ اعتماد میں تبلیغ کا کام شروع کیا تو مکہ کی بڑی بڑی عظیم شخصیات دائرہ اسلام میں داخل ہوگئیں، ان عظیم شخصیات کے نام درج ذیل ہیں:

۱۔حضرت سیدنا عثمان بن عفان

۲۔حضرت عبدالرحمٰن بن عوف

۳۔حضرت سعد بن ابی وقاص

۴۔حضرت طلحہ بن عبیداللہ

۵۔حضرت ابوعبیدہ بن جراح

---

[1] دحلان، احمد بن زینی، السیرۃ النبویہ، دار الکتب العلمیۃ، بیروت لبنان، ۱۴۲۹ھ، ج:۱،ص: ۱۸۲

۶۔حضرت ابو سلمہ عبداللہ بن عبدالاسد

۷۔حضرت ارقم بن ابی ارقم

۸۔حضرت عثمان بن مظعون رضی اللہ عنہم۔[1]

*...... اس مرحلے میں آپ نے تبلیغ کے لیے ملاقات کو ذریعہ بنایا، آپ اپنے قابل اعتماد احباب کے پاس خود چل کر جاتے تھے اور بذریعہ ملاقات ان تک اپنا پیغام پہنچاتے تھے، تین سالوں تک آپ اس منہج پر دعوت وتبلیغ کا فریضہ سرانجام دیتے رہے، اس کے نتیجے میں جو لوگ دائرہ اسلام میں داخل ہوئے وہ قریش کی مختلف شاخوں سے تعلق رکھتے تھے اور ان کی تعداد تقریباً چالیس تک پہنچ چکی تھی۔[2]

*...... اس دوران بقول مقاتل بن سلیمان دو رکعت صبح اور دو رکعت شام کے لیے نماز بھی فرض ہو چکی تھی جو کہ اس ارشادِ باری تعالیٰ سے ظاہر ہے:

وَسَبِّحْ بِحَمْدِ رَبِّكَ بِالْعَشِيِّ وَالْإِبْكَارِ۔[3]

''صبح اور شام اپنے رب کی حمد کے ساتھ اس کی تسبیح کرو''۔

یہ بات تو طے شدہ ہے کہ واقعہ معراج سے پہلے نبی کریم ﷺ اور صحابہ کرام رضی اللہ عنہم نماز پڑھتے تھے۔[4] اور یہ صبح وشام تھی، پانچ وقتہ نماز معراج کی شب فرض ہوئی ہے۔

*...... اس دوران نزول قرآن کا سلسلہ بھی جاری تھا اور عموماً اس وقت چھوٹی چھوٹی آیات والی سورتیں نازل ہو رہی تھیں جن کا اختتام یکساں قسم کے پرکشش الفاظ پر ہوتا تھا اور ان میں بڑی سکون بخش اور جاذب قلب نغمگی ہوتی تھی، ان میں تزکیہ نفس کی خوبیاں اور آلائش دنیا میں لت پت ہونے کی برائیاں بیان کی جاتی تھیں اور جنت وجہنم کا نقشہ اس انداز میں کھینچا جاتا تھا کہ گویا وہ آنکھوں کے سامنے ہیں، یہ آیتیں اہل ایمان کو اس وقت کے انسانی معاشرے سے بالکل الگ ایک دوسری ہی فضا کی سیر کراتی تھیں، اور یہ نغمگی، سرور اور صوتی آہنگ پر مشتمل یہ سورتیں اسلام کی تبلیغ میں اہم کردار ادا کر رہی تھیں، اس دورانیے میں تزکیہ نفس اور تعلیم وتربیت کے لیے سورۂ بلد، القیامۃ، رحمٰن اور نازعات وغیرہ کے مضامین کو ملاحظہ کیا جا سکتا ہے۔

---

[1] مبارک پوری، صفی الرحمٰن، الرحیق المختوم، ص: ۱۰۸

[2] ابن ہشام، ابو محمد عبدالملک، السیرۃ النبویۃ، ج: ۱، ص: ۲۴۵

[3] المومن، ۴۰: ۵۵

[4] مبارک پوری، صفی الرحمٰن، الرحیق المختوم، ص: ۱۱۰

ان تین سالوں کی محنت اور اہل ایمان کی تربیت واصلاح کے ذریعے اہل ایمان کی اتنی سی جماعت وجود میں آ چکی تھی کہ اب انہیں کھلے عام دعوت کا مکلف کیا جائے۔

مکی دور کے دوسرے مرحلے میں تبلیغ کے مناہج واسالیب:

تبلیغ کا یہ مرحلہ نبوت کے چوتھے سال سے شروع ہوتا ہے اور دسویں سال کے آخر تک پھیلا ہوا چلا جاتا ہے، اس دور میں حضور نبی ﷺ درج ذیل مناہج اور اسالیب کے ذریعے دعوت وتبلیغ کا فریضہ سرانجام دیا۔

*......اس دورانیے کے آغاز میں حضرت جبرئیل علیہ السلام نے بذریعہ وحی آپ کو اللہ تعالیٰ کے اس پیغام سے آگاہ کیا:

وَأَنذِرْ عَشِيرَتَكَ الْأَقْرَبِينَ۔ ①

''اور اپنے قریب کے رشتہ داروں کو ڈر سنا دو''۔

اس حکم پر عمل کرنے کے لیے آپ نے اپنے اہل خانہ چند رشتہ داروں سے مشاورت کرنے کے بعد اپنے گھر اپنے خاندان کا ایک اجتماع منعقد کیا جس میں آپ نے حمد وثناء کے بعد انہیں اللہ کی توحید، اپنی رسالت اور اپنے مقدس مشن سے آگاہ کیا، اسے خطبے کے یہ الفاظ قابل توجہ ہیں:

والله لتموتن كما تنامون ولتبعثن كما تستيقظون ولتحاسبن بما تعملون ولتجزون بالإحسان إحسانا وبالسوء سوءا وإنها لجنة أبدا أو لنار أبدا والله يابني عبدالمطلب ما أعلم شابا جاء قومه بأفضل مما جئتكم به إني قد جئتكم بأمر الدنيا والآخرة۔ ②

''خدا کی قسم تمہیں موت اس طرح آئے گی جس طرح تمہیں نیند آتی ہے اور قبروں سے یوں اٹھائے جاؤ گے جیسے تم خواب سے بیدار ہوتے ہو اور جو عمل تم کرتے ہو ان کا تم سے محاسبہ ہو گا، تمہارے اچھے اعمال کی اچھی جزا اور برے کاموں کی بری جزا تمہیں دی جائے گی، ٹھکانہ یا ابدی جنت ہے یا ابدی جہنم ہے، خدا کی قسم اے فرزندان عبدالمطلب، میں کسی ایسے نوجوان کو نہیں جانتا جو اس چیز سے بہتر اپنی قوم کے پاس لے کر آیا ہو جو میں لے کر آیا ہوں، میں تمہارے پاس دنیا وآخرت کی فوز وفلاح لے کر آیا ہوں''۔

---

① الشعراء، ۲۶: ۲۱۴

② حلبی، برہان الدین، السیرۃ الحلبیۃ، مصطفیٰ البابی، مصر، ۱۳۴۹ھ

گو اس تقریر پر سامعین کے متضاد بیانات سامنے آئے لیکن بہر حال آپ کو اس بات کا یقین ہو گیا کہ میرے فیصلے میں چند لوگ میرا ساتھ ضرور دیں گے۔

* ...... جب نبی کریم ﷺ کو اپنے اہل خانہ میں سے چند افراد کی حمایت کا یقین ہو آ گیا تو آپ نے سر عام تبلیغ کرنے کے لیے ایک اور اسلوب اختیار کیا کہ آپ نے کوہ صفا پر چڑھ کر یہ آواز لگائی: یا صباحاہ[1] (ہائے صبح)۔

یہ طریقہ در اصل عربوں میں زمانہ جاہلیت سے رائج تھا، جب کوئی پریشانی یا خطرہ لاحق ہوتا تو اس وقت اونچی آواز سے یہ نعرہ لگایا جاتا تھا اور نعرہ لگانے والا اپنے سارے کپڑے اتار کر بالکل ننگا ہوجایا کرتا تھا، چنانچہ عربی میں اسے ''نذیر عریاں'' کہتے ہیں، آنحضرت ﷺ نے لوگوں کو چوکنا کرنے کا طریقہ تو وہی اختیار فرمایا جو ایک نذیر عریاں کا ہوتا تھا، لیکن ننگے ہو جانا چونکہ ایک سخت قسم کی بے حیائی اور بد اخلاقی تھی اس وجہ سے آپ ﷺ نے اس برائی سے طریقے کو پاک کر لیا[2] یعنی کپڑے تو نہیں اتارے لیکن آواز ویسے ہی دی۔

جب آپ کی اس آواز پر قریش کے افراد جمع ہوئے تو آپ نے فرمایا:

''تم لوگ یہ بتاؤ! اگر میں یہ خبر دوں کہ ادھر وادی میں شہسواروں کی ایک جماعت ہے جو تم پر چھاپہ مارنا چاہتی ہے تو کیا تم مجھے سچا مانو گے؟ لوگوں نے کہا: ہاں، ہم نے آپ پر سچ ہی کا تجربہ کیا ہے، تو آپ نے فرمایا: اچھا، تو میں تمہیں ایک سخت عذاب سے پہلے خبردار کرنے کے لیے بھیجا گیا ہوں۔[3]

یہ بھی ایک نیا اسلوب دعوت تھا، اس پر بھی مشرکین قریش کے ملے جلے جذبات دیکھنے میں آئے۔

* ...... جب یہ آیت کریمہ:

فَاصْدَعْ بِمَا تُؤْمَرُ وَاَعْرِضْ عَنِ الْمُشْرِكِيْنَ۔[4]

''پس جو حکم تم کو (اللہ کی طرف سے) ملا ہے وہ (لوگوں کو) سنا دو اور مشرکوں کا (ذرا) خیال نہ کرو''۔

نازل ہوئی تو آپ نے کھلم کھلا شرک کے خرافات واباطیل کا پردہ چاک کرنا اور بتوں کی حقیقت کو واشگاف کرنا شروع کیا، اس اسلوب بلیغ سے عمومی طور پر بندے بندے تک دعوت حق پہنچی اور لوگ اپنے سابقہ عقائد ونظریات پر غور وفکر

---

[1] بخاری، محمد بن اسماعیل، الجامع الصحیح، کتاب التفسیر، باب سورۃ تبت یدا أبی لہب، رقم الحدیث: ۴۹۷۱

[2] اصلاحی، امین احسن، دعوت دین اور اس کا طریق کار، فاران فاؤنڈیشن لاہور، ۲۰۱۷ء، ص: ۸۴

[3] بخاری، محمد بن اسماعیل، الجامع الصحیح، کتاب التفسیر، باب سورۃ تب یدا أبی لہب، رقم الحدیث: ۴۹۷۲

[4] الحجر، ۱۵: ۹۴

کرنے کی طرف مائل ہوئے، حضرت سیدنا عمر فاروق رضی اللہ عنہ سیدنا حضرت امیر حمزہ رضی اللہ عنہ اور حضرت سیدنا صہیب رومی رضی اللہ عنہ جیسی مقدس ہستیاں دائرہ اسلام میں داخل بھی ہوئیں، لیکن اس کا ردعمل یہ سامنے آیا کہ وہ مشرکین جو پہلے نبی کریم ﷺ کو محض (معاذ اللہ) دیوانہ اور مجنون وغیرہ سمجھتے تھے، اب وہ آپ کو اپنے سابقہ عقائد ونظریات کے خلاف چیلنج سمجھنے لگے اور کھلم کھلا اس تبلیغی عمل سے بے حد پریشان ہوئے، اس کے بعد مشرکین مکہ کے ایک وفد جس میں عتبہ، شیبہ، ابوسفیان بن حرب بن امیہ، ابو البختری، العاص بن ہشام، الاسود بن مطلب، ابو جہل، ولید بن مغیرہ اور عاص بن وائل شامل تھے یہ حضرت ابو طالب کے پاس آپ ﷺ کو تبلیغ سے باز رکھنے کے لیے آئے، لیکن ابوطالب نے انہیں خوبصورتی سے ٹال دیا۔[1]

* ...... اس اسلوب دعوت میں نبی کریم ﷺ نے حق گوئی اور بے باکی کو ہرلمحہ اپنا شیوہ بنائے رکھا، بڑے سے بڑے دباؤ اور مادی لالچ میں بھی آپ کے رویے میں لچک نہیں آئی، یہاں تک کہ جب مشرکین کے بار بار تنگ کرنے پر ابو طالب نے آپ سے مصلحت پر مبنی رویہ اپنانے کی گزارش کی تو کھلے بندوں فرمایا:

> یا عم واللہ لو وضعوا الشمس فی یمینی والقمر فی یساری علی ان اترك هذا الامر حتی یظهر اللہ أو هلك فيه ما تركته۔[2]
>
> ''اے میرے چچا اگر وہ سورج کو میرے دائیں ہاتھ میں رکھ دیں اور چاند کو میرے بائیں ہاتھ میں اور یہ توقع کریں کہ میں دعوت حق کو ترک کر دوں گا تو یہ ناممکن ہے، یا تو اللہ تعالیٰ اس دین کو غلبہ دے دے گا یا میں اس کے لیے جان دے دوں گا، اس وقت تک میں اس کام کو چھوڑنے کے لیے تیار نہیں''۔

* ...... اس دورانیے میں تبلیغ کے ذریعے جو لوگ دائرہ اسلام میں داخل ہوتے تھے ان کی تزکیہ نفس، تعلیم وتربیت اور عبادت وغیرہ کے لیے آپ نے حضرت ارقم رضی اللہ عنہ بن ابی الارقم مخزومی کے گھر کو مسلمانوں کا مرکز بنا لیا۔[3]

* ...... جب مکہ میں اہل اسلام پر مشرکین کا ظلم وستم بڑھا تو نبی کریم ﷺ نے تبلیغ کا ایک نیا اسلوب یہ اختیار کیا کہ مسلمانوں کو سرزمین حبشہ کی طرف ہجرت کی اجازت دے دی تاکہ وہاں سکون کے ساتھ ایک تو اسلام کے معتقدات کے مطابق اپنی زندگی بسر کر سکیں اور دوسرا فائدہ یہ ہوا کہ ان کے اخلاق وکردار اور اعمال صالحہ اور تبلیغ

---

[1] الازہری، محمد کرم شاہ، ضیاء النبی ﷺ، ضیاء القرآن پبلی کیشنز، لاہور، ۱۴۲۱ھ، ج: ۲، ص: ۲۷۳

[2] ابن کثیر، ابو الفداء، عماد الدین، السیرۃ النبویۃ، دار الفکر بیروت لبنان، ۱۹۷۸ء، ج: ۱، ص: ۴۷۸

[3] مبارک پوری، صفی الرحمن، الرحیق المختوم، ص: ۱۳۱

سے متاثر ہو کر وہاں کے لوگ بھی اسلام کے دامن رحمت میں پناہ لیں۔ یہ ہجرت دو مرتبہ ہوئی، پہلا قافلہ پانچ ہجری کے ماہ رجب میں روانہ ہوا جو بارہ مردوں اور چار عورتوں پر مشتمل تھا، اس کے سالار حضرت عثمان غنی رضی اللہ عنہ تھے اور نبی کریم ﷺ کی لخت جگر حضرت رقیہ رضی اللہ عنہا بھی اس قافلہ کے ہمراہ تھیں۔[1]

اور دوسری ہجرت حبشہ میں ۸۲ یا ۸۳ مرد اور ۱۸ یا ۱۹ عورتیں تھیں، زیادہ یقین اٹھارہ عورتوں کا ہے۔[2] اس ہجرت کے اسلام کے حق میں خاطر خواہ اثرات مرتب ہوئے، وہاں کے لوگوں کو تعلیمات اسلام سمجھنے کا موقع نصیب ہوا اور سب سے بڑا کارنامہ یہ وقوع پذیر ہوا کہ شاہِ حبشہ نجاشی دائرہ اسلام میں داخل ہو گیا۔[3]

*...... اس دورانیے میں نبی کریم ﷺ کے تبلیغی اسلوب ومناہج میں ایک اہم بات یہ بھی ہے کہ آپ نے کمزور اور لاچار طبقے پر محنت کی، جن میں مختلف مشرک آقاؤں کے غلام شامل تھے، ان کے آقا ان پر ظلم وستم کے پہاڑ توڑتے تھے، آپ نے نہ صرف انہیں کلمہ حق کو قبول کرنے پر آمادہ کیا، بلکہ ان میں سے جو جو مسلمان ہوتا جاتا آپ اس کی رہائی کا بھی انتظام کرواتے تھے، اس طبقہ انسانی کے جن افراد نے اسلام قبول کیا اور پھر آزادی بھی ان کا مقدر بنی ان میں حضرت سیدنا بلال حبشی، حضرت حمامہ، حضرت عامر بن فہیرہ، حضرت ابوفکیہہ، حضرت زبیر، حضرت ام عمیس، حضرت لطیفہ رضی اللہ عنہم وغیرہم شامل ہیں۔[4]

دعوت وتبلیغ کا یہ دور گو مشرکین کی طرف سے ظلم وستم سے معمور تھا لیکن آپ ﷺ اور آپ کے متبعین نے ڈٹ کر اس کا مقابلہ کیا اور اپنے مشن کی ترویج واشاعت کا کام جاری رکھا جس کے خاطر خواہ نتائج سامنے آئے اور مستقبل کے لیے اسلام کی تبلیغ واشاعت اور غلبے کے راستے ہموار ہوتے چلے گئے۔

مکی دور کے تیسرے مرحلے میں دعوت میں تبلیغ دین کے مناہج واسلوب:

تبلیغ دین کا یہ دور دسویں سن ہجری سے شروع ہو کر نبوت کے تیرہویں سال ہجرت مدینہ پر اختتام پذیر ہوتا ہے، اس دور میں کفار ومشرکین کا ظلم وستم بھی پورے عروج پر تھا اور اس کے ساتھ ساتھ حضور نبی کریم ﷺ کو یہ عظیم صدمہ پہنچا کہ آپ کے وہ مشفق ومہربان چچا ابو طالب جو ہر جگہ آپ کے ہم قدم ہوتے تھے اور مشرکین کی اذیتوں کے سامنے سدا سکندری بن کر کھڑے تھے ان کی وفات ہو گئی، قلب وجگر کو پارہ پارہ کر دینے والے اس صدمہ کو ابھی ایک ہفتہ بھی

---

[1] الازہری، محمد کرم شاہ، ضیاء النبی ﷺ، ج:۲،ص: ۳۴۳

[2] منصور پوری، قاضی سلیمان، رحمۃ اللعالمین، حنیف بک ڈپو دہلی، ۱۹۳۰ء، ج:۱،ص:۶۱

[3] ابن کثیر، ابو الفداء عماد الدین، السیرۃ النبویۃ، ج:۲،ص:۴۶

[4] حلبی، امام برہان الدین، السیرۃ الحلبیۃ، ج:۱،ص:۲۸۶

نہ گزرا تھا کہ مہربان اور انتہائی خدمت گزار زوجہ مطہرہ ام المومنین حضرت خدیجہ رضی اللہ عنہا کی وفات ہوئی، یہ دو صدمے سرکار دو عالم ﷺ کے قلب نازک کے لیے بڑے غم انگیز اور اندوہناک صدمے تھے اس لیے اس سال کو ''عام الحزن'' (غم واندوہ کا سال) کے نام سے موسوم کیا گیا۔[1] چونکہ آپ کے باہر کے معاملات میں آپ کے شفیق چچا آپ کے معاون تھے اور گھر کے معاملات میں زوجہ پاک آپ کی خدمت گزار اور مددگار تھیں، ان کی کمی، صدمہ اور پھر مشرکین کو جب آپ کو مزید ستانے اور آپ کے راستے میں روڑے اٹکانے کا موقع ملا تو یہ دن آپ کے لیے مزید دل شکن اور پریشان کن ثابت ہوئے۔ یہ حضور علیہ السلام کا ہی صبر وثبات اور حوصلہ واستقامت اور ذمہ داری کے احساس تھا کہ ان حالات میں بھی تبلیغ دین سے پیچھے نہیں ہٹے بلکہ مسلسل اس سلسلے کو جاری رکھا، اس دور میں آپ نے تبلیغ دین کے لیے جو مناہج واسالیب اختیار کیے ان کا تجزیاتی مطالعہ درج ذیل ہے:

✱...... مکہ سے باہر تبلیغ کے لیے طائف کا سفر:

نبی کریم ﷺ نے جب دیکھا کہ مکہ کہ موجودہ حالات اور مسموم فضا میں اسلام کا شجر طیبہ بار آور نہیں ہوسکتا تو اس سے ذرا بھی مایوس نہیں ہوئے بلکہ تبلیغی سرگرمیوں میں نئے میدان کی تلاش شروع کر دی، اس کے لیے پہلے آپ نے طائف کو اپنی منزل گاہ بنایا، وہاں اس زمانے میں قبیلہ بنو ثقیف آباد تھا، وہ زراعت پیشہ لوگ تھے، زرعی معاملات میں ان کی مہارت نے اس شہر کو دور دور تک مشہور اور اس کے گردونواح کو رشک فردوس بنا دیا تھا، ایک دل کشا اور پر فضا پہاڑی سلسلہ میں شہر آباد تھا، گو نبی کریم ﷺ وہاں بڑی تمنائیں اور امیدیں لے کر گئے تھے لیکن ان کا آپ کے ساتھ سلوک برعکس رہا، بجائے اس کے وہ آپ کی بات سنتے اور اس کی حقانیت کی طرف توجہ دیتے الٹا وہ آپ کے دشمن بن گئے، آپ وہاں سے دل برداشتہ ہو کر واپس پلٹے لیکن واپسی پر آپ اس حوالے سے پر امید تھے کہ میرا یہ تبلیغی سفر اور اذیتیں اٹھانا ضائع نہیں جائیں گی، بلکہ اللہ تعالیٰ ان کی نسلوں میں میرے دین کو ماننے والے پیدا فرما دے گا، یہی وجہ ہے کہ جب ان کے آپ پر کیے جانے والے ظلم وستم کے بدلے ان پر عذاب نازل کرنے کی اجازت طلب کی گئی تو آپ نے جواب میں فرمایا:

ارجوان یخرج اللہ من اصلا بھم من یعبد اللہ لا یشرك به شیئاً۔[2]

''میں امید کرتا ہوں کہ اللہ تعالیٰ ان کی پشتوں سے ایسی اولاد پیدا کرے گا جو اللہ تعالیٰ کی عبادت کریں گے اور کسی کو اس کے ساتھ شریک نہیں بنائیں گے''۔

---

[1] الازہری، محمد کرم شاہ، ضیاء النبی ﷺ، ج: ۲، ص: ۴۱۷

[2] شامی، یوسف صالحی، سبل الھدی والرشاد، قاہرہ مصر، ۱۹۷۵ء، ج: ۲، ص: ۵۷۹

چنانچہ جب ۸ ہجری میں غزوہ طائف پیش آیا تو اس کے کچھ دنوں بعد وہاں کے سرداران دائرہ اسلام میں داخل ہو گئے اور وہاں بھی اسلام کی بہاریں آ گئیں۔ ①

***......قوم جنات میں تبلیغ:**

نبی کریم ﷺ جب طائف سے واپس تشریف لا رہے تھے راستے میں ''وادئ نخلہ'' میں آپ کا چند دن قیام رہا یہاں جنوں کی جماعت آپ کے پاس حاضر ہوئی اور آپ کو نماز فجر میں قرآن پاک پڑھتے سن کر انہوں نے اسلام قبول کر لیا، قرآن مجید میں مختلف مقامات پر اس کا تذکرہ موجود ہے، ایک مقام درج ذیل ہے:

وَاِذْ صَرَفْنَآ اِلَيْكَ نَفَرًا مِّنَ الْجِنِّ يَسْتَمِعُوْنَ الْقُرْاٰنَ ۚ فَلَمَّا حَضَرُوْهُ قَالُوْٓا اَنْصِتُوْا ۚ فَلَمَّا قُضِيَ وَلَّوْا اِلٰى قَوْمِهِمْ مُّنْذِرِيْنَ ۔ قَالُوْا يٰقَوْمَنَآ اِنَّا سَمِعْنَا كِتٰبًا اُنْزِلَ مِنْۢ بَعْدِ مُوْسٰى مُصَدِّقًا لِّمَا بَيْنَ يَدَيْهِ يَهْدِيْٓ اِلَى الْحَقِّ وَاِلٰى طَرِيْقٍ مُّسْتَقِيْمٍ ۔ يٰقَوْمَنَآ اَجِيْبُوْا دَاعِيَ اللّٰهِ وَاٰمِنُوْا بِهٖ يَغْفِرْ لَكُمْ مِّنْ ذُنُوْبِكُمْ وَيُجِرْكُمْ مِّنْ عَذَابٍ اَلِيْمٍ ۔ ②

''اور جب ہم نے جنوں کے ایک گروہ کو تیری طرف پھیرا، جو قرآن غور سے سنتے تھے تو جب وہ اس کے پاس پہنچے تو انھوں نے کہا خاموش ہو جاؤ، پھر جب وہ پورا کیا گیا تو اپنی قوم کی طرف ڈرانے والے بن کر واپس لوٹے۔ انھوں نے کہا اے ہماری قوم! بے شک ہم نے ایک ایسی کتاب سنی ہے جو موسیٰ کے بعد نازل کی گئی ہے، اس کی تصدیق کرنے والی ہے جو اس سے پہلے ہے، وہ حق کی طرف اور سیدھے راستے کی طرف رہنمائی کرتی ہے۔ اے ہماری قوم! اللہ کی طرف بلانے والے کی دعوت قبول کرو اور اس پر ایمان لے آؤ، وہ تمھیں تمھارے گناہ معاف کر دے گا اور تمھیں دردناک عذاب سے پناہ دے گا''۔

***...... مدینہ منورہ کی طرف تبلیغ اسلام کا رخ:**

مکی زندگی کے اسی دورانیے میں حضور نبی کریم ﷺ کو سفر معراج کی سعادت نصیب ہوئی، اس سفر میں بیت المقدس میں آپ کو انبیاء کرام علیہم السلام سے ملاقات و امامت، ساتوں آسمانوں کی سیر، جنت و دوزخ کا مشاہدہ نصیب ہوا اور انہی دنوں سورۂ بنی اسرائیل نازل ہوئی جس میں قوم بنی اسرائیل کا تذکرہ تبلیغی و تذکیری انداز میں کیا گیا، اس وقت قوم بنی اسرائیل میں سے یہود مکہ کے قریب ترین مدینہ طیبہ میں آباد تھے، اس لیے آپ نے اپنی دعوت کا رخ

---

① مجددی، غلام مصطفی، حضور پیغمبر نور ﷺ، قادری رضوی کتب خانہ، لاہور، ۲۰۱۴ء، ج: ۲، ص: ۶۳۴

② الاحقاف، ۴۶: ۲۹۔۳۱

ادھر مبذول فرمایا۔

✱......مختلف قبائل کو تبلیغ اسلام:

ان دنوں میں آپ نے مختلف قبائل کے پاس خود جا کر بھی انہیں اسلام کی دعوت دی، کچھ نے اسلام قبول کیا، کچھ نے انکار کیا، جب دعوت وتبلیغ ایمان کی یہ شعاعیں باہر پھیلنا شروع ہوئیں تو کچھ لوگوں نے اکیلے یا وفود کی شکل میں خود آ کر اسلام قبول کیا، ایسے افراد میں سے چند ایک کے نام درج ذیل ہیں:

حضرت سوید بن صامت

حضرت ابو ذر غفاری

حضرت طفیل بن عمرو دوسی

حضرت ضماد ازدی رضی اللہ عنہم۔[1]

✱......حجاج کے خیموں میں تبلیغ اسلام:

مکہ مکرمہ جو لوگ بغرض حج حاضر ہوا کرتے تھے، ان کی قلبی توجہ چونکہ ان دنوں اللہ تعالیٰ کی طرف عام دنوں سے نسبتاً زیادہ مبذول ہوتی ہے اس لیے آپ نے یہ فیصلہ فرمایا کہ اب دعوت وتبلیغ کا رخ ان کی طرف کیا جائے، آپ ﷺ مختلف حجاج کے قافلوں میں تشریف لے جاتے اور بڑی خوش اسلوبی سے انہیں اسلام کی دعوت دیتے، اس دعوت کے لیے کھلم کھلا کارروائی کی بجائے خفیہ طریقہ کار اختیار کیا گیا تھا تاکہ مشرکین اس میں رکاوٹ نہ ڈال سکیں، اس دعوت پر سب سے پہلے جنہوں نے لبیک کہا وہ قبیلہ خزرج کے چھ سعادت مند افراد تھے، ان کے نام یہ ہیں:

اسعد بن زرارہ

عوف بن حارث

رافع بن مالک بن عجلان

قطبہ بن عامر

عقبہ بن عامر بن نابی

حارث بن عبداللہ رضی اللہ عنہم۔[2]

اسلام کو قبول کرنا ایک تو ان کے لیے ذاتی خوش نصیبی تھی اور دوسرا دعوت اسلام کو اس کا بہت بڑا فائدہ یہ ہوا کہ

---

[1] ابن ہشام، عبدالملک، السیرۃ النبویۃ، ج:۱، ص:۴۲۴

[2] ابن ہشام، السیرۃ النبویہ، ج:۲، ص:۵۰

ان کے ذریعے دعوت مکہ کی حدود سے نکل کر مدینہ طیبہ کی حدود میں داخل ہو گئی، جب یہ لوگ حج کے بعد واپس مدینہ جانے لگے تو یہ وعدہ کر کے گئے کہ وہاں جا کر اپنی قوم میں اس دین حق کی تبلیغ کا فریضہ سرانجام دیں گے۔

بیعت عقبہ میں انداز تبلیغ اور اس کے ثمرات:

جو لوگ گیارہ سن نبوی میں حج کے موقع پر اسلام قبول کر کے مدینہ طیبہ گئے تھے انہوں نے حسب وعدہ دلجمعی کے ساتھ مدینہ منورہ میں اسلام کی دعوت وتبلیغ کا کام کیا اور بات یہاں تک پہنچی کہ بارہ سن نبوی میں جب وہ حج کے لیے آئے تو ان کی تعداد بارہ ہو چکی تھی، انہوں نے منیٰ میں عقبہ کے پاس آپ ﷺ سے ملاقات کی اور ساتھ نبی کریم ﷺ سے اسلام اور عقائد واعمال صالحہ کی بیعت کی، اس بیعت کے الفاظ حضرت عبادہ بن صامت رضی اللہ عنہ سے ان الفاظ میں مروی ہیں:

أن رسول الله صلى الله عليه وسلم قال وحوله عصابة من أصحابه: «بايعوني على أن لا تشركوا بالله شيئا ولا تسرقوا ولا تزنوا ولا تقتلوا أولادكم ولا تأتوا ببهتان تفترونه بين أيديكم وأرجلكم ولا تعصوا في معروف فمن وفى منكم فأجره على الله ومن أصاب من ذلك شيئا فعوقب في الدنيا فهو كفارة له ومن أصاب من ذلك شيئا ثم ستره الله فهو إلي الله إن شاء عفا عنه وإن شاء عاقبه». فبايعناه على ذلك۔ ①

''رسول اللہ ﷺ نے اس وقت فرمایا جب آپ کے پاس صحابہ کی ایک جماعت تھی: ''آؤ مجھ سے اس بات کا عہد کرو کہ تم اللہ کے ساتھ کسی کو شریک نہیں ٹھہراؤ گے، نہ چوری کرو گے نہ زنا کرو گے، نہ اپنی اولاد کو قتل کرو گے اور نہ کسی پر ایسا بہتان لگاؤ گے جسے تم نے اپنے ہاتھوں اور پاؤں سے تراشا ہو، نیز اچھی باتوں میں میری نافرمانی بھی نہیں کرو گے۔ تم میں سے جس نے اس عہد کو پورا کیا تو اس کا ثواب اللہ کے ذمے ہے۔ اور جو کوئی ان میں سے کسی کام کا مرتکب ہوا پھر اسے دنیا میں سزا مل گئی تو وہ سزا اس کے لیے کفارہ ہو گی۔ اور جس نے ان میں سے کوئی کام کیا اور اللہ نے اس پر پردہ پوشی کی تو اس کا معاملہ اللہ کے سپرد ہے چاہے تو اسے سزا دے اگر چاہے تو اسے معاف کر دے''۔ چنانچہ میں نے ان امور پر آپ سے بیعت کی''۔

---

① بخاری، محمد بن اسماعیل، الجامع الصحیح، کتاب مناقب الانصار، باب وفود الانصار الی النبی ﷺ، رقم الحدیث: ۳۸۹۲

تبلیغ کے لیے معلم کا تقرر:

جن لوگوں نے بارہ ہجری میں بیعت کی تھی انہوں نے اس خواہش کا اظہار کیا کہ ہمارے ساتھ مدینہ طیبہ میں ایک معلم بھیجا جائے تا کہ ہم وہاں خوب محنت کے ذریعے تبلیغ دین کا فریضہ سرانجام دے سکیں، اور دین کے احکامات سیکھنے کے متعلق ہمیں کوئی پریشانی نہ بنے، نبی کریم ﷺ نے ان کی اس درخواست کو شرفِ قبولیت بخشتے ہوئے حضرت مصعب بن عمیر عبدری رضی اللہ عنہ کو بطور معلم مقرر کر کے مدینہ طیبہ بھیجا، آپ نے وہاں جا کر اپنے ساتھی صحابہ رضی اللہ عنہم کے تعاون سے خوب محنت کی، جس کی وجہ سے مدینہ کے گھر گھر اسلام کے تذکرے اور چرچے ہونا شروع ہو گئے، لوگ دین کی طرف مائل ہونا شروع ہوئے، جو مسلمان ہو چکے تھے انہوں نے دین سیکھنا شروع کیا، نتیجتاً دعوت وتبلیغ کے لیے مدینہ کی فضا بہت سازگار ہو گئی، یہاں تک کہ اگلے سال مدینہ طیبہ سے حج کے لیے آنے والے لوگوں میں مسلمانوں کی تعداد ستر تھی۔[1]

تبلیغ اور مرکز اسلام کے قیام کے لیے مدینہ طیبہ ہجرت کا منصوبہ:

نبوت کے تیرہویں سال موسم حج میں جب مدینہ سے ستر مسلمان مکہ حاضر ہوئے تو انہوں نے نبی کریم ﷺ کی بارگاہ میں عرض کیا کہ یہاں مکہ میں رہ کر آپ کے تبلیغ دین کا کام کو پایہ تکمیل تک پہنچانا ناممکن نظر آ رہا ہے، اس لیے آپ کرم نوازی فرماتے ہوئے مدینہ طیبہ تشریف لے آئیں، وہاں تبلیغ کے لیے فضا بھی سازگار ہے اور جو پریشانیاں یہاں مکہ کے اندر ہیں وہاں ان سے امن وسکون ہے اور پرسکون ماحول میں دین کا کام کرنا آسان ثابت ہوگا، نبی کریم ﷺ نے باہمی مشاورت کے بعد ان کی اس بات کو شرف قبول بخشا اور اس موقع پر ان الفاظ میں بیعت لی:

> تبايعونى على السمع والطاعة فى النشاط والكسل، والنفقة فى العسر واليسر، وعلى الامر بالمعروف والنهى عن المنكر، وأن تقولوا فى الله لا تخافوا فى الله لومة لائم، وعلى أن تنصرونى فتمنعونى إذا قدمت عليكم مما تمنعون منه أنفسكم وأزواجكم وأبناءكم ولكم الجنة۔[2]

”تم اس بات پر میری بیعت کرو کہ میری بات سنو گے اور اس کو خوش دلی کی حالت میں بھی اور افسردگی کی حالت میں بھی بجا لاؤ گے، تم اللہ کی راہ میں خرچ کرو گے، تنگ دستی کی حالت

---

[1] الازہری، محمد کرم شاہ، ضیاء النبی ﷺ، ج: ۲، ص: ۵۹۴

[2] ابن کثیر، ابو الفداء، عماد الدین، السیرۃ النبویۃ، ج: ۱، ص: ۱۹۵

میں بھی اور فارغ البالی کی حالت میں بھی، تم نیکی کا حکم کرو گے اور برے کاموں سے روکو گے، اللہ تعالیٰ کے لیے گفتگو کرو گے اور کسی ملامت کرنے والے کی ملامت کی پرواہ نہیں کرو گے، میں جب تمہارے پاس یثرب آؤں تو تم میری مدد کرو گے اور ہر اس چیز سے میرا دفاع کرو گے جس سے تم اپنی جانوں، اپنی بیویوں اور اسے اپنے بچوں کا دفاع کرتے ہو، اگر تم اس بیعت کو نبھاؤ گے تو اللہ تعالیٰ تمہیں جنت عطا فرمائے گا''۔

مدینہ طیبہ کے ان سرفروشانِ اسلام نے تہہ دل سے خوشی خوشی ان شرائط کو قبول کیا اور یوں نبی کریم ﷺ کا مدینہ طیبہ کی طرف سفر کا راستہ ہموار ہوا۔

دعوت وتبلیغ کا یہ مکی دور اگرچہ اہل اسلام کے لیے سخت ابتلا وآزمائش سے مملو تھا، لیکن ان سخت حالات کا نہ صرف اہل اسلام نے ڈٹ کر مقابلہ کیا بلکہ اس مشقت سے اپنے لیے آسانی کے راستے بھی نکالے اور بات یہاں تک پہنچی کہ وہ ان پریشانیوں اور مصیبتوں کو برداشت کرتے کرتے اتنے مضبوط ہو گئے کہ آگے چل کر مدینہ طیبہ کی ایک مضبوط فلاحی ریاست سنبھالنے اور اسلام کا پیغام پوری دنیا تک پہنچانے کے قابل بن گئے۔

فصل دوم:

مدنی دورِ تشکیل میں تبلیغ کا نبوی منہج واسلوب

انصار مدینہ کی دعوت پر جب نبی کریم ﷺ مکہ مکرمہ سے ہجرت کر کے مدینہ طیبہ تشریف لے گئے تو وہاں چونکہ دعوت وتبلیغ کے لیے ماحول ساز گار تھا، تو ان حالات میں آپ نے اللہ تعالیٰ اور اپنے پیرو کاروں کی مدد سے جو تبلیغی سلسلے میں شاندار کاوشیں کیں ان کے نتیجے میں اللہ تعالیٰ نے دین حق کو سربلندی عطا فرمائی، مکہ مکرمہ فتح ہوا پورے عرب میں اسلام کا جھنڈا سربلند ہوا اور پوری دنیا تک اسلام کا پیغام پہنچانے کے راستے ہموار ہوئے، اس مدنی دور میں تبلیغ نبوی کے منہج کو سمجھنے کے لیے اسے درج ذیل دوحصوں میں تقسیم کیا جا سکتا ہے:

۱۔ مدنی زندگی کا تشکیلی دور، یہ ہجرت مدینہ سے صلح حدیبیہ ۶ ہجری تک پھیلا ہوا ہے۔

۲۔ مدنی زندگی کا دورِ عروج، یہ ۶ ہجری سے نبی کریم ﷺ کی وفات ۱۱ ہجری تک پھیلا ہوا ہے۔

مدنی زندگی کے تشکیلی دور میں نبی کریم ﷺ نے دعوت وتبلیغ دین کا کام کس منہج اور اسلوب کے مطابق کیا اس کا تجزیاتی خاکہ درج ذیل ہے۔

تبلیغ دین کے لیے مساجد کا قیام

مدینہ طیبہ میں چونکہ تبلیغ دین کا ماحول ساز گار تھا تبلیغی کام کے لیے کسی قسم کی پابندی اور سختی اور پابندی کا یہاں شائبہ تک نہیں پایا جاتا تھا، اہل مدینہ کی اکثریت آپ کے حکم پر جان قربان کرنے کے لیے تیار تھی، ان حالات میں آپ نے ہجرت کے بعد تبلیغ دین کی مزید ترقی، بہتری اور اسے فائدہ مند بنانے کے لیے ایک اہم قدم یہ اٹھایا کہ تبلیغی مرکز کے طور پر مساجد کے قیام کے لیے ضروری اقدامات فرمائے۔

ہجرت فرما کر جب آپ مدینہ طیبہ کے باہر قبا کے مقام پر پہنچے تو وہاں آپ نے عمرو بن عوف کے محلہ میں دس روز قیام فرمایا اور ایک عظیم مسجد تعمیر فرمائی جو ''مسجد قباء'' کے نام سے معروف ہے۔ حضرت شموس بنت نعمان رضی اللہ عنہا بیان کرتی ہیں مسجد قبا کی تعمیر کے وقت میں نے حضور ﷺ کو دیکھا کہ آپ پتھر خود اٹھاتے تھے اور اس پتھر سے گرنے والی مٹی آپ کے چمکتے ہوئے شکم مبارک پر پڑتی تھی، آپ کی خدمت میں کوئی صحابہ حاضر ہوتا اور عرض کرتا کہ یا رسول اللہ میرے ماں باپ آپ پر قربان ہوں، یہ پتھر مجھے عطا فرمائیے کہ میں آپ کی طرف سے اٹھا کر لے جاؤں تو آپ فرماتے اسے رہنے دو، تم اس جیسا کوئی اور پتھر اٹھا کر لے جاؤ، یہاں تک کہ وہ مسجد پایہ تکمیل تک پہنچی۔ ①

---

① شامی، علامہ یوسف، سبل الہدیٰ والرشاد، قاہرہ مصر، ۱۹۷۸ء، ج: ۳، ص: ۳۸۰

پھر جب ۱۲ ربیع الاول سنہ ۱ ہجری بمطابق ۲۷ دسمبر ۶۲۲ء کو آپ نے مدینہ طیبہ میں حضرت ابو ایوب انصاری رضی اللہ عنہ کے مکان کے سامنے نزول فرمایا تو اس کے بعد آپ نے جو پہلا قدم اٹھایا وہ مسجد نبوی کی تعمیر کا تھا، اس کے لیے زمین قیمتاً خرید کر آپ بنفس نفیس اس کی تعمیر میں شامل ہوئے، اس مسجد کی تعمیر میں بھی آپ نے بنفس نفیس حصہ لیا، اپنی چادر اتار کر آپ نے خود اینٹیں اٹھائیں، مہاجرین وانصار نے جب اپنے آقا کو اس حال میں دیکھا تو سب اٹھ کھڑے ہوئے، اپنی چادریں اتار کر رکھ دیں اور سامان اٹھا کر لانے لگے، وہ اینٹیں اور گارا بھی اٹھا اٹھا کر لا رہے تھے اور ساتھ ساتھ یہ شعر گنگا رہے تھے:

لعن معدتنا والنبی یعمل   لذاك منا العمل المضل

''اگر ہم بیٹھے رہیں اور نبی کریم ﷺ کام کرتے رہیں تو ہمارا یہ فعل ایک گمراہ کن فعل ہوگا''۔

سرکار دوعالم اینٹیں پتھر اٹھا کر لا رہے تھے ان کی گرد سے شکم مبارک پر مٹی کی تہہ جم گئی تھی، صحابہ کرام پر وجد وکیف کی عجیب حالت طاری تھی، اور سب مل کر یہ رجز پڑھتے تھے:

لا عیش الا عیش الآخرۃ   اللھم ارحم الانصار والمھاجرۃ۔①

''کوئی زندگی نہیں مگر آخرت کی زندگی، اے اللہ! انصار پر بھی رحم فرما اور مہاجرین پر بھی''۔

اس کے علاوہ بھی مدینہ طیبہ کے گردونواح میں مختلف مقامات پر ضرورت کے تحت تبلیغی مراکز کے طور پر مساجد کی تعمیر عمل میں لائی گئی اور ان سب کا مرکز یہی مسجد نبوی تھی، کیونکہ یہ مسجد محض ادائے نماز ہی کے لیے نہ تھی، بلکہ یہ ایک یونیورسٹی تھی جس میں مسلمان اسلامی تعلیمات وہدایات کا درس حاصل کرتے تھے، اور ایک محفل تھی جس میں مدتوں جاہلی کشاکش ونفرت اور باہمی لڑائیوں سے دور چار رہنے والے قبائل کے افراد اب میل ومحبت سے مل جل کر رہتے تھے، نیز یہ ایک مرکز تھا جہاں ایک ننھی سی ریاست کا سارا نظام چلایا جا رہا تھا اور مختلف قسم کی مہمیں بھیجی جاتی تھیں، علاوہ ازیں اس کی حیثیت ایک پارلیمنٹ کی بھی تھی جس میں مجلس شوریٰ اور مجلس انتظامیہ کے اجلاس منعقد ہوا کرتے تھے، ان سب کے ساتھ ساتھ یہ مسجد ہی ان فقراء مہاجرین کی ایک خاصی بڑی تعداد کا مسکن تھی جن کا وہاں پر نہ کوئی مکان تھا، نہ مال اور نہ اہل وعیال۔② پھر انہی مساجد سے تربیت یافتہ افراد نے ہی پوری دنیا میں پھیل کر اسلامی تبلیغی نیٹ ورک کو مضبوط کیا اور عالمی سطح پر اسلامی نظام عدل وقسط کو متعارف کروا کر دنیا کو اس کے فوائد وثمرات کے حاصل کرنے کے قریب تر کیا۔

① الازہری، محمد کرم شاہ، ضیاء النبی ﷺ، ج: ۳، ص: ۱۵۱

② مبارک پوری، صفی الرحمٰن، الرحیق المختوم، ص: ۲۵۵

نماز باجماعت کی ادائیگی کا اہتمام

مکہ مکرمہ میں چونکہ اہل اسلام کی کوئی جمعیت نہیں تھی اور اکٹھے ہوکر آرام وسکون کے ساتھ نماز وغیرہ کی ادائیگی کی فضا بھی سازگار نہیں تھی، اس لیے وہاں باقاعدہ اکٹھے ہوکر نماز ادا کرنے کا نظام قائم نہیں ہوا تھا، مدینہ طیبہ پہنچنے سے پہلے پانچ وقت باقاعدہ نماز فرض بھی ہو چکی تھی، اور یہاں پہنچ کر اذان اور جماعت وغیرہ کے متعلق شرعی رہنمائی بھی مل چکی تھی اور سب سے بڑی بات یہ کہ ماحول سازگار اور پرامن تھا، اس لیے یہاں مسلمانوں کی باہمی ملاقات، دعوت وتبلیغ اور تربیت واصلاح کے لیے باجماعت نماز کا نظم قائم کیا گیا اور سختی سے اس پر عمل درآمد کروایا گیا، اس عمل کی فضیلت بیان کی گئی اور جو لوگ باجماعت نماز سے پیچھے رہتے ہیں ان کی سخت الفاظ میں مذمت کی گئی، بخاری شریف میں یہاں تک الفاظ ہیں کہ آپ ﷺ نے ارشاد فرمایا:

> ''اگر مجھے عورتوں اور بچوں کے گھروں میں رہنے کا خوف نہ ہوتا تو جو لوگ نماز سے پیچھے رہتے ہیں میں ان کے گھروں کو آگ لگوا دیتا''۔[1]

نبی کریم ﷺ کے مقرر کردہ عامل نماز باجماعت میں پیچھے رہنے والوں پر سختی کیا کرتے تھے، عامل مکہ حضرت عتاب بن اسید رضی اللہ عنہ کا اعلان تھا کہ:

> ''جس کے متعلق مجھے معلوم ہوا کہ وہ نماز کی جماعت میں شریک نہیں ہوتا میں اس کی گردن اڑا دوں گا، کیونکہ منافق ہی نماز سے پیچھے رہتا ہے''۔[2]

جب لوگ نماز کے لیے آتے تھے تو خود بھی دین کے مسائل پوچھا کرتے تھے اور بعض اوقات نبی کریم ﷺ نماز سے پہلے یا بعد خود بھی مختصر یا طویل خطبہ ارشاد فرمایا کرتے تھے، جس میں دینی مسائل کی تعلیم اور دیگر معاملات کے متعلق دعوت وتبلیغ کا فریضہ سرانجام دیا جاتا تھا، نماز باجماعت کے بعد ایک خطبے کا تذکرہ کرتے ہوئے حضرت عمر بن اخطب رضی اللہ عنہ بیان کرتے ہیں:

> صلى بنا رسول الله صلى الله عليه و سلم الفجر وصعد المنبر فخطبنا حتى حضرت الظهر فنزل فصلى ثم صعد المنبر فخطبنا حتى حضرت العصر ثم نزل فصلى ثم صعد المنبر فخطبنا حتى غربت الشمس فأخبرنا بما كان وبما هو

---

① قشیری، مسلم بن حجاج، الجامع الصحیح، رقم الحدیث: ۶۵۱

② الکتانی، عبدالحی، نظام حکومت نبویہ، فرید بک سٹال لاہور، ۲۰۰۵ء، ص: ۱۸۱

كائن فأعلمنا أحفظنا۔[1]

''نبی کریم ﷺ نے فجر میں ہماری امامت فرمائی اور منبر پر چڑھے تو ہمیں خطبہ دیا یہاں تک کہ نماز کا وقت آگیا آپ صلی اللہ علیہ وسلم اترے اور نماز پڑھائی پھر منبر پر چڑھے اور ہمیں خطبہ دیا یہاں تک کہ عصر کی نماز کا وقت آگیا پھر اترے اور نماز پڑھائی پھر منبر پر چڑھے اور ہمیں خطبہ دیا یہاں تک کہ سورج غروب ہوگیا تو ہمیں آپ صلی اللہ علیہ وسلم نے ان تمام باتوں کی خبر دی جو پہلے ہو چکی ہیں اور جو آئندہ پیش آنے والی تھیں پس ہم میں سے سب بڑا عالم وہی ہے جس نے ہم میں سے ان باتوں کو زیادہ یاد رکھا''۔

نماز کے وقت مسائل کے متعلق استفسار اور نبی کریم ﷺ کے یہ خطبات اس دور میں تبلیغ نبوی کا اہم ذریعہ تھے۔

اجتماع جمعۃ المبارک کے ذریعے تبلیغ کا آغاز

مدینہ طیبہ تشریف آوری کے بعد نبی کریم ﷺ نے عوامی سطح پر دعوت وتبلیغ کے لیے ایک ہفتہ کے بعد جمعۃ المبارک کے دن اجتماع کا اہتمام کیا، جس میں ہر مسلمان کی حاضری کو لازمی قرار دیا گیا، مسجد نبوی اور مدینہ طیبہ کے گرد ونواح میں جو بڑی مساجد اور بڑے علاقے تھے وہاں بھی اس طرح کے اجتماعات کا اہتمام کروایا گیا، مدینہ طیبہ تشریف آوری پر آپ ﷺ نے جو سب سے پہلا خطبہ جمعۃ المبارک ارشاد فرمایا اس کے آبِ زر سے لکھنے کے قابل دعوتی وتبلیغی الفاظ درج ذیل ہیں:

الحمد لله أحمده وأستعينه، وأستغفره وأستهديه، وأومن به ولا أكفره، وأعادي من يكفره، وأشهد أن لا إله إلا الله وحده لا شريك له، وأن محمدا عبده ورسوله أرسله بالهدي ودين الحق والنور والموعظة على فترة من الرسل، وقلة من العلم، وضلالة من الناس، وانقطاع من الزمان: ودنو من الساعة، وقرب من الاجل. من يطع الله ورسوله فقد رشد، ومن يعصهما فقد غوي وفرط وضل ضلالا بعيدا. وأوصيكم بتقوي الله، فإنه خير ما أوصى به المسلم المسلم أن يحضه على الآخرة، وأن يأمره بتقوي الله. فاحذروا ما حذركم الله من نفسه، ولا أفضل من ذلك نصيحة ولا أفضل من ذلك ذكري، وإنه تقوي لمن عمل به على

[1] قشیری، مسلم بن حجاج، الجامع الصحیح، کتاب الفتن واشراط الساعۃ، باب اخبار النبی ﷺ فیما یکون الی قیام الساعۃ، رقم الحدیث: ۲۲۱۷

وجل ومخافة، وعون صدق على ما تبتغون من أمر الآخرة. ومن يصلح الذي بينه وبين الله من أمر السر والعلانية لا ينوي بذلك إلا وجه الله يكن له ذكرا في عاجل أمره وذخرا فيما بعد الموت حين يفتقر المرء إلي ما قدم، وما كان من سوي ذلك يود لو أن بينه وبينه أمدا بعيدا، ويحذركم الله نفسه والله رءوف بالعباد. والذي صدق قوله، وأنجز وعده، لا خلف لذلك فإنه يقول تعالي: ﴿ما يبدل القول لدي وما أنا بظلام للعبيد﴾. واتقوا الله في عاجل أمركم وآجله في السر والعلانية فإنه ﴿من يتق الله يكفر عنه سيئاته ويعظم له أجرا ومن يتق الله فقد فاز فوزا عظيما﴾ وإن تقوي الله توقي مقته، وتوقي عقوبته، وتوقي سخطه، وإن تقوي الله تبيض الوجه، وترضى الرب، وترفع الدرجة. خذوا بحظكم ولا تفرطوا في جنب الله، قد علمكم الله كتابه، ونهج لكم سبيله ليعلم الذين صدقوا وليعلم الكاذبين، فأحسنوا كما أحسن الله إليكم، وعادوا أعداءه وجاهدوا في الله حق جهاده، هو اجتباكم وسماكم المسلمين، ليهلك من هلك عن بينة ويحيا من حي عن بينة، ولا قوة إلا بالله، فأكثروا ذكر الله، واعملوا لما بعد الموت، فإنه من أصلح ما بينه وبين الله يكفه ما بينه وبين الناس. ذلك بأن الله يقضي على الناس ولا يقضون عليه، ويملك من الناس ولا يملكون منه، الله أكبر ولا قوة إلا بالله العلي العظيم۔[1]

''تمام تعریفیں اللہ کے لیے ہیں میں اسی کی حمد کرتا ہوں اور اسی سے مدد مانگتا ہوں میں اللہ ہی سے مغفرت طلب کرتا ہوں اور اسی سے ہدایت طلب کرتا ہوں۔ میں اس (اللہ) پر ایمان لایا ہوں اور میں اس (اللہ) کا انکار نہیں کرتا اور جو اللہ کا انکار کرے اس سے دشمنی کروں گا۔ اور میں گواہی دیتا ہوں کہ اللہ کے سوا کوئی معبود نہیں اور اسکا کوئی شریک نہیں اور محمد اس کے بندے اور رسول ہیں جنہیں (اللہ نے) بھیجا ہے۔ ہدایت، دین حق، نور اور موعظت کے ساتھ اس وقت جب انبیاء کی آمد کے سلسلہ میں طویل وقفہ آ چکا تھا۔ (اور اس دور میں جب) علم قلیل ہو گیا تھا اور لوگ گمراہی میں تھے اور (اس دور میں آئے جب) دنیا

---

[1] ابن کثیر، ابو الفداء، عماد الدین، السیرۃ النبویۃ، ج: ۲، ص: ۲۹۹۔۳۰۱

ختم ہونے والی تھی قیامت اور موت قریب آ چکی تھیں جس نے اللہ اور اس کے رسول کی اطاعت کی تو بیشک وہی ہدایت یافتہ ہے اور جو اللہ اور اس کے رسول کی نافرمانی کرتا ہے وہ گمراہ ہوا اور وہ گمراہی میں حد سے بڑھ گیا اور تاریکی میں دور نکل گیا اور میں تمہیں اللہ سے ڈرنے کی وصیت کرتا ہوں کیونکہ یہ سب سے بہتر وصیت ہے جو ایک مسلمان دوسرے مسلمان کو کرسکتا ہے۔ وہ اسے اپنی آخرت کی بھلائی کیلئے تیار کرتا ہے اور اسے (مسلمان بھائی کو) اللہ سے ڈرنے کا حکم دیتا ہے کہ اللہ تعالیٰ سے یوں ڈرتے رہو جیسے اس نے تمہیں اپنے غضب سے ڈرایا ہے۔ اس نصیحت سے بہتر اور کوئی نصیحت نہیں اور نہ اس سے بہتر کوئی یاددہانی ہے اور اللہ تعالیٰ سے ڈرا کر اور اسکا خوف رکھتے ہوئے نیک عمل کرنا ہی تقویٰ ہے اور قیامت کے دن جس چیز کی تم خواہش رکھتے ہو اس کے حصول کے سلسلہ میں یہی (نصیحت) سچی مدد ہے اور جو شخص اپنے اور اللہ کے درمیان تمام ظاہری اور باطنی حالات کی اصلاح کرتا ہے اور وہ ہر عمل میں اللہ کی رضا طلب کرتا ہے تو اسکا یہ عمل دنیا میں اس کے ذکر (شہرت) میں اضافہ کرے گا اور آخرت کیلئے اس کے لیے (اس وقت فائدہ مند ثابت ہوگا) جب اسے اعمال حسنہ (اپنے بھیجے ہوئے اعمال) کی ضرورت ہوگی اور وہ خواہش کرے گا کہ ان اعمال حسنہ کے علاوہ جو برے اعمال ہیں وہ آج مجھ سے دور رہیں، اور اللہ تعالیٰ تمہیں ڈراتا ہے اپنی ذات سے (برے اعمال سے روکنے کی خاطر لیکن اس کے باوجود) اللہ تعالیٰ اپنے بندوں کے ساتھ بہت مہربان ہے اور جو شخص اپنی بات کو سچا ثابت کردے گا اور اپنے وعدوں کو پورا کرے گا تو اس کے لیے اللہ تعالیٰ اپنے کیے ہوئے وعدوں کو بھی پورا کرے گا کیونکہ وہ اپنے وعدے سے نہیں پھرتا اور نہ بندوں کے ساتھ (کسی قسم کا) ظلم کرتا ہے۔ جو کام تم کر رہے ہو اور جو کام تم بعد میں کرو گے چاہے وہ پوشیدہ ہوں یا علانیہ (ان تمام کاموں میں) اللہ سے ڈرتے رہا کرو کیونکہ جو اللہ تعالیٰ سے ڈرتا ہے اللہ تعالیٰ اس کے گناہ معاف کر دیتا ہے اور قیامت کے دن اسے اجر عظیم عطا فرمائے گا اور اللہ سے ڈرنے والے کے لیے عظیم کامیابی ہے اور اللہ تعالیٰ سے ڈرنا انسان کو اللہ تعالیٰ کے خوف اور اس کے عذاب سے بچاتا ہے اور اللہ کی ناراضی سے محفوظ رکھتا ہے۔ بیشک خوف خدا سے (انسان کا) چہرہ روشن ہو جاتا ہے اسے رب کی رضا حاصل ہوتی ہے اور اس کے درجات میں بلندی اور

اضافہ ہوتا ہے تم اپنا حصہ (سعادت) حاصل کر لو، اللہ تعالیٰ کے احکام میں کوتاہی نہ کرو اللہ تعالیٰ نے تمہیں اپنی کتاب (قرآن) کی تعلیم دے دی ہے اور تم پر اپنا راستہ (صراط مستقیم) واضح کر دیا ہے تاکہ اللہ تعالیٰ آزمائے کہ سچے کون ہیں اور جھوٹے کون ہیں اور تم (لوگوں پر) احسان کرو جیسے اللہ تعالیٰ نے تم پر احسان کیا ہے اور اللہ کے دشمنوں کے ساتھ تم بھی دشمنی رکھو اور اللہ کے راستے میں ایسے جہاد کرو جیسے کرنے کا حق ہے اور اللہ نے تمہیں اس کام کے لیے منتخب کیا ہے اور اسی نے تمہارا نام مسلمان رکھا ہے تاکہ تم میں سے جو ہلاک (شہید) ہونا چاہیے وہ کسی دلیل (مقصد) کی خاطر ہو اور جو تم میں سے زندہ رہنا چاہیے وہ بھی کسی خاصل دلیل (مقصد) کی خاطر زندہ رہے اور اللہ تعالیٰ کی مدد کے بغیر کسی میں قوت نہیں ہے۔ پس کثرت سے اللہ کا ذکر کیا کرو اور موت کے بعد (آنے والی) زندگی کے لیے اعمال کیا کرو پس جو شخص اپنے درمیان اور اللہ کے درمیان معاملات درست کر لیتا ہے (احکام خداوندی پر عمل کرتا ہے) تو اللہ تعالیٰ اس کے اور لوگوں کے درمیان معاملات کو درست کر دیتا ہے۔ یہ اس طرح کہ اللہ تعالیٰ لوگوں کے بارے میں فیصلہ فرماتا ہے نہ کہ لوگ اپنے بارے میں اپنی مرضی نافذ کر سکتے ہیں اور اللہ تعالیٰ لوگوں کے تمام احوال کا مالک ہے جبکہ لوگ اس کے مالک نہیں بن سکتے۔ اللہ تعالیٰ بہت بڑا ہے اور اس کی مدد کے بغیر کوئی قوت اور طاقت نہیں جو بہتر اعلیٰ اور عظمت والا ہے''۔

خطبہ جمعۃ المبارک کا مقصد یہی طے کیا گیا کہ اس میں اسلام کی دعوت وتبلیغ کے ساتھ ساتھ احکام اسلامیہ کی تعلیم وتربیت کا اہتمام ہو۔ اس خطبہ میں جو احکامات سکھائے جائیں اگلا سارا ہفتہ ان پر عمل درآمد کیا جائے، تاکہ مسلمانوں کے اندر علم وعمل دونوں صلاحیتیں پیدا ہو سکیں۔

ہنگامی اجتماعات کا اہتمام

مدنی زندگی کے دور تشکیل میں نبی کریم ﷺ نے دعوت وتبلیغ کا ایک منہج یہ اختیار فرمایا کہ بعض اہم مواقع پر ہنگامی اجتماعات منعقد کیے اور اس موقع ومحل کی مناسب سے تبلیغ کی جاتی تھی، اس طرح کی ایک مجلس کا حال ملاحظہ فرمائیں:

عن أبی حمید الساعدی قال: استعمل رسول الله صلى الله عليه وسلم رجلا من الأسد يقال له ابن اللتبية (قال عمرو وابن أبی عمر على الصدقة) فلما قدم قال هذا لكم وهذا لى أهدي لى قال فقام رسول الله صلى الله عليه وسلم على

المنبر فحمد الله وأثنى عليه وقال (ما بال عامل أبعثه فيقول هذا لكم وهذا أهدي لى أفلا قعد فى بيت أبيه أو فى بيت أمه حتى ينظر أيهدي إليه أم لا والذى نفس محمد بيده لا ينال أحد منكم شيئا إلا جاء به يوم القيامة يحمله على عنقه بعير له رغاء أو بقرة لها خوار أو شاة تيعر) ثم رفع يديه حتى رأينا عفرتى إبطيه ثم قال (اللهم هل بلغت ؟) مرتين۔ ①

''ابوحمید ساعدی رضی اللہ عنہ بیان کرتے ہیں کہ رسول اللہ ﷺ نے بنو اسد کے ایک شخص کو جسے ابن لُتبیہ کہا جاتا تھا، اسے زکوٰۃ کی وصولی پر (مقرر کیا)۔ جب وہ (زکوٰۃ وصول کر کے) آیا تو اس نے کہا: یہ آپ لوگوں کے لیے ہے اور یہ مجھے ہدیہ کیا گیا ہے۔ رسول اللہ ﷺ منبر پر کھڑے ہوئے، اللہ تعالیٰ کی حمد و ثنا بیان کی اور فرمایا: ایک عامل کا حال کیا ہوتا ہے کہ میں اس کو (زکاۃ وصول کرنے) بھیجتا ہوں اور وہ آ کر کہتا ہے: یہ آپ لوگوں کے لیے ہے اور یہ مجھے ہدیہ کیا گیا ہے، ایسا کیوں نہ ہوا کہ یہ اپنے باپ یا اپنی ماں کے گھر میں بیٹھتا، پھر نظر آتا کہ اسے ہدیہ دیا جاتا ہے یا نہیں؟ اس ذات کی قسم جس کے ہاتھ میں محمد ﷺ کی جان ہے! تم میں سے کوئی بھی شخص ایسا نہیں کہ وہ اس (مال) میں سے (اپنے لیے) کچھ لے، مگر وہ قیامت کے دن اس حالت میں آئے گا کہ اس نے اسے اپنی گردن پر اٹھا رکھا ہو گا، قیامت کے دن اونٹ ہو گا، بلبلا رہا ہو گا، گائے ہو گی، ڈکرا رہی ہو گی، بکری ہو گئی، ممیا رہی ہو گی۔ پھر آپ نے اپنے دونوں ہاتھ اس قدر بلند کیے کہ ہمیں آپ کی دونوں بغلوں کے سفید حصے نظر آئے، پھر آپ نے دو مرتبہ فرمایا: اے اللہ! کیا میں نے (حق) پہنچا دیا؟''۔

میثاق مدینہ کے ذریعے یہودیوں تک تبلیغ کے راستے کی ہمواری

نبی کریم ﷺ جب ہجرت کر کے مدینہ طیبہ تشریف لائے تو وہاں تین یہودی قبائل آباد تھے، بنو قریظہ، بنو قینقاع اور بنو نضیر، مدینہ طیبہ میں سیاسی اور اقتصادی حوالے سے ان کا مضبوط اثر ورسوخ قائم تھا، نبی کریم ﷺ نے اپنی دعوتی حکمت عملی کے پیش نظر انہیں قریب کر کے ان سے دعوت وتبلیغ کا راستہ ہموار کرنے اور دیگر اجتماعی، اقتصادی اور سیاسی مقاصد

① قشیری، مسلم بن حجاج، الجامع الصحیح، کتاب الامارۃ، باب تحریم ہدایا العمال، رقم الحدیث: ۱۸۳۲

کے لیے ان کے ساتھ ایک معاہدہ کیا جسے ''میثاق مدینہ'' کے نام سے یاد کیا جاتا ہے، اس کی دو اہم شقیں یہ ہیں:

۱۔ وان ذمة الله واحدة يجبر عليهم ادناهم وان المومنين بعضم موالى بعض دون الناس۔

۲۔ وانه من تبعنا من يهود فان له النصر والاسوة غير مظلومين ولا متناصر عليهم۔ ①

''اللہ کا ذمہ (اور پناہ سب کے لیے یکساں) ایک ہے ادنیٰ ترین مسلمان بھی کافر کو پناہ دے سکتا ہے، اہل ایمان دوسرے لوگوں کے مقابلہ میں باہم بھائی بھائی اور مددگار وکارساز ہیں، یہودیوں میں سے جو بھی ہمارا اتباع کرے گا تو اسے مدد اور مساوات حاصل ہوگی اور یہود پر نہ تو ظلم کیا جائے اور نہ ہی ان کے خلاف کسی دشمن کی مدد کی جائے گی''۔

اسی دور میں قرآنِ مجید میں اہل کتاب کو متحدہ امور پر مکالمہ اور سماجی اتحاد کی دعوت بھی دی گئی، ارشاد، باری تعالیٰ ہے:

قُلْ يٰٓاَهْلَ الْكِتٰبِ تَعَالَوْا اِلٰى كَلِمَةٍ سَوَآءٍۢ بَيْنَنَا وَبَيْنَكُمْ اَلَّا نَعْبُدَ اِلَّا اللّٰهَ وَلَا نُشْرِكَ بِهٖ شَيْـًٔا وَّلَا يَتَّخِذَ بَعْضُنَا بَعْضًا اَرْبَابًا مِّنْ دُوْنِ اللّٰهِ ۭ فَاِنْ تَوَلَّوْا فَقُوْلُوا اشْهَدُوْا بِاَنَّا مُسْلِمُوْنَ۔ ②

''کہہ دے اے اہل کتاب! آؤ ایک ایسی بات کی طرف جو ہمارے درمیان اور تمھارے درمیان برابر ہے، یہ کہ ہم اللہ کے سوا کسی کی عبادت نہ کریں اور اس کے ساتھ کسی چیز کو شریک نہ کریں اور ہم میں سے کوئی کسی کو اللہ کے سوا رب نہ بنائے، پھر اگر وہ پھر جائیں تو کہہ دو گواہ رہو کہ بے شک ہم فرماں بردار ہیں''۔

مذکورہ آیت سے دعوت وتبلیغ کا ایک اہم منہج اور اسلوب بھی نکل رہا ہے کہ اگر کوئی شخص کسی ایسی جماعت کو دعوت دینے کا خواہش مند ہو جو عقائد ونظریات میں اس سے مختلف ہوں تو اس کا طریقہ یہ ہے کہ مخالف عقیدہ والی جماعت کو صرف اس چیز پر دعوت دی جائے جس پر دونوں کا اتفاق ہو سکتا ہو۔

تبلیغ دین اور قیام امن کے لیے جہاد

مسلمان جب مکہ میں تھے وہاں مشرکین کا ظلم وستم اور ان کی طرف سے ملنے والی پریشانیوں پر اللہ تعالیٰ کے حکم

① الازہری، محمد کرم شاہ، ضیاء النبی ﷺ، ج: ۳، ص: ۱۸۷

② آلِ عمران، ۳: ۶۴

کے مطابق صبر کا مظاہرہ کر رہے تھے اور وہاں صبر کی ایک اہم وجہ ان کی جمعیت کا نہ ہونا بھی تھا، جب مدینہ طیبہ اہل اسلام کا مرکز بنایا تو یہاں انہیں باقاعدہ جہاد کی اجازت دی گئی، جس کی کئی صورتیں اور کئی مقاصد تھے، جہاد کے وسیع مقاصد میں سے ایک دعوت وتبلیغ کے ذریعے اعلاء کلمۃ اللہ بھی تھا، چنانچہ اس مقصد کے لیے بھی نبی کریم ﷺ نے مختلف مقامات کی طرف سرایا بھیجے، ان کے بھیجنے میں نبی کریم ﷺ کا طریقہ کار بیان کرتے ہوئے حضرت بریدہ رضی اللہ عنہ فرماتے ہیں کہ نبی کریم ﷺ جب کسی شخص یا کسی بڑے یا چھوٹے لشکر کا امیر بناتے تو اس کو بالخصوص اللہ سے ڈرنے کی وصیت کرتے اور اس کے ساتھی مسلمانوں کو نیکی کی وصیت کرتے، پھر فرماتے:

اغزوا باسم الله وفى سبيل الله قاتلوا من كفر بالله اغزوا ولا تغلوا ولا تغدروا ولا تمثلوا ولا تقتلوا وليدا وإذا لقيت عدوك من المشركين فادعهم إلي ثلاث خصال (أو خلال) فأيتهن ما أجابوك فاقبل منهم وكف عنهم ثم ادعهم إلي الإسلام فإن أجابوك فاقبل منهم وكف عنهم ثم ادعهم إلي التحول من دارهم إلي دار المهاجرين وأخبرهم أنهم إن فعلوا ذلك فلهم ما للمهاجرين وعليهم ما على المهاجرين فإن أبوا أن يتحولوا منها فأخبرهم أنهم يكونون كأعراب المسلمين يجرى عليهم حكم الله الذى يجرى على المؤمنين ولا يكون لهم فى الغنيمة والفيء شيء إلا أن يجاهدوا مع المسلمين فإن هم أبوا فسلهم الجزية فإن هم أجابوك فاقبل منهم وكف عنهم فإن هم أبوا فاستعن بالله ۔①

''اللہ کے نام سے اللہ کی راہ میں جہاد کرو، جو اللہ تعالیٰ سے کفر کرتے ہیں ان سے لڑو، نہ خیانت کرو، نہ بدعہدی کرو، نہ مثلہ کرو اور نہ کسی بچے کو قتل کرو اور جب مشرکوں میں سے اپنے دشمن سے ٹکراؤ تو انہیں تین باتوں کی طرف بلاؤ، ان میں سے جسے وہ تسلیم کر لیں، (اسی کو) ان کی طرف سے قبول کر لو اور ان (پر حملے) سے رک جاؤ، انہیں اسلام کی دعوت دو، اگر وہ مان لیں تو اسے ان (کی طرف) سے قبول کر لو اور (جنگ سے) رک جاؤ، پھر انہیں اپنے علاقے سے مہاجرین کے علاقے میں آ جانے کی دعوت دو اور انہیں بتاؤ کہ اگر وہ ایسا کریں گے تو ان کے لیے وہی حقوق ہوں گے جو مہاجرین کے ہیں اور ان پر وہی ذمہ داریاں ہوں گی جو مہاجرین پر ہیں۔ اگر وہ وہاں سے نقل مکانی کرنے پر انکار کریں تو انہیں

① قشیری، مسلم بن حجاج، الجامع الصحیح، کتاب الجهاد والسیر، باب تامیر الامیر علی الکفار، رقم الحدیث: ۴۶۱۹

بتاؤ کہ پھر وہ بادیہ نشیں مسلمانوں کی طرح ہوں گے، ان پر اللہ کا وہی حکم نافذ ہوگا جو مومنوں پر نافذ ہوتا ہے اور غنیمت اور فے میں سے ان کے لیے کچھ نہ ہوگا مگر اس صورت میں کہ وہ مسلمانوں کے ساتھ مل کر جہاد کریں۔ اگر وہ انکار کریں تو ان سے جزیے کا مطالبہ کرو، اگر وہ تسلیم کر لیں تو ان کی طرف سے قبول کر لو اور رک جاؤ اور اگر وہ انکار کریں تو اللہ سے مدد مانگو اور ان سے لڑو''۔

اس حدیث مبارکہ سے تبلیغ کے لیے جہاد کا یہ اہم اصول واضح ہو رہا ہے کہ پہلے انہیں اسلام کی دعوت دو، کیونکہ یہ جہاد کا اہم مقصد ہے اس جہاد کے ذریعے تبلیغی فوائد وثمرات کی ادنیٰ سے جھلک یہ ہے کہ مکہ مکرمہ میں تیرہ سالہ عرصہ میں جب محض صبر وثبات اور مجرد تبلیغ کے ساتھ اشاعت دین کا سلسلہ شروع تھا، تو وہاں صرف تین سو کے قریب لوگ مسلمان ہوئے لیکن مدینہ طیبہ میں جب جہاد کے ذریعے تبلیغ کا کام بڑھایا گیا تو دس سال کے بعد صرف حجۃ الوداع کے موقع پر حاضر مسلمانوں کی تعداد تقریباً ایک لاکھ چوبیس ہزار تھی۔

مبلغین کی تعلیم وتربیت کے لیے مرکز ''صفہ'' کا قیام

مدینہ طیبہ تشریف لا کر نبی کریم ﷺ نے مسجد نبوی میں ایک چبوترہ تعمیر کروایا اور وہاں ایک کھلی اقامتی درس گاہ قائم کی، یہ دن کے وقت لیکچر ہال اور رات کے وقت اقامت گاہ بن جاتی تھی، یہاں ہر کوئی بیٹھنے اور حصول علم کے لیے آزاد تھا، اس درس گاہ کا مقصد مسلمانوں کی تعلیم وتربیت کے ساتھ ساتھ اسلام کے ایسے معلمین ومبلغین تیار کرنا تھا جو دیگر علاقوں کے افراد اور مختلف اقوام تک دین کا پیغام پہنچا سکیں۔

اس درس گاہ کی ایک خصوصیت یہ تھی کہ اس میں بچے اور پیروجوان، نیز عورتوں کی تعلیم وتربیت کا بھی اہتمام کیا گیا تھا۔[1] اس درس گاہ کے فارغین میں معلمین بھی تھے اور مبغلین بھی، مجاہد بھی تھے اور عصری فنون کے ماہرین بھی، جن صحابہ کرام رضی اللہ عنہم نے آگے جا کر اپنی درس گاہیں اور تبلیغی مراکز قائم کیے وہ اسی درس گاہ صفہ کا فیضان تھا۔

عربی کے علاوہ دوسری زبانوں میں تبلیغ کے انتظامات

نبی کریم ﷺ کی بارگاہ میں دین سیکھنے کی غرض سے جو غیر عربی لوگ آتے تھے یا آپ کے پاس مختلف زبانوں میں خط آتے تھے ان کا جواب دینے اور دیگر زبانوں کی ترجمانی کے لیے آپ ﷺ نے صحابہ کرام رضی اللہ عنہم کو مختلف زبانیں سیکھنے کا حکم دیا، جن صحابہ نے اس وقت مختلف زبانیں سیکھیں ان میں حضرت زید بن ثابت انصاری رضی

---

[1] ناصر، نصیر احمد، پیغمبر اعظم وآخر ﷺ، فیروز سنز لمیٹڈ لاہور، ۲۰۰۳ء، ص: ۲۱۷

اللہ عنہ کا نام نمایاں ہے، آپ نے فارسی، رومی، قبطی، حبشی اور سریانی زبان سیکھی اور ان زبانوں میں نبی کریم ﷺ کے ترجمان تھے۔①

مختلف علاقوں میں مبلغین اور معلمین کے وفود روانہ کرنے کا اہتمام

اس دورانیے میں جب اسلام کا پیغام مدینہ طیبہ کی سرحدوں کو پار کر کے مختلف علاقوں تک پہنچ چکا تھا تو نبی کریم ﷺ از خود وہاں کے لوگوں کی طلب پر وہاں مبلغین و معلمین بھیجا کرتے تھے، ۴ ہجری میں رجیع کے حادثہ میں رابغ اور جدہ کے درمیان جو سات صحابہ کرام رضی اللہ عنہم شہید کیے گئے تھے وہ قبیلہ عضل اور قارہ کے لوگوں کی طلب پر ہی نبی کریم ﷺ نے انہیں تبلیغ کرنے کے لیے بھیجے تھے۔ اس طرح بئر معونہ کا واقعہ بھی ایسی ہی صورتِ حال میں پیش آیا تھا۔②

اس طریقہ تبلیغ سے اسلام کا پیغام دور تک پہنچا اور کثیر تعداد میں لوگ دائرہ اسلام میں شامل ہوتے چلے گئے اور مسلمانوں کی سرحدوں میں وسعت پیدا ہوئی، عصر حاضر میں اقامت دین کی جدوجہد کرنے والے افراد دعوت کے ابتدائی مرحلے سے گزر کر اپنی دعوتی جماعت کی تشکیل میں مصروف عمل ہیں ان کے لیے اس نبوی اسلوب دعوت میں ہزاروں اسباق موجود ہیں۔

---

① الکتانی، عبدالحی، نظام حکومت نبویہ ﷺ، ص: ۲۵۲

② مبارک پوری، صفی الرحمٰن، الرحیق المختوم، ص: ۳۹۷

فصل سوم:

مدنی دورِ عروج میں تبلیغ کا نبوی منہج واسلوب

مدینہ طیبہ میں باقاعدہ اسلامی ریاست کی تشکیل کا دور عروج سن ۶ ہجری صلح حدیبیہ سے شروع ہو کر حضور نبی کریم ﷺ کی وفات باکمال ۱۱ ہجری کو پایہ تکمیل تک پہنچتا ہے، اس دور میں دعوت وتبلیغ نبوی کے وہ منتہی اور اعظم مناہج واسالیب سامنے آئے ہیں جن کی بدولت محض پانچ سالوں میں آپ کا تبلیغی کارنامہ اتنا عروج حاصل کرتا ہے کہ اس وقت دائرہ اسلام میں داخل ہونے والوں کی منظر کشی قرآن مجید کچھ یوں کرتا ہے:

إِذَا جَآءَ نَصْرُ اللّٰهِ وَالْفَتْحُ○وَرَاَيْتَ النَّاسَ يَدْخُلُوْنَ فِيْ دِيْنِ اللّٰهِ اَفْوَاجًا○ فَسَبِّحْ بِحَمْدِ رَبِّكَ وَاسْتَغْفِرْهُ ۚ اِنَّهٗ كَانَ تَوَّابًا○۔ [1]

''جب اللہ کی مدد اور فتح آجائے۔ اور تو لوگوں کو دیکھے کہ وہ اللہ کے دین میں فوج در فوج داخل ہو رہے ہیں۔ تو اپنے رب کی حمد کے ساتھ تسبیح کر اور اس سے بخشش مانگ، یقیناً وہ ہمیشہ سے بہت توبہ قبول کرنے والا ہے''۔

اور اللہ تعالیٰ کا یہ وعدہ پورا ہوا:

هُوَ الَّذِيْٓ اَرْسَلَ رَسُوْلَهٗ بِالْهُدٰى وَدِيْنِ الْحَقِّ لِيُظْهِرَهٗ عَلَى الدِّيْنِ كُلِّهٖ ۭ وَكَفٰى بِاللّٰهِ شَهِيْدًا○۔ [2]

''وہی ہے جس نے اپنا رسول ہدایت اور دین حق کے ساتھ بھیجا، تاکہ اسے ہر دین پر غالب کر دے اور اللہ گواہ کے طور پر کافی ہے''۔

اس دور کو تبلیغ نبوی کی تکمیل کا دور کہا جاتا ہے اس دور میں دعوت وتبلیغ نبوی کے درج ذیل مناہج واسالیب ہمارے سامنے آتے ہیں:

صلح حدیبیہ کے ذریعہ پورے عرب وبیرون عرب میں تبلیغ دین کے راستے کی ہمواری

مکہ مکرمہ میں جو لوگ دعوت اسلام کے مخالف تھے اہل اسلام کے وہاں سے ہجرت کے باوجود بھی ان کی دشمنی میں کمی نہیں آئی، بلکہ ان کے جوش عداوت میں دن بدن اضافہ ہوتا چلا گیا، جس کے نتیجے میں غزوہ بدر، احد، خندق

---

[1] النصر، ۱۱۰: ۱۔۳

[2] الفتح، ۴۸: ۲۸

وغیرہ پیش آئے۔ ۵ ہجری میں غزوہ خندق میں مسلسل ایک مہینے تک مشرکین مکہ بمع اپنے حلفاء جب مدینہ طیبہ کے باہر حملے کی غرض سے موجود رہے اور مسلمانوں کی مضبوط پلاننگ اور حکمت عملی کی وجہ سے اس کا یہ منصوبہ کامیاب نہ ہو سکا اور وہ بری طرح ناکام ہو کر واپس پلٹے تو اس وقت نبی کریم ﷺ نے واضح ارشاد فرمایا تھا:

الان نغزوهم ولا يغزونا، نحن نسير اليهم۔[1]

''اب ہم ان پر چڑھائی کریں گے وہ ہم پر چڑھائی نہ کریں گے، اب ہمارا لشکر ان کی طرف جائے گا''۔

آپ ﷺ کی یہ پیشنگوئی اس طرح پایہ تکمیل کو پہنچی کہ ہزیمت یافتہ مشرکوں کو آگے ایک سال تک بھی مدینہ طیبہ پر حملے کی جرأت نہ ہو سکی، اب صورتِ حال یہ بن گئی کہ جزیرہ نمائے عرب میں حالات بڑی حد تک مسلمانوں کے موافق ہو گئے تو اسلامی دعوت کی کامیابی اور فتح اعظم کے آثار رفتہ رفتہ نمایاں ہونا شروع ہوئے اور مسجد حرام میں جس کا دروازہ مشرکین نے مسلمانوں پر چھ برس سے بند کر رکھا تھا، مسلمانوں کے لیے عبادت کا حق تسلیم کیے جانے کی تمہیدات شروع ہو گئیں، نبی کریم ﷺ کو مدینہ طیبہ کے اندر یہ خواب دکھلایا گیا کہ آپ اور آپ کے صحابہ کرام رضی اللہ عنہم مسجد حرام میں داخل ہوئے، آپ نے خانہ کعبہ کی کنجی لی اور صحابہ سمیت بیت اللہ کا طواف اور عمرہ کیا، پھر کچھ لوگوں نے سر کے بال منڈائے اور کچھ نے کٹوانے پر اکتفا کی، آپ ﷺ نے صحابہ کرام کو اس خواب کی اطلاع دی تو انہیں بڑی مسرت ہوئی، انہوں نے یہ سمجھا کہ اس سال مکہ میں داخلہ نصیب ہو گا، آپ ﷺ نے صحابہ کو یہ بھی بتلایا کہ آپ عمرہ ادا فرمائیں گے، لہٰذا صحابہ کرام بھی آپ کے ساتھ سفر کے لیے تیار ہوئے۔ مدینہ منورہ کے گرد و نواح اس کا اعلان فرما دیا گیا، چودہ سو صحابہ کرام رضی اللہ عنہم آپ کے ساتھ تیار ہوئے اور ذی قعدہ ۶ ہجری میں یہ قافلہ چل پڑا، ادھر قریش مکہ کو جب خبر پہنچی تو ان میں ہلچل چل گئی، مکہ شریف کے قریب حدیبیہ کے مقام پر انہوں نے مسلمانوں کا راستہ روکنے کی کوشش کی، قریب تھا کہ باہمی جھڑپ بھی ہو جاتی، لیکن دونوں طرف سے چند افراد کی کوششوں سے مشرکین اور اہل اسلام کے درمیان صلح کا ایک معاہدہ طے ہو گیا جسے ''صلح حدیبیہ'' کے نام سے یاد کیا جاتا ہے، جس کی دفعات درج ذیل ہیں:

۱۔ رسول اللہ ﷺ اس سال مکہ میں داخل ہوئے بغیر واپس جائیں گے، اگلے سال مسلمان مکہ آئیں گے اور تین روز قیام کریں گے، ان کے ساتھ سوار کا ہتھیار ہو گا، میانوں میں تلواریں ہوں گی اور ان سے کسی قسم کا تعرض نہیں کیا جائے گا۔

۲۔ دس سال تک فریقین جنگ بند رکھیں گے، اس عرصے میں لوگ مامون رہیں گے کوئی کسی پر ہاتھ نہیں اٹھائے گا۔

---

[1] بخاری، محمد بن اسماعیل، الجامع الصحیح، ج: ۱، ص: ۵۹۰

۳۔ جو محمد کے عہد و پیمان میں داخل ہونا چاہیے، داخل ہو سکے گا اور جو قریش کے عہد و پیمان میں داخل ہونا چاہے داخل ہو سکے گا جو قبیلہ جس فریق میں شامل ہو گا اس فریق کا ایک جزو سمجھا جائے گا، لہٰذا ایسے کسی قبیلے پر زیادتی ہوئی تو خود اس فریق پر زیادتی متصور ہو گی۔

۴۔ قریش کا جو آدمی اپنے سرپرست کی اجازت کے بغیر یعنی بھاگ کر محمد کے پاس جائے گا محمد اسے واپس کر دیں گے، لیکن محمد کے ساتھیوں میں سے جو شخص پناہ کی غرض سے بھاگ کر قریش کے پاس آئے گا قریش اسے واپس نہ کریں گے۔

یہ ہے صلح حدیبیہ، جو شخص اس کی دفعات کا ان کے پس منظر سمیت جائزہ لے گا اسے کوئی شبہ نہ رہے گا کہ یہ مسلمانوں کی فتح عظیم تھی۔ کیونکہ قریش نے اب تک مسلمانوں کا وجود تسلیم نہیں کیا تھا اور انہیں نیست و نابود کرنے کا تہیہ کیے بیٹھے تھے۔ انہیں انتظار تھا کہ ایک نہ ایک دن یہ قوت دم توڑ دے گی۔ اس کے علاوہ قریش جزیرۃ العرب کے دینی پیشوا اور دنیاوی صدر نشین ہونے کی حیثیت سے اسلامی دعوت اور عام لوگوں کے درمیان پوری قوت کے ساتھ حائل رہنے کے لیے کوشاں رہتے تھے۔ اس پس منظر میں دیکھیئے تو صلح کی جانب محض جھک جانا ہی مسلمانوں کی قوت کا اعتراف اور اس بات کا اعلان تھا کہ اب قریش اس قوت کو کچلنے کی طاقت نہیں رکھتے۔ پھر تیسری دفعہ کے پیچھے صاف طور پر یہ نفسیاتی کیفیت کارفرما نظر آتی ہے کہ قریش کو دنیاوی صدر نشینی اور دینی پیشوائی کا جو منصب حاصل تھا اسے انہوں نے بالکل بھلا دیا تھا۔ اور اب انہیں صرف اپنی پڑی تھی۔ ان کو اس سے کوئی سروکار نہ تھا کہ بقیہ لوگوں کا کیا بنتا ہے۔ یعنی اگر سارے کا سارا جزیرۃ العرب حلقہ بگوش اسلام ہو جائے تو قریش کو اس کی کوئی پروا نہیں اور وہ اس میں کسی طرح کی مداخلت نہ کریں گے۔ کیا قریش کے عزائم اور مقاصد کے لحاظ سے یہ ان کی شکستِ فاش نہیں ہے؟ اور مسلمانوں کے مقاصد کے لحاظ سے یہ فتحِ مبین نہیں ہے؟ آخر اہلِ اسلام اور اعدائے اسلام کے درمیان جو خونریز جنگیں پیش آئی تھیں ان کا منشاء اور مقصد اس کے سوا کیا تھا کہ عقیدے اور دین کے بارے میں لوگوں کو مکمل آزادی اور خودمختاری حاصل ہو جائے۔ یعنی اپنی آزاد مرضی سے جو شخص چاہے مسلمان ہو اور جو چاہے کافر رہے۔ کوئی طاقت ان کی مرضی اور ارادے کے سامنے روڑا بن کر کھڑی نہ ہو۔ مسلمانوں کا یہ مقصد تو ہرگز نہ تھا کہ دشمن کے مال ضبط کیے جائیں۔ انہیں موت کے گھاٹ اتارا جائے۔ اور انہیں زبردستی مسلمان بنایا جائے۔ یعنی مسلمانوں کا مقصود صرف وہی تھا جسے علامہ اقبال نے یوں بیان کیا ہے ۔

شہادت ہے مطلوب و مقصودِ مومن
نہ مال غنیمت نہ کشور کشائی!

آپ دیکھ سکتے ہیں کہ اس صلح کے ذریعے مسلمانوں کا مذکورہ مقصد اپنے تمام اجزا اور لوازم سمیت حاصل ہوگیا اور اس طرح حاصل ہوگیا کہ بسا اوقات جنگ میں فتحِ مبین سے ہمکنار ہونے کے باوجود حاصل نہیں ہو پاتا۔ پھر اس آزادی کی وجہ سے مسلمانوں نے دعوت وتبلیغ کے میدان میں نہایت زبردست کامیابی حاصل کی، چنانچہ مسلمان افواج کی تعداد جو اس صلح سے پہلے تین ہزار سے زائد کبھی نہ ہوسکی تھی وہ محض دوسال کے اندر فتح مکہ کے موقع پر دس ہزار ہوگئی۔

دفعہ نمبر ۲ بھی درحقیقت اس فتحِ مبین کا ایک جزو ہے کیونکہ جنگ کی ابتدا مسلمانوں نے نہیں بلکہ مشرکین نے کی تھی۔ اللہ کا ارشاد ہے:

وَهُمْ بَدَءُوكُمْ أَوَّلَ مَرَّةٍ ط۔ ①

''یعنی پہلی بار ان ہی لوگوں نے تم لوگوں سے ابتداء کی''۔

جہاں تک مسلمانوں کی طلایہ گردیوں اور فوجی گشتوں کا تعلق ہے تو مسلمانوں کا مقصود ان سے صرف یہ تھا کہ قریش اپنے احمقانہ غرور میں اللہ کی راہ روکنے سے باز آجائیں اور مساویانہ بنیاد پر معاملہ کرلیں۔ یعنی ہر فریق اپنی اپنی ڈگر پر گامزن رہنے کے لیے آزاد رہے۔ اب غور کیجیے کہ دس سالہ جنگ بند رکھنے کا معاہدہ آخر اس غرور اور اللہ کی راہ میں رکاوٹ سے باز آنے ہی کا تو عہد ہے، جو اس بات کی دلیل ہے کہ جنگ کا آغاز کرنے والا کمزور اور بے دست وپا ہوکر اپنے مقصد میں ناکام ہوگیا۔

جہاں تک پہلی دفعہ کا تعلق ہے تو یہ بھی درحقیقت مسلمانوں کی ناکامی کے بجائے کامیابی کی علامت ہے کیونکہ یہ دفعہ درحقیقت اس پابندی کے خاتمے کا اعلان ہے جسے قریش نے مسلمانوں پر مسجد حرام میں داخلے سے متعلق عائد کررکھی تھی۔ البتہ اس دفعہ میں قریش کے لیے بھی تشفی کی اتنی سی بات تھی کہ وہ اس ایک سال مسلمانوں کو روکنے میں کامیاب رہے۔ مگر ظاہر ہے کہ یہ وقتی اور بے حیثیت فائدہ تھا۔

اس کے بعد اس صلح کے سلسلے میں یہ پہلو بھی قابل غور ہے کہ قریش نے مسلمانوں کو یہ تین رعائتیں دے کر صرف ایک رعایت حاصل کی جو دفعہ ۴ میں مذکور ہے، لیکن یہ رعایت حددرجہ معمولی اور بے وقعت تھی اور اس میں مسلمانوں کا کوئی نقصان نہ تھا۔ کیونکہ یہ معلوم تھا کہ جب تک کوئی مسلمان رہے گا۔ اللہ، رسول اور مدینۃ الاسلام سے بھاگ نہیں سکتا۔ اس کے بھاگنے کی صرف ایک ہی صورت ہوسکتی ہے کہ وہ مرتد ہوجائے۔ خواہ ظاہراً خواہ درپردہ۔ اور ظاہر ہے کہ جب مُرتد ہوجائے تو مسلمانوں کو اس کی ضرورت نہیں بلکہ اسلامی معاشرے میں اس کی موجودگی سے کہیں بہتر ہے کہ وہ

① التوبۃ، ۹: ۱۳

الگ ہو جائے اور یہی وہ نکتہ ہے جس کی طرف رسول اللہ ﷺ نے اپنے اس ارشاد میں اشارہ فرمایا تھا:

«إنه من ذهب منا إليهم فأبعده الله.»[1]

''جو ہمیں چھوڑ کر ان مشرکین کی طرف بھاگا اسے اللہ نے دور (یا برباد) کر دیا''۔

باقی رہے مکے کے وہ باشندے جو مسلمان ہو چکے تھے یا مسلمان ہونے والے تھے تو ان کے لیے اگرچہ اس معاہدے کی رو سے مدینہ میں پناہ گزین ہونے کی گنجائش نہ تھی لیکن اللہ کی زمین تو بہر حال کشادہ تھی۔ کیا حبشہ کی زمین نے ایسے نازک وقت میں مسلمانوں کے لیے اپنی آغوش وا نہیں کر دی تھی، جب مدینہ کے باشندے اسلام کا نام بھی نہ جانتے تھے؟ اسی طرح آج بھی زمین کا کوئی ٹکڑا مسلمانوں کے لیے اپنی آغوش کھول سکتا تھا، اور یہی بات تھی جس کی طرف رسول اللہ ﷺ نے اپنے اس ارشاد میں اشارہ فرمایا تھا:

«ومن جاءنا منهم سيجعل الله له فرجاً ومخرجاً.»[2]

''ان کا جو آدمی ہمارے پاس آئے گا۔ اللہ اس کے لیے کشادگی اور نکلنے کی جگہ بنا دے گا''۔

پھر اس قسم کے تحفظات سے اگرچہ بظاہر قریش نے عزّ و وقار حاصل کیا تھا مگر یہ درحقیقت قریش کی سخت نفسیاتی گھبراہٹ، پریشانی، اعصابی دباؤ اور شکستگی کی علامت ہے۔ اس سے پتہ چلتا ہے کہ انہیں اپنے بُت پرست سماج کے بارے میں سخت خوف لاحق تھا اور وہ محسوس کر رہے تھے کہ ان کا یہ سماجی گھروندا ایک کھائی کے ایسے کھوکھلے اور اندر سے کٹے ہوئے کنارے پر کھڑا ہے جو کسی بھی دم ٹوٹ گرنے والا ہے۔ لہٰذا اس کی حفاظت کے لیے اس طرح کے تحفظات حاصل کر لینا ضروری ہیں۔ دوسری طرف رسول اللہ ﷺ نے جس فراخ دلی کے ساتھ یہ شرط منظور کی کہ قریش کے یہاں پناہ لینے والے کسی مسلمان کو واپس نہ طلب کریں گے وہ اس بات کی دلیل ہے کہ آپ کو اپنے سماج کی ثابت قدمی اور پختگی پر پورا پورا اعتماد تھا اور اس قسم کی شرط آپ کے لیے قطعاً کسی اندیشے کا سبب نہ تھی۔

بیرون عرب بادشاہوں کو تبلیغی خطوط

دین اسلام کسی خاص قوم، فرقے، علاقے یا جغرافیائی حد کا دین نہیں، بلکہ یہ دین عالم ہے۔ نبی کریم ﷺ کی نبوت عطا کی گئی ہے، ارشادِ باری تعالیٰ ہے:

﴿قُلْ يَٰٓأَيُّهَا ٱلنَّاسُ إِنِّى رَسُولُ ٱللَّهِ إِلَيْكُمْ جَمِيعًا﴾[3]

---

[1] قشیری، مسلم بن حجاج، الجامع الصحیح، کتاب الجہاد والسیرۃ، باب صلح الحدیبیۃ، رقم الحدیث: ۱۷۸۴

[2] ایضاً

[3] الاعراف، ۷: ۱۵۸

''اے لوگو! میں تم سب کی طرف اللہ کا رسول بنا کر بھیجا گیا ہوں''۔

یہی وجہ ہے کہ جب آپ ﷺ اندرون عرب دعوت وتبلیغ سے اس حد تک فارغ ہوئے کہ اب وہاں اس کے مقابلہ میں کوئی چیلنج باقی نہ رہا اور یہاں آسانی سے دعوت وتبلیغ کے مراحل طے ہونا شروع ہو گئے تو اب آپ نے عالمی سطح پر تبلیغ کا آغاز فرمایا، اس مقصد کے لیے آپ نے مختلف زبانوں کے ماہرین صحابہ کرام رضی اللہ عنہم کی ذمہ داریاں لگائیں، اس وقت پیغام رسانی کا انتہائی ذریعہ خطوط اور سفارت تھا، آپ نے اسے استعمال کرتے ہوئے مختلف بادشاہوں کی طرف تبلیغی خطوط لکھے اور ان کے ذریعے ان کو دعوت دین دی گئی، جن بادشاہوں کو تبلیغی خطوط لکھے گئے ان کے نام درج ذیل ہیں:

۱۔اصحمہ بن ابجر نجاشی: یہ ملک حبشہ کا بادشاہ ہے، اس کے پاس حضرت عمرو بن امیہ رضی اللہ عنہ نے خط پہنچایا۔

۲۔جریج بن متی: یہ مقوقس کے نام سے معروف اور مصر کا بادشاہ تھا اس کے پاس حضرت حاطب بن ابی بلتعہ رضی اللہ عنہ نے خط پہنچایا۔

۳۔خسرو پرویز: یہ ایران کا بادشاہ تھا، اس کے پاس حضرت عبداللہ بن حذافہ سہمی رضی اللہ عنہ نے خط مبارک پہنچایا۔

۴۔ہرقل قیصر روم: یہ رومی بادشاہ تھا، اس کے پاس حضرت دحیہ بن خلیفہ کلبی رضی اللہ عنہ نے خط پہنچایا۔

۵۔منذر بن ساوی: یہ بحرین کا حاکم تھا، اس کے پاس حضرت علاء بن حضرمی رضی اللہ عنہ نے خط مبارک پہنچایا۔

۶۔ہوذہ بن علی: یہ یمامہ کا حاکم تھا، اس کے پاس حضرت سلیط بن عمر عامری رضی اللہ عنہ نے نامہ مبارک پہنچایا۔

۷۔حارث بن ابی شمر: یہ دمشق کا حاکم تھا، اس کے پاس حضرت شجاع بن وہب رضی اللہ عنہ نے خط مبارک پہنچایا۔

۸۔جعفر اور اس کا بھائی عبد: یہ عمان کے بادشاہ تھے، ان تک نامۂ مبارک حضرت عمرو بن عاص رضی اللہ عنہ نے پہنچایا۔[1]

ان خطوط کے متن اور ان میں اختیار کیے گئے اسلوب تبلیغ کا انداز اس خط سے بخوبی لگایا جا سکتا ہے جو آپ نے اس وقت کے بہت بڑے شہنشاہ قیصر روم کو لکھا تھا، اس کی عبارت درج ذیل ہے:

بسم اللہ الرحمن الرحیم۔ من محمد عبد اللہ ورسولہ إلي ھرقل عظیم الروم سلام علی من اتبع الھدي أما بعد: فإني أدعوك بدعایة الإسلام أسلم تسلم یؤتك اللہ أجرك مرتین فإن تولیت فإن علیك إثم الأریسیین و ﴿یا أھل الکتاب تعالوا إلي کلمة سواء بیننا وبینکم أن لا نعبد إلا اللہ ولا نشرك بہ شیئا ولا یتخذ

[1] سیرۃ النبی ﷺ کی تمام کتب میں ان خطوط کی تفصیلات موجود ہیں، اس فہرست کی تیاری میں ڈاکٹر حمید اللہ صاحب کی کتاب ''حضور اکرم ﷺ کی سیاسی زندگی'' صفحہ ۱۰۸ تا ۱۳۱ اور مولانا صفی الرحمن مبارک پوری کی کتاب ''الرحیق المختوم'' کے صفحہ ۴۷۶ تا ۴۹۳ سے مدد حاصل کی گئی ہے۔

بعضنا بعضاأربابامن دون اللہ فإن تولوافقولوااشھدوابأنا مسلمون ۔ ①

''شروع اللہ کے نام سے جو بہت مہربان نہایت رحم کرنے والا ہے۔ اللہ کے بندے اور اس کے رسول محمد (ﷺ) کی طرف سے ہرقل عظیم (شاہِ) روم کے نام۔ اس شخص پر سلام جو ہدایت کی پیروی کرے۔ اس کے بعد میں تجھے کلمہ اسلام لا اِلٰہ اِلا اللہ محمد رسول اللہ کی دعوت دیتا ہوں۔ مسلمان ہو جا تو محفوظ رہے گا۔ اللہ تعالیٰ تجھے دوہرا اجر دے گا۔ اگر تو یہ بات نہ مانے تو تیری رعایا کا گناہ بھی تجھی پر ہو گا۔ اور ''اے اہل کتاب! ایک ایسی بات کی طرف آ جاؤ جو ہمارے اور تمہارے درمیان یکساں ہے: ہم اللہ کے سوا کسی اور کی عبادت نہ کریں اور اس کے ساتھ کسی چیز کو شریک نہ ٹھہرائیں، اور ہم میں سے کوئی اللہ کے سوا ایک دوسرے کو اپنا کارساز نہ سمجھے۔ چنانچہ اگر یہ لوگ اعراض کریں تو صاف کہہ دو کہ گواہ رہو ہم تو فرمانبردار ہیں''۔

ان خطوط کے پہنچنے سے کچھ بادشاہ ایمان لائے مثلاً نجاشی اور شاہان عمان اور کچھ نے انکار کر دیا، مگر ان کا اتنا فائدہ ضرور ہوا کہ ساری دنیا کی توجہ دین اسلام کی طرف مبذول ہو گئی اور بڑے بڑے بادشاہوں کو اپنے تخت نیچے سے نکلتے نظر آنا شروع ہو گئے، اور ہر طرف دین اسلام کا تعارف ایک خاص اور جامع دین کی حیثیت سے ہوتا چلا گیا۔

حسن اخلاق کے ذریعے تبلیغ دین

حضور نبی کریم ﷺ کو اللہ تعالیٰ نے خلق عظیم کے اعلیٰ مرتبے پر فائز فرمایا ارشادِ باری تعالیٰ ہے:

وَاِنَّكَ لَعَلٰى خُلُقٍ عَظِيْمٍ ۝۔ ②

''اور بے شک آپ عظیم الشان خلق پر قائم ہیں''۔

اس بات میں کوئی شک نہیں کہ لوگوں کے دین اسلام کے قریب ہونے میں بہت زیادہ عمل دخل آپ کے حسن اخلاق کا ہے، ہزاروں لوگ آپ کے اخلاق عالیہ سے متاثر ہو کر دائرہ اسلام میں داخل ہوئے، لیکن اس کا سب سے بڑا مظاہرہ فتح مکہ کے موقع پر ہوا، جب مسلسل محنت اور کاوش سے مسلمانوں کی جمعیت اس قدر ہو چکی کہ اب وہ کوئی بہت بڑا قدم اٹھا سکتے ہیں اور ادھر مشرکین مکہ نے بھی از خود معاہدہ حدیبیہ کو توڑ دیا تو نبی کریم ﷺ نے اپنے دس ہزار جانثاروں کے ہمراہ مکہ مکرمہ کو فتح کرنے کی غرض سے سفر شروع فرمایا، ۱۷ رمضان ۸ ہجری میں جب مکہ فتح ہو گیا اور

① بخاری، محمد بن اسماعیل، الجامع الصحیح، کتاب بدء الوحی، رقم الحدیث: ۷

② القلم، ۶۸: ۴

سینکڑوں وہ لوگ جو آپ اور اہل اسلام کے جانی دشمن تھے، جنہوں نے ساری زندگی آپ کو تکالیف پہنچانے اسلام کو ناکام کرنے میں بسر کی تھیں، آج وہ جنگی قیدی بن کر آپ کے سامنے تھے اور انہیں اپنی موت اپنی نگاہوں کے سامنے نظر آ رہی تھی، اس وقت آپ نے انہیں ارشاد فرمایا:

''اے قریشیو! تمہارا کیا خیال ہے کہ میں تمہارے ساتھ کیا سلوک کرنے والا ہوں''۔

انہوں نے کہا: اچھا سلوک، آپ کریم بھائی ہیں اور کریم بھائی کے صاحبزادے ہیں، آپ نے فرمایا: تو میں تم سے وہی بات کہہ رہا ہوں جو حضرت یوسف علیہ السلام نے اپنے بھائیوں سے کہی تھی کہ:

لَا تَثْرِيْبَ عَلَيْكُمُ الْيَوْمَ۔

''آج تم پر کوئی سرزنش نہیں''۔

جاؤ تم سب آزاد ہو۔[1]

وہ مشرکین قریش آپ ﷺ کے اس حسن سلوک اور حسن اخلاق سے اس قدر متاثر ہوئے کہ ان کی بڑی تعداد شرک سے توبہ کر کے دائرہ اسلام میں داخل ہوگئی اور جو مشرک پہلے مختلف علاقوں میں بھاگ چکے تھے ان تک جب یہ پیغام محبت وامن پہنچتا گیا وہ بھی معافی کے طالب بن کر آپ کی خدمت میں حاضر ہوتے گئے اور معافی نامہ وصول کر کے اسلام کے دامن رحمت میں پناہ حاصل کرتے چلے گئے۔

مختلف وفود کو تبلیغ اسلام

فتح مکہ سے پہلے بہت سے قبائل قریش کی طرف دیکھ رہے تھے کہ اگر انہوں نے اسلام قبول کر لیا یا ان پر اسلام غالب آ گیا تو یہ اس بات کی نشانی ہوگی کہ یہ سچا مذہب ہے، تو پھر ہم اسے قبول کر لیں گے، چنانچہ جب مکہ فتح ہو گیا اور قریش مکہ نے اسلام قبول کر لیا تو پورے عرب میں ہل چل مچ گئی، لوگ فوج در فوج دین اسلام میں داخل ہونا شروع ہو گئے، مختلف علاقوں سے لوگ وفود کی شکل میں نبی کریم ﷺ کی خدمت عالیہ میں حاضر ہو کر اسلام کی تعلیمات سیکھ کر دائرہ اسلام میں داخل ہوتے جا رہے ہیں، اس دورانیے میں جو وفود حاضر خدمت ہوئے دین کے احکامات کو سیکھ کر دائرہ اسلام میں داخل ہوئے اور اپنے اپنے علاقوں میں جا کر دعوت وتبلیغ کا فریضہ سرانجام دیا، ان میں سے چند کے نام یہ ہیں:

[1] مبارک پوری، صفی الرحمٰن، الرحیق المختوم، ص: ۵۵۱

۱۔ وفد مزینہ

۲۔ وفد بنو تمیم

۳۔ وفد اشعریین

۴۔ وفد دوس

۵۔ وفد بنو حارث بن کعب

۶۔ وفد طے

۷۔ وف ثقیف

۸۔ وفد بنو اسد

۹۔ وفد بنو فزارہ

۱۰۔ وفد کند

۱۱۔ وفد عبدالقیس

۱۲۔ وفد بنو عامر۔①

ان وفود کے ساتھ نبی کریم ﷺ کا اسلوب دعوت دیکھنے کے لیے ان کے ساتھ کی گئی تبلیغی گفتگو کے چند مظاہر ملاحظہ فرمائیں۔

*...... اشعریین کا وفد جب نبی کریم ﷺ کی بارگاہ میں پہنچا تو آپ نے صحابہ کرام رضی اللہ عنہم سے فرمایا:

یقدم علیکم أقوم ھم أرق منکم قلوبا۔

''تمہارے پاس (یمن سے) ایسے لوگ آئے ہیں جو نہایت رقیق القلب ہیں''۔

جب یہ لوگ وہاں پہنچے تو یہ رجز پڑھ رہے تھے:

غدا نلقی الأحبة محمدا وحزبه۔②

''کل ہم دستوں سے ملیں گے، یعنی محمد ﷺ اور ان کے پیروکاروں سے''۔

انہوں نے نبی کریم ﷺ کی خدمت میں عرض کیا کہ ہم اس لیے حاضر ہوئے ہیں کہ اپنے مذہب کے کچھ احکام سیکھیں اور ابتدائے کائنات کے کچھ حالات پوچھیں، تو آپ ﷺ نے ارشاد فرمایا:

① نعمانی، علامہ شبلی، سیرۃ النبی ﷺ، شمع بک ایجنسی، لاہور، ج:۱، ص: ۱۲، ۱۳

② احمد بن حنبل، المسند، مسند انس بن مالک، رقم الحدیث: ۱۲۰۲۶

''پہلے خدا تھا اور کچھ نہ تھا، اس کا تخت پانی پر تھا''۔①

*...... وفد عبدالقیس جب نبی کریم ﷺ کی بارگاہ میں حاضر ہوا تو انہوں نے عرض کیا کہ آپ ہمیں کوئی ایسی قطعی بات بتا دیں جس کی خبر ہم اپنے پچھلے لوگوں کو بھی کر دیں جو یہاں نہیں آئے اور اس پر عمل کر کے ہم جنت میں داخل ہو جائیں، انہوں نے آپ سے برتنوں کے استعمال کے متعلق بھی دریافت کیا، آپ نے انہیں چار باتوں کا حکم دیا اور چار قسم کے برتنوں کو استعمال کرنے سے منع فرمایا۔

پھر آپ نے ان کو حکم دیا کہ ایک اللہ پر ایمان لاؤ، پھر آپ ﷺ نے ان سے پوچھا:

اتدرون ما الایمان باللہ وحدہ؟

''کیا تم جانتے ہو کہ ایک اللہ پر ایمان لانے سے کیا مراد ہے؟''۔

وہ کہنے لگے کہ اللہ اور اس کا رسول بہتر جانتے ہیں، تو آپ ﷺ نے ارشاد فرمایا:

شھادۃ ان لا الہ الا اللہ وان محمد رسول اللہ، واقام الصلوٰۃ وایتاء الزکاۃ وصیام رمضان وأن تعطوا من المغنم الخمس۔

''(اللہ پر ایمان یہ ہے کہ) اس بات کی گواہی دینا کہ اس کے سوا کوئی معبود نہیں اور یہ کہ محمد ﷺ اس کے سچے رسول ہیں اور نماز قائم کرنا اور زکوٰۃ ادا کرنا، رمضان کے روزے رکھنا اور مال غنیمت میں سے جو ملے اس کا پانچواں حصہ (مسلمانوں کے بیت المال میں) داخل کرنا''۔

پھر آپ ﷺ نے انہیں چار قسموں کے برتنوں سے منع فرمایا:

''سبز لاکھی مرتبان سے، کدو کے بنائے ہوئے برتن سے، لکڑی کے کھودے ہوئے برتن سے اور روغنی برتن سے، پھر آپ ﷺ نے ان سے فرمایا:

احفظوھن واخبروبھن من ورائکم۔②

''ان باتوں کو حفظ کر لو اور ان لوگوں کو بھی بتلا دو جو تمہارے پیچھے ہیں''۔

ان وفود کا آنا اور دین کے احکامات سیکھ کر اپنے علاقوں میں جا کر تبلیغ کرنا، یہ اشاعت اسلام کا سرعت رفتار اور بہترین ذریعہ تھا۔

---

① نعمانی، علامہ شبلی، سیرۃ النبی ﷺ، ج:۱،ص:۲۹۵

② بخاری، محمد بن اسماعیل، الجامع الصحیح، کتاب الایمان، باب اداء الخمس من الایمان، رقم الحدیث: ۵۳

مفتوح علاقہ جات میں مبلغین کی روانگی

جو علاقے مفتوح ہو کر مملکت اسلامیہ کے ماتحت آتے جا رہے ہیں، نبی کریم ﷺ وہاں دین کی دعوت وتبلیغ اور تعلیم وتربیت کے لیے مبلغین کو بھیجتے تھے، اس مقصد کے لیے بھیجے گئے مبلغین اور ان کے علاقہ جات کی تفصیل درج ذیل ہے:

نام:	مقام دعوت
حضرت علی رضی اللہ عنہ	قبیلہ ہمدان وجذیمہ مذحج
حضرت مغیرہ بن شعبہ رضی اللہ عنہ	نجران
حضرت وبر بن نحیس رضی اللہ عنہ	ابنائے فارس
حضرت محیصہ بن مسعود رضی اللہ عنہ	
حضرت احنف رضی اللہ عنہ	قبیلہ سلیم
حضرت خالد بن ولید رضی اللہ عنہ	اطراف مکہ
حضرت عمرو بن عاص رضی اللہ عنہ	عمان
حضرت مہاجر بن ابو امیہ رضی اللہ عنہ	یمن۔[1]

حجۃ الوداع کے موقع پر عالمی تبلیغی خطبہ

۱۰ ہجری میں جب دین کی تکمیل ہو چکی اور فریضہ تبلیغ کی ادائیگی سے سرخروئی کا وقت قریب آن پہنچا اور لوگ فوج درفوج اس میں داخل ہونا شروع ہو گئے تو نبی کریم ﷺ نے حج بیت اللہ کا پروگرام بنایا، طے شدہ پروگرام کے مطابق ذوالحجہ ۱۰ ہجری میں نبی کریم ﷺ نے کعبۃ اللہ کا حج ادا فرمایا میدانِ عرفات میں تقریباً ایک لاکھ چوبیس ہزار صحابہ کرام رضی اللہ عنہم کو خطاب فرمایا، یہ خطاب عالمی حیثیت کا حامل تھا، اس میں دین کی ابتدائی باتوں سے انتہائی باتوں تک سب کو اختصار وجامعیت کے ساتھ بیان فرما دیا گیا، غیر مسلموں کے لیے دین اسلام کو سمجھنے کے لیے یہ خطبہ کافی وشافی ہے، اس خطبہ کے بعد جتنے بھی انسانی حقوق کے قوانین طے ہوئے ہیں ان میں لازماً اس سے استفادہ کیا گیا ہے، یہ خطبہ جہاں تعلیم وتربیت کا حسین مرقع ہے وہاں دعوت وتبلیغ دین کا بہت خوبصورت گلدستہ ہے، یہ خطبہ دینے کے بعد تمام سامعین کو نبی کریم ﷺ نے اس بات کا پابند کر دیا تھا کہ جو کچھ تم نے مجھ سے سنا ہے کہ اس کو دوسرے تک ضرور پہنچاؤ،

---

[1] نعمانی، علامہ شبلی، سیرۃ النبی ﷺ، ج:۱،ص:۲۸۸

اسی خطبے کی چند جھلکیاں ملاحظہ فرمائیں۔

ان دماء کم واموالکم حرام کحرمة شهرکم هذا فی بلدکم، الا کل شیء من امر الجاهلیة موضوعة۔

''بلاشبہ تمہارے خون اور تمہارے مال تمہارے درمیان حرام ہیں جیسے کہ تمہارا یہ دن، تمہارا یہ مہینہ اور تمہارا یہ شہر حرمت والا ہے۔ خبردار! جاہلیت کے تمام امور میرے قدموں تلے روندے جا رہے ہیں''۔

وربا الجاهلیة موضوع۔

''جاہلیت کے (تمام) سود ختم کیے جاتے ہیں''۔

فاتقوا الله فی النساء فانکم اخذتموهن بامان الله۔

''عورتوں کے بارے میں اللہ سے ڈرو۔ تم نے اللہ کی امانت سے ان پر اختیار حاصل کیا ہے''۔

وقد ترکت فیکم ما لن تضلوا بعده ان اعتصتم به، کتاب الله۔

''بلاشبہ میں تم میں وہ چیز چھوڑے جا رہا ہوں کہ اگر تم اسے مضبوطی سے تھامے رہے، تو گمراہ نہ ہو گے (اور وہ ہے) اللہ کی کتاب''۔

نبی کریم ﷺ نے حاضرین کو مخاطب کر کے ارشاد فرمایا:

وانتم تسألون عنی فما انتم قائلون؟

''تم لوگوں سے میرے بارے میں پوچھا جائے گا، تو کیا جواب دو گے؟''۔

تو انہوں نے بیک زبان جواب دیا:

نشهد انك قد بلغت وادیت ونصحت۔

''ہم گواہی دیں گے کہ بلاشبہ آپ ﷺ نے (اللہ کا پیغام) پہنچا دیا۔ (پوری طرح) ادا کر دیا اور خیر خواہی (میں انتہا) کر دی''۔

پھر آپ ﷺ نے آسمان کی طرف شہادت کی انگلی سے اشارہ کر کے تین بار فرمایا:

اللهم اشهد۔[1]

---

[1] ابوداود، سلیمان بن اشعث، السنن، کتاب المناسک، باب صفة حجة النبی ﷺ، رقم الحدیث: ۱۹۰۵

اے اللہ! گواہ رہنا''۔

اسی میدان میں قرآنِ مجید کی یہ آیت کریمہ نازل ہوئی:

اَلْيَوْمَ اَكْمَلْتُ لَكُمْ دِيْنَكُمْ وَاَتْمَمْتُ عَلَيْكُمْ نِعْمَتِيْ وَرَضِيْتُ لَكُمُ الْاِسْلَامَ دِيْنًا ؕ۔[1]

''آج میں نے تمھارے لیے تمھارا دین کامل کر دیا اور تم پر اپنی نعمت پوری کر دی اور تمھارے لیے اسلام کو دین کی حیثیت سے پسند کر لیا''۔

یہ خطبہ نبی کریم ﷺ کے تبلیغی سلسلے کی آخری کڑی تھی، اس کے بعد اپنی وفات اقدس سے چند روز پہلے تک آپ نے چند خطبات ارشاد فرمائے ہیں، لیکن سب سے جامع خطبہ یہی ہے، مدنی زندگی کے دور عروج میں آپ ﷺ کے تبلیغی مناہج واسالیب میں ان لوگوں کے لیے بطورِ خاص اسباق موجود ہیں جو باقاعدہ کسی صاحب اختیار ریاست کے سربراہ ہیں اور وہ اپنی ریاست کو دینی اصول وضوابط کے مطابق چلانا چاہتے ہیں، اور عمومی طور پر ہر مبلغ کے لیے اس دعوت وتبلیغ کے میدان میں لوگوں کی نفسیات کے مطابق ان سے پیش آنے، دعوت وتبلیغ میں تدریج اور حکمت عملی کے سلسلے میں بے شمار اسباق موجود ہیں۔

[1] الانعام، ۵: ۳

باب سوم:

مکالمات رسول ﷺ کے مقاصد

فصل اول: مشرکین مکہ سے مکالمات رسول ﷺ کے مقاصد

فصل دوم: اہل کتاب ومنافقین سے مکالمات رسول ﷺ کے مقاصد

فصل سوم: جن وانس اور ملائکہ کے ساتھ مکالمات رسول ﷺ کے مقاصد

فصل اول:

مشرکین مکہ سے مکالمات رسول ﷺ کے مقاصد

مکہ مکرمہ وہ سرزمین ہے جسے تیئسویں اور چوبیسویں صدی ق م کے مابین حضرت سیدنا ابراہیم علیہ السلام اپنی اولاد کو وہاں بسا کر آباد کیا تھا۔①

آپ نے یہاں توحید خالص کی بنیاد پر اپنی اولاد میں سے امت تشکیل دینے کا پروگرام بنایا تھا اور یہاں باقاعدہ طور پر اللہ رب العزت کے گھر خانہ کعبہ کی بنیاد رکھی، آپ نے یہاں حضرت اسماعیل علیہ السلام کو اپنا جانشین مقرر فرمایا، تو ان کی تبلیغ کے زیر اثر یہاں عرصہ دراز تک ملت ابراہیمی کے عناصر اور تعلیمات کے مطابق لوگ عمل پیرا رہے، پھر وقت گزرنے کے ساتھ ساتھ لوگوں کے عقائد ونظریات میں بھی تبدیلیاں آتی چلی گئیں اور بات یہاں تک آ پہنچی کہ اسی مرکز توحید میں بت پرستی اور شرک نے جنم لے لیا اور سوائے چند ایک کے مجموعی طور پر یہاں کے لوگ شرک میں مبتلا ہو گئے، کارخانہ قدرت کا نظام چلانے میں بتوں کو اللہ کا شریک ماننا، ان کی عبادت کرنا، ان سے مدد طلب کرنا اور فرشتوں کو اللہ کی بیٹیاں سمجھنا وغیرہ کئی شرکیہ نظریات تھے جو ان کی گھٹی میں رچ بس چکے تھے، کعبۃ اللہ جو مرکز توحید اور پوری انسانیت کی ہدایت کا مرکز تھا اس میں بھی انہوں نے تین سو ساٹھ بت رکھ دیئے تھے، ایک لمبا عرصہ گزرنے کے بعد جب اللہ رب العزت نے اپنے مرکز توحید کو شرک کی اس نجاست سے دور کرنا چاہا اور ان لوگوں کو کفر وشرک کی دلدل سے باہر نکالنے کی طرف التفات فرمایا تو پھر حضرت ابراہیم علیہ السلام کی نسل سے ہی بنو اسماعیل میں سے ایک نبی اٹھایا جو حضرت ابرہیم علیہ السلام کی اس دعا کا ثمر تھا:

رَبَّنَا وَابْعَثْ فِيهِمْ رَسُولًا مِّنْهُمْ يَتْلُوا عَلَيْهِمْ آيَاتِكَ وَيُعَلِّمُهُمُ الْكِتَابَ وَالْحِكْمَةَ وَيُزَكِّيهِمْ ۚ إِنَّكَ أَنتَ الْعَزِيزُ الْحَكِيمُ۔②

''اے ہمارے رب! اور ان میں انھی میں سے ایک رسول بھیج جو ان پر تیری آیتیں پڑھے اور انھیں کتاب و حکمت سکھائے اور انھیں پاک کرے، بے شک تو ہی سب پر غالب، کمال حکمت والا ہے''۔

یہ دعا آپ نے خانہ کعبہ کی تعمیر کے وقت مانگی تھی اور اس کے نتیجے میں جو نبی مبعوث ہوئے وہ ہمارے نبی کریم حضرت محمد مصطفیٰ ﷺ ہیں، آپ نے خود اپنے متعلق ارشاد فرمایا:

---

① کیرانوی، رحمت اللہ، اظہار الحق، ج:۱،ص:۳۴۰

② البقرۃ، ۲: ۱۲۹

دعوة ابی أبراهيم وبشارة عيسىٰ۔ [1]

''(میں) حضرت ابراہیم علیہ السلام کی دعا اور حضرت عیسیٰ علیہ السلام کی بشارت ہوں''۔

آپ نے حضرت ابراہیم علیہ السلام کی شریعت اور دین کو ہی زندہ کیا اور اس کے مطابق اولاً مکہ اور ثانیاً پوری دنیا کے عقائد ونظریات اور اعمال کی اصلاح کا بحکم خداوندی بیڑا اٹھایا، آپ کے اس منصب کے متعلق ارشادِ باری تعالیٰ ہے:

قُلْ اِنَّنِیْ هَدٰىنِیْ رَبِّیْٓ اِلٰی صِرَاطٍ مُّسْتَقِیْمٍ ۚ دِیْنًا قِیَمًا مِّلَّةَ اِبْرٰهِیْمَ حَنِیْفًا ۚ وَمَا كَانَ مِنَ الْمُشْرِكِیْنَ۔ [2]

''جو شخص نیکی لے کر آئے گا تو اس کے لیے اس جیسی دس نیکیاں ہوں گی اور جو برائی لے کر آئے گا سو اسے جزا نہیں دی جائے گی، مگر اسی کی مثل اور ان پر ظلم نہیں کیا جائے گا''۔

آپ نے حضرت ابراہیم علیہ السلام کی شریعت کے مطابق اپنے اسی سلسلہ تبلیغ کا آغاز فرمایا اور مکہ مکرمہ کے وہ لوگ جو درحقیقت مشرک تھے لیکن خود کو حضرت ابراہیم علیہ السلام کی طرف منسوب کر کے اپنے تئیں ان کے نقش قدم پر چلنے والے اصلی موحد بنے ہوئے تھے انہیں تبلیغ بھی کی اور شرک سے باز رکھنے کے لیے جھنجھوڑا بھی، مکالمے بھی کیے، ہر ممکنہ اسلوب میں انہیں شرک سے باز رکھ کر توحید خداوندی کے مطابق زندگی بسر کرنے کی تلقین کی۔

مشرکین مکہ سے مکالمے

تبلیغ دین کے راستے پر چلتے ہوئے آپ کو مکہ کے مشرین تک بات پہنچانے، ان کو بات سمجھانے اور ان کے اعتراضات کو رفع کرنے کے لیے مکالمات بھی کرنا پڑے، جن کی چند ایک مثالیں درج ذیل ہیں:

*...... جب آپ ﷺ نے کھلے عام دعوت دین کا آغاز فرمایا تو کوہِ صفا پر کھڑے ہو کر ان کے سامنے مکالمے کے انداز میں بات کرتے ہوئے فرمایا:

''اگر میں تمہیں خبر دوں کہ ادھر وادی میں شہسواروں کی ایک جماعت ہے جو تم پر چھاپہ مارنا چاہتی ہے تو کیا تم مجھے سچا مانو گے؟ تو انہوں نے فرمایا دیا: ہاں، ہمیں آپ پر سچ ہی کا تجربہ ہے۔ تو تب آپ ﷺ نے انہیں ارشاد فرمایا: تو میں تمہیں ایک سخت عذاب سے پہلے خبردار کرنے کے لیے بھیجا گیا ہوں''۔ [3]

---

[1] احمد بن حنبل، المسند، مسند الشامیین، رقم الحدیث: ۱۷۱۵۰

[2] الانعام، ۶: ۱۶۱

[3] بخاری، محمد بن اسماعیل، الجامع الصحیح، کتاب التفسیر، باب سورۃ تبت یدا ابی لہب، رقم الحدیث: ۴۹۷۱

*...... حدیبیہ کے مقام پر جب ''صلح حدیبیہ'' کا معاملہ طے ہوا تو اس وقت مشرکین مکہ کے سفراء کے ساتھ نبی کریم ﷺ کے طویل مکالمے جاری رہے۔①

*...... فتح مکہ کے موقع پر نبی ﷺ کے سامنے جب مشرکین مکہ مجرم بن کر کھڑے تھے اور انہیں اپنی نگاہوں کے سامنے موت نظر آ رہی تھی اس وقت بھی آپ نے ان کے ساتھ مکالمے کے انداز میں بات چیت کر کے حسن اخلاق اور حسن سلوک کا مظاہرہ کرتے ہوئے ارشاد فرمایا:

لا تثریب علیکم الیوم۔

''آج کے دن تم پر کوئی مؤاخذہ نہیں ہے''۔

جاؤ تم سب آزاد ہو''۔②

*...... جب حضرت ابو طالب کی زندگی کے آخری دنوں میں قریش مکہ میں سے یہ سرداران عتبہ بن ربیعہ، شیبہ بن ربیعہ، ابو جہل بن ہشام، امیہ بن خلف اور ابو سفیان بن حرب وغیرہ حضرت ابو طالب کے پاس نبی کریم ﷺ کو اپنے دین کی تبلیغ سے روکنے کے لیے آئے تو آپ نے ان سے مکالمے کے انداز میں ہی بات کی اور فرمایا کہو:

لا الہ الا اللہ وتخلصون ما تعبدون من دونہ۔③

*...... فتح مکہ سے پہلے جب حضرت ابو سفیان رضی اللہ عنہ دائرہ اسلام میں داخل ہوئے تو آپ نے مکالمہ کے انداز میں ہی ان سے گفتگو کر کے انہیں اسلام کی دعوت دی اور انہوں نے کلمہ پڑھ لیا۔④

اس کے علاوہ کتب احادیث وسیرت میں مشرکین مکہ کے ساتھ آپ کے سینکڑوں مکالمات موجود ہیں۔

مشرکین مکہ سے مکالمات رسول ﷺ کے مقاصد

مشرکین مکہ سے نبی کریم ﷺ کے جو مکالمات وقوع پذیر ہوئے ان میں غور وفکر کرنے میں درج ذیل مقاصد سامنے آتے ہیں:

دعوتِ توحید:

*...... نبی کریم ﷺ نے مکالمات کے ذریعے انہیں دعوت توحید کی، جو ان کا تہذیبی سرمایہ تھا اور وہ اسے بھولے ہوئے

① قشیری، مسلم بن حجاج، الجامع الصحیح، کتاب الجہاد والسیر، باب صلح الحدیبیۃ، رقم الحدیث: ۱۷۸۴

② مبارک پوری، صفی الرحمٰن، الرحیق المختوم، ص: ۵۵۱

③ الازہری، پیر محمد کرم شاہ، ضیاء النبی ﷺ، ج: ۲، ص: ۱۴۵

④ طفیل، محمد، نقوش رسول ﷺ نمبر، ص: ۵۱

تھے، آپ نے نہ صرف مکالمات کے ذریعے انہیں اس کی یاد دہانی کروائی بلکہ اس کے متعلق ان کے شکوک وشبہات کو زائل فرمایا، ان کے سامنے بتوں کا معبود نہ ہونا اور بے بس ہونا بیان فرمایا، توحید خداوندی کو ماننے کے فوائد وثمرات بیان کرتے ہوئے شرک کے دنیاوی واخروی نقصانات بیان فرمائے، اسی کی بدولت ان میں بڑے بڑے سرداران حالت شرک سے نکل کر دامن توحید سے وابستہ ہوئے اور اپنی شخصیت کے اثر ورسوخ کی بنیاد پر اسلام کے لیے فائدہ مند ثابت ہوئے۔

اثبات نبوت محمدی ﷺ:

*...... مشرکین مکہ نبوت کے تو قائل تھے لیکن نبی کریم ﷺ کو نبی ماننے سے وہ انکار کرتے تھے، آپ نے اپنے مکالمات کے ذریعے انہیں یہ بات باور کروائی اور اپنی لائی ہوئی کتاب کی حقانیت ان پر واضح کرتے ہوئے انہیں دعوت اسلام پیش کی۔

سوالات کے جوابات:

*...... کئی مشرک اپنے سوالات لے کر آپ کی خدمت میں حاضر ہوتے تھے، ایک تو آپ بصورت مکالمہ ان کے سوالات کا جواب عطا فرماتے تھے، جو ان میں سے راہ حق پر چلنے کا سبب بنے۔

معاملاتِ حرب طے کرنا:

*...... جب نبی کریم ﷺ مکہ سے ہجرت کر کے مدینہ طیبہ تشریف لے آئے تو انہوں نے یہاں بھی آپ کو سکھ کا سانس نہیں لینے دیا، جنگوں کا ایک وسیع سلسلہ شروع کر دیا، ان جنگوں کے دوران مختلف معاملات پر بھی آپ کے ان سے مکالمات جاری رہے۔

معاہدات کا قیام:

*...... جب مدینہ طیبہ میں مسلمانوں کی ایک باقاعدہ سلطنت قائم ہوگئی اور عرب میں مسلمانوں کا اچھا اثر ورسوخ قائم ہونا شروع ہوا ان کی افرادی اور مادی طاقت کے پیش نظر انہیں حدیبیہ کے مقام پر ان کے ساتھ صلح کا معاہدہ طے کرنا پڑا تو وہاں صلح کے شرائط طے کرنے اور بعد میں اس معاہدے کو پایہ تکمیل تک پہنچانے کے لیے بھی نبی کریم ﷺ کے ان کے ساتھ مکالمات چلتے رہے۔

الغرض جتنے بھی ان کے ساتھ نبی کریم ﷺ کے مکالمات ہوئے ان میں بنیادی سبب دعوت وتبلیغ دین ہی تھا۔

فصل دوم:

اہل کتاب ومنافقین سے مکالمات رسول ﷺ کے مقاصد

ہمارے حضور نبی کریم ﷺ جب مکہ مکرمہ میں تھے تو وہاں آپ کے مد مقابل صرف مشرکین مکہ تھے، لیکن جب آپ ہجرت کر کے مدینہ طیبہ تشریف لے آئے تو یہ صورتِ حال مختلف تھی، یہاں سب سے پہلے آپ کے مد مقابل اہل کتاب میں سے یہود تھے اور پھر مدینہ منورہ کی ریاست پھیلی تو یمن کے قریب نجران میں جو عیسائیوں کی ایک بڑی جماعت رہ رہی تھی وہ بھی آپ کے مقابلہ میں آئی، یہ اہل کتاب یعنی یہودی اور عیسائی حضرت ابراہیم علیہ السلام کے بیٹے حضرت اسحاق علیہ السلام کی اولاد میں سے ہیں، ایک لمبے عرصے تک ان میں نبوت کا سلسلہ چلتا رہا، ہزاروں نبیوں کا ان میں سے ہونا ان کے لیے فضیلت کا سبب تھا، انہیں تورات، زبور اور انجیل وغیرہ کتابیں بھی عطا کی گئیں، ہمارے قرآن پاک میں میں تو ان کے متعلق یہاں تک وضاحت موجود ہے کہ اپنے زمانے میں یہ سب سے افضل قوم تھی، ارشادِ باری تعالیٰ ہے:

يٰبَنِيْٓ اِسْرَآءِيْلَ اذْكُرُوْا نِعْمَتِيَ الَّتِيْٓ اَنْعَمْتُ عَلَيْكُمْ وَاَنِّيْ فَضَّلْتُكُمْ عَلَى الْعٰلَمِيْنَ۔ [1]

''اے اسرائیل کی اولاد! میری نعمت یاد کرو جو میں نے تم پر کی اور یہ کہ میں نے ہی تمھیں جہانوں پر فضیلت بخشی''۔

زمانے نے وہ لمحات بھی اپنی نگاہوں میں محفوظ کیے، جب ان کے لیے کھانا، من وسلویٰ کی شکل میں آسمان سے اترا کرتا تھا، ان کے پانی پینے کے لیے چٹانوں سے چشمے نکل پڑے تھے۔[2] اور کے گزرنے کے لیے سمندر نے راستہ چھوڑ دیا تھا، [3] لیکن وقت گزرنے کے ساتھ ان کے عقائد واعمال میں فساد برپا ہوتا چلا گیا، اپنی آسمانی کتابوں میں تحریف وتبدل کرنا، انبیاء کرام علیہم السلام کو قتل کرنا، احکامات خداوندی کی سرعام خلاف ورزی کرنا ان کا معمول بن گیا، ان کی اصلاح کے لیے تشریف لانے والے حضرت عیسیٰ علیہ السلام بھی ان کے برے سلوک سے محفوظ نہ رہ سکے، یہ خرابیاں یہودیوں اور عیسائیوں سب کے اندر پائی جاتی تھیں، قرآنِ پاک کا ایک بہت بڑا حصہ ان کے تذکرے، ان کو نصیحتیں اور ان سے عبرتیں حاصل کرنے پر مشتمل ہے۔

---

[1] البقرۃ، ۲: ۴۷

[2] ایضاً، ۶۰

[3] ایضاً، ۵۰

انہیں بار بار دعوت ایمان دی گئی ہے اور خصوصی طور پر انہیں کہا گیا کہ چونکہ تم پہلے ہی آسمانی کتابوں اور انبیاء سے آگاہ ہو اس لیے میرے اس نبی مکرم ﷺ کے منکر نہ بن جانا بلکہ سب سے پہلے تم ہی اس پر ایمان لانا، لیکن سوائے چند ایک کہ ان کی اکثریت نہ صرف دین اسلام کی مخالف بنی بلکہ جانی دشمن بن گئی، ان کے انہی اعمال قبیحہ کی وجہ سے غضب خداوندی کا کوڑا ان پر برسا اور اللہ تعالیٰ نے ذلت و مسکنت ان کا مقدر کر دیا۔

اس طرح مدینہ طیبہ میں دعوت اسلام کا دوسرا مد مقابل فریق منافقین تھے، چونکہ مدینہ طیبہ میں ہمارے آقا ﷺ کی تشریف آوری سے پہلے سیاسی وسماجی حوالے سے یہودیوں کا اثر ورسوخ تھا اور جب انہوں نے نبوت محمدی ﷺ کے زیر سایہ یہاں ایک نئے معاشرے کی تشکیل کو عمل میں آتے دیکھا تو وہ حسد وبغض کی وجہ سے اس کے مخالف ہو گئے اور اہل اسلام کو نقصان پہنچانے کے لیے انہوں نے اپنے زیر سایہ اور لوگ پیدا کر لیے جو بظاہر تو مسلمان نظر آتے تھے لیکن حقیقت میں مسلمان نہیں تھے، ان کی مختلف اقسام اور درجات تھے، ان میں ایک قسم منافق وہ تھے جو قطعاً اسلام کے منکر تھے اور محض فتنہ برپا کرنے کے لیے جماعت مسلمین میں داخل ہو جاتے تھے، دوسری قسم کے منافق وہ تھے جو اسلامی جماعت کے دائرہ اقتدار میں گھر جانے کی وجہ سے اپنا مفاد اسی میں دیکھتے تھے کہ ایک طرف مسلمانوں میں بھی اپنا شمار کرائیں اور دوسری طرف مخالفین اسلام سے بھی ربط رکھیں تاکہ دونوں طرف کے فوائد سے متمتع ہوں اور دونوں طرف کے خطرات سے محفوظ رہیں، تیسری قسم ان لوگوں کی تھی جو اسلام اور جاہلیت کے درمیان متردد تھے، انہیں اسلام کے برحق ہونے پر کامل اطمینان نہ تھا، مگر چونکہ ان کے قبیلے یا خاندان کے بیشتر لوگ مسلمان ہو چکے تھے اس لیے یہ بھی مسلمان ہو گئے تھے، چوتھی قسم میں وہ لوگ شامل ہیں جو امراض ہونے کی حیثیت سے تو اسلام کے قائل ہو چکے تھے، مگر جاہلیت کے طریقے اور اوہام اور رسمیں چھوڑنے اور اخلاقی پابندیاں قبول کرنے اور فرائض اور ذمہ داریوں کا بار اٹھانے سے ان کا نفس انکار کرتا تھا۔[1]

قرآنِ پاک نے ابتداً ان کے اس فعل کو ایک دلی مرض سے تعبیر کیا، ارشادِ باری تعالیٰ ہے:

وَمِنَ النَّاسِ مَنْ يَّقُوْلُ اٰمَنَّا بِاللّٰهِ وَبِالْيَوْمِ الْاٰخِرِ وَمَا هُمْ بِمُؤْمِنِيْنَ. يُخٰدِعُوْنَ اللّٰهَ وَالَّذِيْنَ اٰمَنُوْا ۚ وَمَا يَخْدَعُوْنَ اِلَّآ اَنْفُسَهُمْ وَمَا يَشْعُرُوْنَ. فِىْ قُلُوْبِهِمْ مَّرَضٌ ۙ فَزَادَهُمُ اللّٰهُ مَرَضًا ۚ وَلَهُمْ عَذَابٌ اَلِيْمٌ ۢ بِمَا كَانُوْا يَكْذِبُوْنَ.[2]

''بعض لوگ ایسے بھی ہیں جو کہتے ہیں کہ ہم اللہ پر اور آخرت کے دن پر ایمان لائے

---

[1] مودودی، سید ابو الاعلیٰ، تفہیم القرآن، ادارہ ترجمان القرآن، لاہور، ۲۰۰۱ء، ج:۱، ص:۴۷

[2] البقرۃ، ۲: ۸۔۱۰

ہیں، حالانکہ درحقیقت وہ مومن نہیں ہیں۔ وہ اللہ اور ایمان لانے والوں کے ساتھ دھوکہ بازی کرر ہے ہیں، مگر دراصل وہ خود اپنے آپ ہی کو دھوکے میں ڈال رہے ہیں اور انہیں اس کا شعور نہیں ہے۔ ان کے دلوں میں ایک بیماری ہے جسے اللہ نے اور زیادہ بڑھا دیا، اور جو جھوٹ وہ بولتے ہیں، اس کی پاداش میں ان کے لئے دردناک سزا ہے''۔

پھر آگے چل کر باقاعدہ انہیں منافقین کا نام دیا گیا اور ان کے متعلق ''المنافقون'' کے نام سے قرآنِ مجید میں پوری سورۃ موجود ہے۔ ان کی تربیت، اعمال کی اصلاح اور ان سے عبرت حاصل کرنے پر قرآنِ مجید کا ایک بڑا حصہ نازل ہوا، جس طرح اہل اسلام کو اہل کتاب سے خطرات لاحق تھے اسی طرح ان سے بھی بڑھ کر خطرات تھے، کیونکہ یہودی بظاہر نظر تو آتے تھے کہ یہ غیر مسلم اور ہمارے دشمن ہیں لیکن یہ ظاہراً بلکہ مسلمانوں کی صفوں کے اندر ہی چھپے ہوئے ان کے دشمن تھے۔ نبی کریم ﷺ نے اپنے پیغمبرانہ ذمہ داری کی ادائیگی اور مختلف معاملات کی بہتری اور سلجھاؤ کے لیے متعدد مواقع پر ان سے مکالمات بھی کیے جن میں عصر حاضر میں اس قسم کے لوگوں کے ساتھ مکالمہ کرنے اور انہیں دعوت وتبلیغ کرنے کے سلسلہ میں ہمارے لیے بہت سے اسباق موجود ہیں۔

یہودیوں سے مکالمات رسول ﷺ

مدینہ طیبہ میں یہودیوں کے تین قبائل آباد تھے: بنونضیر، بنوقینقاع اور بنوقریظہ، نبی کریم ﷺ کا ان کے ساتھ مختلف مواقع پر مکالمات کا سلسلہ چلتا رہتا تھا، چند مکالمات کے مقامات اور وجوہات ملاحظہ فرمائیں:

* ...... جب نبی کریم ﷺ مکہ مکرمہ سے ہجرت کر کے مدینہ طیبہ تشریف لائے تو یہاں آپ نے مسلمانوں اور یہودیوں کو سیاسی وسماجی طور پر تعاون کے لیے ایک لڑی میں پرونے کے لیے ایک معاہدہ کیا، جسے میثاق مدینہ کہا جاتا ہے، اس کی ابتداء اس کے طے ہونے اور پھر اس پر عمل درآمد کے سلسلے میں ان کے ساتھ نبی کریم ﷺ کے مکالمات کے طویل سلسلے جاری رہے۔[1]
* ...... جب بنوقینقاع، بنونضیر اور بنوقریظہ نے خود میثاق مدینہ کی خلاف ورزی کی جس کے نتیجے میں بنوقینقاع، بنونضیر اور بنوقریظہ کے قابل جنگ لوگوں کو قتل اور بچوں اور عورتوں کو غلام بنایا گیا اس وقت ان کے ساتھ نبی کریم ﷺ کے مکالمات چلتے رہے۔
* ...... حضرت عبداللہ بن عباس رضی اللہ عنہما روایت کرتے ہیں کہ ایک مرتبہ علماء یہود کی ایک جماعت آپ کے پاس حاضر ہوئی ان کے اور سید المرسلین کے درمیان گفتگو کا یوں آغاز ہوا:

---

[1] الازہری، محمد کرم شاہ، ضیاء النبی ﷺ، ج: ۳، ص: ۱۸۷

’’علمائے یہود: یا رسول اللہ! ہمیں چند باتیں پوچھنی ہیں، ہمارا ایمان ہے کہ ان باتوں کا علم سوائے نبی کے اور کسی کو نہیں۔

رسول اللہ ﷺ: جو دل چاہے شوق سے پوچھو، تمہارے باتوں کا اگر تمہیں جواب مل جائے جس کی صداقت پر تمہیں یقین ہو تو پھر وعدہ کرو تم اسلام لے آؤ گے اور اس بات کا بھی عہد کر لو جس کا عہد یعقوب علیہ السلام نے اپنے بیٹوں سے لیا تھا کہ اللہ تعالیٰ کے سوا کسی کی عبادت نہیں کریں گے۔

یہودی: ہمیں اقرار ہیں، ہمیں چار باتیں بتایئے جو ہم آپ سے دریافت کرتے ہیں، اگر آپ یہ باتیں بتا دیں تو ہم آپ پر ایمان لے آئیں گے۔

رسول اللہ ﷺ: مجھ سے اللہ تعالیٰ کے نام پر عہد کرو کہ میں نے تمہیں ان کا جواب دے دیا تو پھر تم ضرور میری تصدیق کرو گے۔

یہودی: ہاں، ہمیں منظور ہے۔

رسول اللہ ﷺ: اب جو مناسب سمجھو پوچھ لو۔

یہودی: ہمیں وہ چیز بتایئے جن کو تورات کے نزول سے پہلے اسرائیل (حضرت یعقوب علیہ السلام) نے اپنی ذات پر حرام ٹھہرا لیا تھا۔

رسول اللہ ﷺ: میں تمہیں اس خدائے واحد کی قسم دیتا ہوں جس نے موسیٰ پر تورات نازل فرمائی تھی کیا تم نہیں جانتے کہ انہیں کھانے میں اونٹ کا گوشت اور پینے میں اونٹنی کا گوشت نہایت مرغوب تھا، وہ سخت بیمار ہوئے اور جب یہ بیماری طوالت پکڑ گئی تو انہوں نے منت مانی کہ اگر اللہ تعالیٰ مجھے شفا عطا فرمائے تو اپنی پسندیدہ کھانے پینے کی چیزوں کو ترک کر دوں گا۔

یہودی: یا رسول اللہ ﷺ بے شک آپ نے سچ فرمایا۔ ہمیں یہ بتایئے کہ لڑکا اپنی ماں پر کیوں جاتا ہے، جب کہ نطفہ تو باپ کا ہوتا ہے۔

رسول اللہ ﷺ: میں تمہیں اس خدا کی ذات کی قسم دیتا ہوں جس کے سوا کوئی معبود نہیں اور جس نے موسیٰ علیہ السلام پر تورات نازل فرمائی، کیا تم نہیں جانتے کہ مرد کا نطفہ سفید اور کثیف ہوتا ہے، جب کہ عورت کا نطفہ رقیق اور زردی مائل ہوتا ہے ان دونوں میں بھی

دوسرے پر غالب رہتا ہے اولاد اسی کے مشابہ ہوتی تھی۔

یہودی: بے شک آپ نے حق بات فرمائی، ہاں تورات میں نبی کی کیا علامت بیان کی گئی ہے؟

رسول اللہ ﷺ: میں تمہیں اللہ کی قسم دیتا ہوں اور ان نعمتوں کو جو اللہ پاک نے بنی اسرائیل کو عطا فرمائیں، کہ کیا تمہیں اس بات کا علم نہیں کہ ان نبی کی جس کے متعلق تمہارا زعم ہے کہ میں وہ نہیں ایک علامت یہ ہے کہ نیند صرف اس کی آنکھوں پر طاری ہوتی ہے جب کہ دل اس کا بیدار ہوتا ہے۔

یہود: یہ سچ ہے۔

رسول اللہ ﷺ: پس میری نیند بھی ایسی ہے، میری آنکھ سوتی ہے پر میرا دل بیدار رہتا ہے۔

یہود: پس آخری بات بتا دیجیے وہ یہ کہ کون سا فرشتہ آپ کے پاس آتا ہے؟

رسول اللہ ﷺ: تمہیں قسم ہے اللہ کی اور ان نعمتوں کی جو اللہ نے بنی اسرائیل کو بخشی تھیں کیا تم نہیں جانتے کہ وہ جبرئیل ہے، میرا دل رفیق ہے میرے پاس آتا ہے مجھ سے پہلے بھی جو نبی ہوئے ان کے پاس بھی آتے تھے۔

یہود: آپ سچ فرماتے ہیں اور اسی بات پر آپ سے جدا ہوتے ہیں۔ اے محمد وہ ہمارا دشمن ہے جو سختیوں اور خون ریزیوں کا لانے والا ہے، اگر یہ بات نہ ہوتی اور آپ کا رفیق کوئی اور ہوتا تو ہم ضرور آپ کی تصدیق کرتے اور آپ کی اتباع کرتے''۔[1]

یہودیوں سے مکالمات رسول ﷺ کے مقاصد

یہودیوں کے ساتھ رسول اللہ ﷺ کے مکالمات کا مطالعہ کرنے سے ان کے ساتھ ان مکالمات کے درج ذیل مقاصد سامنے آتے ہیں:

دعوتِ اسلام:

* ...... یہود چونکہ اہل کتاب تھے، حضرت موسیٰ علیہ السلام اور دیگر انبیاء کرام علیہم السلام کے پیروکار ہونے کے دعوے دار تھے اور بالخصوص خود کو حضرت ابراہیم علیہ السلام کا وارث کہلواتے تھے اور حامل کتاب تھے اس لیے ان کے لیے دین اسلام کو سمجھنا آسان بھی تھا اور جہاں تک بنیادی عقائد توحید، رسالت اور آخرت کا تعلق ہے وہ پہلے ہی ان

---

[1] ابن ہشام، عبدالملک، السیرۃ النبویۃ، ج:۱، ص:۶۰۹۔۶۱۱

کو تسلیم کرنے والے تھے تو ان کے لیے دین اسلام کو سمجھنا آسان تھا اور ان کے دائرہ اسلام میں داخل ہونے سے مشرکین وغیرہ جن کے دل میں اہل کتاب اور صاحبان علم ہونے کے ناطے کچھ نہ کچھ عزت واحترام کے جذبات موجود تھے ان کے لیے بھی ان کے اعتماد پر اسلام میں داخلہ آسان تھا، اس لیے نبی کریم ﷺ نے انہیں بطور خاص اسلام کی دعوت دینے کے لیے ان سے مکالمات کیے۔

میثاق مدینہ کے قیام کے لیے:

✱...... اسلام چونکہ عالمگیر دین ہے، اس کے اندر اتنی وسعت موجود ہے کہ کسی بھی مذہب کو ماننے والا اپنے عقائد واعمال پر کاربند رہتے ہوئے اس کی حکومت کے زیر سایہ زندگی بسر کر سکے اور پھر مسلمانوں کے لیے یہ ہدایات ہیں جو تمہارے حکومت کے زیر سایہ غیر مسلم زندگی بسر کر رہے ہیں ان کے ساتھ اس طرح حسن اخلاق کا مظاہرہ کرو کہ ان کا دل تمہارے دین سے متاثر ہو کر خود بخود اسے قبول کرنے کی طرف مائل ہو جائے، اسی لیے نبی کریم ﷺ نے میثاق مدینہ طے کیا اور اس کی تیاری اور اسے پایہ تکمیل تک پہنچانے کے سلسلے میں مختلف مواقع پر ان یہودیوں سے مکالمات کا سلسلہ جار رکھا۔ اس طرح جب انہوں نے خود اس معاہدے کو توڑا اور مسلمانوں سے عہد شکنی کی تو اپنے ہی طے کردہ قانون کی وجہ سے ان کو جب سزا دی گئی تو اس سلسلے میں بھی ان سے مکالمات جاری رہے۔

علماء یہود کے سوالات کے جوابات:

✱...... یہودی علماء اور باشعور طبقہ اس بات سے آگاہ تھا کہ ایک نبی آخر الزمان کی تشریف آوری ہونے والی ہے لیکن ان کا خیال تھا کہ یہ نبی بنو اسحاق سے آئے گا، لیکن جب نبی کریم ﷺ کی بعثت بنو اسماعیل میں ہوئی تو ان کے لیے یہ بات پریشانی کا سبب بنی کہ ہم سے نبوت ہی چھین لی گئی جس کی وجہ سے ان میں سے بہت لوگ بغض وحسد کا شکار ہوئے اور پھر بھی ان میں سے جو ارواح سعیدہ تھیں وہ اپنی تسلی وتشفی کے لیے نبی کریم ﷺ کی خدمت میں حاضر ہوئے اور اپنے سوالات کے جواب حاصل کیے اور جب انہیں اس بات کا احساس ہو گیا کہ ان سوالات کے جوابات صرف نبی ہی دے سکتے ہیں تو وہ دائرہ اسلام میں داخل ہو گئے، حضرت عبداللہ بن سلام رضی اللہ عنہ وغیرہ کئی علماء یہود ایسے لوگوں میں شامل ہیں۔

عیسائیوں سے مکالمات رسول ﷺ

عیسائی حضرت عیسیٰ علیہ السلام کے پیروکار ہونے کے دعویدار تھے اور حامل کتاب تھے، لیکن انہوں نے دین عیسوی اور اپنی کتاب انجیل میں بے شمار تحریفات کر دی تھی، جب اسلام کی شعائیں جزیرہ نمائے عرب کے آخری کونوں

اور پھر اس سے باہر تک پہنچیں تو یہ بھی اس سے متاثر ہوئے بغیر نہ رہ سکے اور اس کے متعلق مزید معلومات اور اپنی قلبی تسلی اور تسکین کے لیے حضور ﷺ کی بارگاہ میں پہنچے، چند مواقع پر ان سے بھی آپ ﷺ کے مکالمات ہوئے، چند مکالمات درج ذیل ہیں:

* ...... حاتم طائی کے بیٹے عدی بن حاتم اپنے قبیلے کے سردار اور مذہباً عیسائی تھے، سلاطین عرب کی طرح ان کو بھی آمدنی کا چوتھا حصہ ملتا تھا، جس زمانہ میں اسلامی فوجیں یمن گئیں یہ بھاگ کر شام چلے گئے، ان کی بہن گرفتار ہو کر مدینہ میں آئیں، آنحضرت ﷺ نے ان کی بڑی عزت وحرمت سے رخصت کیا، اپنے بھائی کے پاس چلے گئے اور کہا کہ جس قدر ہو سکے آنحضرت ﷺ کی خدمت میں جا کر اسلام قبول کر لو، چنانچہ عدی بن حاتم رضی اللہ عنہ کہتے ہیں کہ:

''میں رسول اللہ ﷺ کے پاس آیا۔ آپ اس وقت مسجد میں تشریف فرما تھے، لوگوں نے کہا: یہ عدی بن حاتم ہیں، میں آپ کے پاس بغیر کسی امان اور بغیر کسی تحریر کے آیا تھا، جب مجھے آپ کے پاس لایا گیا تو آپ نے میرا ہاتھ تھام لیا۔ آپ اس سے پہلے فرما چکے تھے کہ "مجھے امید ہے کہ اللہ ان کا ہاتھ میرے ہاتھ میں دے گا" عدی کہتے ہیں: آپ مجھے لے کر کھڑے ہوئے، اسی اثناء میں ایک عورت ایک بچے کے ساتھ آپ سے ملنے آ گئی، ان دونوں نے عرض کیا: ہمیں آپ سے ایک ضرورت ہے۔ آپ ان دونوں کے ساتھ کھڑے ہو گئے اور ان کی ضرورت پوری فرما دی۔ پھر آپ نے میرا ہاتھ تھام لیا اور مجھے لیے اپنے گھر آ گئے۔ ایک بچی نے آپ کے لیے ایک گدا بچھا دیا، جس پر آپ بیٹھ گئے اور میں بھی آپ کے سامنے بیٹھ گیا، آپ نے اللہ کی حمد وثنا کی، پھر فرمایا: "(بتاؤ) تمہیں لا اِلٰہ اِلا اللہ کہنے سے کیا چیز روک رہی ہے؟ کیا تم اللہ کے سوا کسی اور کو معبود سمجھتے ہو؟" میں نے کہا: نہیں، آپ نے کچھ دیر باتیں کیں، پھر فرمایا: "اللہ اکبر کہنے سے بھاگ رہے ہو؟" کیا تم سمجھتے ہو کہ اللہ سے بھی بڑی کوئی چیز ہے؟ میں نے کہا: نہیں، آپ نے فرمایا: یہود پر اللہ کا غضب نازل ہو چکا ہے اور نصاریٰ گمراہ ہیں، اس پر وہ کہتے ہیں کہ میں نے کہا: میں تو مسلمان ہونے کا ارادہ کر کے آیا ہوں۔ وہ کہتے ہیں: میں نے دیکھا کہ آپ ﷺ کا چہرہ خوشی سے دمک اٹھا، پھر آپ نے میرے لیے حکم فرمایا: تو میں ایک انصاری صحابی کے یہاں (بطور مہمان) ٹھہرا دیا گیا، پھر میں دن کے دونوں کناروں پر یعنی صبح وشام آپ کے پاس حاضر ہونے لگا۔ ایک شام میں آپ کے پاس بیٹھا ہی ہوا تھا کہ لوگ چیتے کی سی دھاری دار گرم

کپڑے پہنے ہوئے آپ کے پاس حاضر ہوئے (ان کے آنے کے بعد) آپ نے نماز پڑھی، پھر آپ نے کھڑے ہو کر تقریر فرمائی اور لوگوں کو ان پر خرچ کرنے کے لیے ابھارا۔ آپ نے فرمایا: "(صدقہ) دو اگرچہ ایک صاع ہو، اگرچہ آدھا صاع ہو، اگرچہ ایک مٹھی ہو، اگرچہ ایک مٹھی سے بھی کم ہو جس کے ذریعہ سے تم میں کا کوئی بھی اپنے آپ کو جہنم کی گرمی یا جہنم سے بچا سکتا ہے۔ (تم صدقہ دو) چاہے ایک کھجور ہی کیوں نہ ہو؟ چاہے آدھی کھجور ہی کیوں نہ ہو؟ کیونکہ تم میں سے ہر کوئی اللہ کے پاس پہنچنے والا ہے، اللہ اس سے وہی بات کہنے والا ہے جو میں تم سے کہہ رہا ہوں، (وہ پوچھے گا) کیا ہم نے تمہارے لیے کان اور آنکھیں نہیں بنائیں؟ وہ کہے گا: ہاں، کیوں نہیں! اللہ پھر کہے گا: کیا میں نے تمہیں مال اور اولاد نہ دی؟، وہ کہے گا: کیوں نہیں تو نے ہمیں مال و اولاد سے نوازا۔ وہ پھر کہے گا وہ سب کچھ کہاں ہے جو تم نے اپنی ذات کی حفاظت کے لیے آگے بھیجا ہے؟ (یہ سن کر) وہ اپنے آگے، اپنے پیچھے، اپنے دائیں بائیں (چاروں طرف) دیکھے گا، لیکن ایسی کوئی چیز نہ پائے گا جس کے ذریعہ وہ اپنے آپ کو جہنم کی گرمی سے بچا سکے۔ اس لیے تم میں سے ہر ایک کو اپنے آپ کو جہنم کی گرمی سے بچانے کی کوشش و تدبیر کرنی چاہیئے ایک کھجور ہی صدقہ کر کے کیوں نہ کرے۔ اور اگر یہ بھی نہ میسر ہو تو اچھی و بھلی بات کہہ کر ہی اپنے کو جہنم کی گرمی سے بچائے۔ مجھے اس کا خوف نہیں ہے کہ تم فقر و فاقہ کا شکار ہو جاؤ گے، کیونکہ اللہ تعالیٰ تمہارا مددگار ہے، اور تمہیں دینے والا ہے (اتنا دینے والا ہے) کہ ایک ہودج سوار عورت (تنہا) یثرب (مدینہ) سے حیرہ تک یا اس سے بھی لمبا سفر کرے گی اور اسے اپنی سواری کے چوری ہو جانے تک کا ڈر نہ ہو گا عدی رضی اللہ عنہ کہتے ہیں: (اس وقت) میں سوچنے لگا کہ قبیلہ بنی طی کے چور کہاں چلے جائیں گے"۔ ①

غرض عدی رضی اللہ عنہ نے اسلام قبول کیا اور اس قدر ثابت قدم رہے کہ درہ کے زمانہ میں بھی ان پر کچھ اثر نہیں پڑا، باپ کی سخاوت کا اثر ان پر بھی تھا، ایک دفعہ ایک شخص نے ان سے سو روپے طلب کیے بولے کہ تم حاتم کے بیٹے سے اس قدر حقیر رقم مانگتے ہو بخدا ہرگز نہ دوں گا۔ ②

---

① ترمذی، ابو عیسیٰ، محمد بن عیسیٰ، الجامع السنن، ابواب التفسیر، باب ومن سورۃ فاتحۃ الکتاب، دار السلام، الریاض، سعودی عرب، ۱۴۲۸ھ، رقم الحدیث: ۲۹۵۳

② احمد بن حنبل، المسند، ج: ۴، ص: ۲۵۸

*...... نجران مکہ معظمہ سے یمن کی طرف سات منزل پر وسیع ضلع کا نام ہے، جہاں عیسائی عرب آباد تھے یہاں عیسائیوں کا ایک عظیم الشان کلیسا تھا، جس کو وہ کعبہ کہتے ہیں، وہ حرم کعبہ کا جواب سمجھتے تھے، اس میں بڑے بڑے مذہبی پیشوا رہتے تھے، جن کا لقب سید اور عاقب تھا، عرب میں عیسائیوں کا کوئی مذہبی مرکز اس کا ہمسر نہ تھا، اعشی اسی کی شان میں کہتا ہے:

وكعبة نجران حتم عليك حتى تناخي بأبوابها

نزور يزيدا وعبد المسيح وقيسا هم خير أربابها۔ ①

یہ کعبہ تین سو کھالوں سے گنبد کی شکل میں بنایا گیا تھا، جو شخص اس کے مودر میں آجاتا ہے وہ مامون ہو جاتا ہے، اس کعبہ کے اوقاف کی آمدنی دو لاکھ سالانہ تھی، آنحضرت ﷺ نے ان کو دعوت اسلام کا خط لکھا تو اس کعبہ کے محافظ اور ائمہ مذہب ساٹھ آدمیوں کے ساتھ مدینہ میں آئے، آنحضرت ﷺ نے ان کو مسجد میں اتارا، تھوڑی دیر کے بعد نماز کا وقت آیا تو ان لوگوں نے نماز پڑھنی چاہی، صحابہ نے روکا، لیکن آنحضرت ﷺ نے ارشاد فرمایا کہ پڑھنے دو، چنانچہ ان لوگوں نے مشرق کی طرف منہ کر کے نماز ادا کی، ابو حارثہ جون رڈبشپ تھا، نہایت محترم اور معتدل شخص تھا، قیصر روم نے اس کو یہ منصب عطا کیا تھا اور اس مذہب اور معبد بنوائے تھے۔ ② ان لوگوں نے آنحضرت ﷺ سے مختلف مذہبی مسائل پوچھے اور آپ نے وحی کی رو سے ان کا جواب دیا، ان کے زمانہ قیام میں سورۂ آلِ عمران کی ابتدا کی اس آیتیں اتریں، ان آیتوں میں ان کے سوالات کا جواب تھا، جس آیت میں دعوت اسلام کی تشریح تھی وہ یہ ہے:

قُلْ يٰٓاَهْلَ الْكِتٰبِ تَعَالَوْا اِلٰى كَلِمَةٍ سَوَآءٍۢ بَيْنَنَا وَبَيْنَكُمْ اَلَّا نَعْبُدَ اِلَّا اللّٰهَ وَلَا نُشْرِكَ بِهٖ شَيْـًٔا وَّلَا يَتَّخِذَ بَعْضُنَا بَعْضًا اَرْبَابًا مِّنْ دُوْنِ اللّٰهِ ۭ فَاِنْ تَوَلَّوْا فَقُوْلُوا اشْهَدُوْا بِاَنَّا مُسْلِمُوْنَ۔ ③

''کہہ دے اے اہل کتاب! آؤ ایک ایسی بات کی طرف جو ہمارے درمیان اور تمھارے درمیان برابر ہے، یہ کہ ہم اللہ کے سوا کسی کی عبادت نہ کریں اور اس کے ساتھ کسی چیز کو شریک نہ کریں اور ہم میں سے کوئی کسی کو اللہ کے سوا رب نہ بنائے، پھر اگر وہ پھر جائیں تو کہہ دو گواہ رہو کہ بے شک ہم فرماں بردار ہیں''۔

---

① بلاذری، معجم البلدان، ج: ۸، ص: ۲۵۹

② ابن قیم، زاد المعاد، مصطفی البابی، مصر، ج: ۲، ص: ۳۵

③ آلِ عمران، ۳: ۶۴

آنحضرت ﷺ نے جب ان کو اسلام کی دعوت دی تو ان لوگوں نے کہا ہم تو پہلے سے مسلمان ہیں، آنحضرت ﷺ نے فرمایا کہ جب تک تم صلیب پوجتے ہو، عیسیٰ کو خدا کا بیٹا کہتے ہو کیونکر مسلمان ہو سکتے ہو، جب یہ لوگ اس پر راضی نہ ہوئے تو آنحضرت ﷺ نے وحی کے مطابق ان سے کہہ دیا کہ اچھا مباہلہ کرو، یعنی ہم تم دونوں اپنے اہل وعیال کے لے کر آئیں اور دعا کریں جو شخص جھوٹا ہو اس پر خدا کی لعنت ہو:

فَمَنْ حَآجَّكَ فِيهِ مِنْ بَعْدِ مَا جَآءَكَ مِنَ الْعِلْمِ فَقُلْ تَعَالَوْا نَدْعُ اَبْنَآءَنَا وَاَبْنَآءَكُمْ وَنِسَآءَنَا وَنِسَآءَكُمْ وَاَنْفُسَنَا وَاَنْفُسَكُمْ ۗ ثُمَّ نَبْتَهِلْ فَنَجْعَلْ لَّعْنَتَ اللّٰهِ عَلَى الْكٰذِبِيْنَ۔ [1]

''پھر جو شخص تجھ سے اس کے بارے میں جھگڑا کرے، اس کے بعد کہ تیرے پاس علم آ چکا تو کہہ دے آؤ! ہم اپنے بیٹوں اور تمھارے بیٹوں کو بلا لیں اور اپنی عورتوں اور تمھاری ورتوں کو بھی اور اپنے آپ کو اور تمھیں بھی، پھر گڑگڑا کر دعا کریں ، پس جھوٹوں پر اللہ کی لعنت بھیجیں''۔

لیکن جب آنحضرت ﷺ حضرت فاطمہ زہراء اور امام حسن وحسین رضی اللہ عنہم کو لے کر مباہلہ کے لیے نکلے تو خود ان کی جماعت میں سے ایک شخص نے رائے دی کہ مباہلہ نہیں کرنا چاہیے، اگر یہ شخص واقعی پیغمبر ہے تو ہم لوگ ہمیشہ کے لیے تباہ ہو جائیں گے، غرض ان لوگوں نے کچھ سالانہ خراج قبول کر کے صلح کر لی۔

عیسائیوں سے مکالمات رسول ﷺ کے مقاصد

عیسائیوں کے ساتھ نبی کریم ﷺ کے جو مکالمات ہوئے ان کے مطالعہ سے ان کے درج ذیل مقاصد ہمارے سامنے آتے ہیں:

دعوتِ دین:

* ...... عیسائی بھی یہودیوں کی طرح الہامی مذہب کو ماننے والے اور بنیادی عقائد ونظریات پر یقین رکھنے والے تھے، اس لیے ان کا دین اسلام میں داخل آسان تھا، اس لیے آپ نے انہیں اسلامی نظریات سے آگاہ کرنے اور ان کی اصلاح کے لیے ان سے مکالمات کیے۔

شرکیہ عقائد کی اصلاح:

* ...... عیسائیوں کے ہاں یہ شرکیہ عقیدہ درآیا تھا کہ وہ حضرت عیسیٰ علیہ السلام کو (معاذ اللہ) اللہ تعالیٰ کا بیٹا کہتے تھے،

---

[1] آلِ عمران، ۳:۶۱

ان کے اس گمراہ عقیدہ کی اصلاح کے لیے ان سے مکالمات ہوئے۔

صلح نامہ:

*...... مدینہ طیبہ میں جب ایک عالم گیر اسلامی فلاحی ریاست کی بنیاد رکھی گئی تو اس کے گرد ونواح میں جو عیسائی آباد تھے ان کو اس ریاست کے تابع فرماں بنانے کے لیے ان کے ساتھ مکالمہ کی صورت میں بات کی گئی جس کے خاطر خواہ اثرات بھی ہوئے اور بالخصوص نجران کے عیسائیوں نے جزیہ دے کر اس ریاست کے زیر سایہ زندگی بسر کرنے پر مسلمانوں سے صلح کی۔

منافقوں سے مکالمات رسول ﷺ اور ان کے مقاصد

منافقین مدینہ طیبہ میں ہی رہنے والے افراد تھے، بظاہر تو خود کو مسلمان کہلواتے تھے لیکن جب اسلام کے لیے قربانی دینے کا وقت آتا تو اس وقت مختلف حیلوں بہانوں سے اپنی جان بچانے کی کوشش کرتے تھے، مختلف مواقعوں پر ان سے نبی کریم ﷺ کے مکالمات چلتے رہتے تھے، بالخصوص غزوات کے سلسلے میں چند مکالمات ملاحظہ فرمائیں:

غزوۂ اُحد کے لیے مشاورت:

*...... جب مسلمان غزوہ احد کی تیاریاں کر رہے تھے تو اس سلسلے میں جب نبی کریم ﷺ نے مشاورت طلب کی تو دو آراء سامنے آئیں ایک یہ کہ مدینہ طیبہ کے اندر رہتے ہوئے حملہ آور مشرکین سے مقابلہ کیا جائے اور دوسری یہ کہ مدینہ طیبہ سے باہر نکل کر ان سے مقابلہ کیا جائے، رئیس المنافقین عبداللہ بن اُبی پہلی رائے کے حق میں تھا۔① لیکن جب اتفاق رائے سے فیصلہ دوسری رائے پر ہوگیا تو جب مسلمان جنگ کے لیے باہر نکلے تو دشمنوں کے لشکر کے بالکل قریب پہنچ کر یہ اپنے تین سو ساتھیوں سمیت واپس پلٹ آیا، مکالمے کے انداز میں اسے سمجھانے کی کوشش کی گئی، لیکن اس نے ایک نہ مانی اور واپس مدینہ طیبہ آ گیا، قرآنِ مجید میں ان الفاظ میں اس کے اس فعل پر تبصرہ کیا گیا ہے:

وَقِيْلَ لَهُمْ تَعَالَوْا قَاتِلُوْا فِيْ سَبِيْلِ اللّٰهِ اَوِ ادْفَعُوْا ۚ قَالُوْا لَوْ نَعْلَمُ قِتَالًا لَّاتَّبَعْنٰكُمْ ۚ هُمْ لِلْكُفْرِ يَوْمَىِٕذٍ اَقْرَبُ مِنْهُمْ لِلْاِيْمَانِ ۚ يَقُوْلُوْنَ بِاَفْوَاهِهِمْ مَّا لَيْسَ فِيْ قُلُوْبِهِمْ ۚ وَاللّٰهُ اَعْلَمُ بِمَا يَكْتُمُوْنَ۔②

---

① حلبی، برہان الدین، سیرت حلبیہ، مصطفی البابی، مصر، ۱۳۴۱ھ، ج: ۲، ص: ۱۴

② آل عمران، ۳: ۱۶۷

''اور جن سے کہا گیا آؤ اللہ کے راستے میں لڑو، یا مدافعت کرو تو انھوں نے کہا اگر ہم کوئی لڑائی معلوم کرتے تو ضرور تمھارے ساتھ چلتے۔ وہ اس دن اپنے ایمان (کے قریب ہونے) کی بہ نسبت کفر کے زیادہ قریب تھے، اپنے مونہوں سے وہ باتیں کہتے ہیں جو ان کے دلوں میں نہیں، اور اللہ زیادہ جاننے والا ہے جو وہ چھپاتے ہیں''۔

غزوۂ تبوک میں شرکت کے لیے:

*...... نبی کریم ﷺ جب ۹ ہجری میں غزوہ تبوک کے لیے تشریف لے جانے لگے تو اس وقت ایک تو سخت گرمی کا موسم تھا، دوسرا کھجوروں کے باغ پکنے کے بالکل قریب تھے اور تیسرا یہ کہ سفر لمبا تھا،اہل ایمان تو اس کے لیے اللہ اور اس کے رسول ﷺ کا حکم سمجھتے ہوئے فوراً خوش دلی کے ساتھ تیار ہو گئے، لیکن منافقین پس وپیش کرتے ہوئے مختلف بہانے بن کر رخصت مانگنے لگے، اس دورانیے میں بھی ان کے ساتھ نبی کریم ﷺ کے مکالمات چلتے رہے، قرآنِ مجید میں سورۂ توبہ میں ان کے مکالمات پر تفصیلاً تبصرہ کیا گیا ہے، چند آیات درج ذیل ہیں:

ارشادِ ربانی ہے:

اِنَّمَا يَسْتَاْذِنُكَ الَّذِيْنَ لَا يُؤْمِنُوْنَ بِاللّٰهِ وَالْيَوْمِ الْاٰخِرِ وَارْتَابَتْ قُلُوْبُهُمْ فَهُمْ فِيْ رَيْبِهِمْ يَتَرَدَّدُوْنَ۔ [1]

''تجھ سے اجازت صرف وہ لوگ مانگتے ہیں جو اللہ اور یوم آخرت پر ایمان نہیں رکھتے اور ان کے دل شک میں پڑے ہوئے ہیں، سو وہ اپنے شک میں حیران پھرتے ہیں''۔

جد بن قیس کے مکالمے پر تبصرہ کرتے ہوئے ارشادِ باری تعالیٰ ہے:

وَمِنْهُمْ مَّنْ يَّقُوْلُ ائْذَنْ لِّيْ وَلَا تَفْتِنِّيْ ؕ اَلَا فِي الْفِتْنَةِ سَقَطُوْا ؕ وَاِنَّ جَهَنَّمَ لَمُحِيْطَةٌ بِالْكٰفِرِيْنَ۔ [2]

''اور ان میں سے بعض وہ ہے جو کہتا ہے مجھے اجازت دے دے اور مجھے فتنے میں نہ ڈال۔ سن لو! وہ فتنے ہی میں تو پڑے ہوئے ہیں اور بے شک جہنم کافروں کو ضرور گھیرنے والی ہے''۔

منافقوں کے ساتھ نبی کریم ﷺ کے مکالمات کے مطالعہ سے درج ذیل مقاصد سامنے آتے ہیں:

---

[1] التوبۃ، ۹:۴۵

[2] ایضاً، ۴۹

منافقین کے شکوک وشبہات کا ازالہ:

چونکہ منافق خود کو مسلمان کہلواتے تھے اس لیے ان کو اسلام کے عقائد ونظریات پر کاربند کروا کر مکمل طور پر دین کے دھارے میں لانا اور ان کے شکوک وشبہات کا ازالہ کر کے انہیں مطمئن کرنا۔

اہل ایمان کو ان کے شر سے بچانا:

ان کے شر سے اہل اسلام کو بچانا اور اہل اسلام کو ناکام کرنے کے لیے انہوں نے یہود کے تعاون سے جو منصوبے بنا رکھے تھے انہیں ناکام کرنا۔

تربیتی منصوبے کی تکمیل:

اپنے منصب پیغمبری کے پیش نظر ان کی تربیت اصلاح کے لیے بھی کوشاں رہتے تھے اور آپ کی ہر لمحہ یہی خواہش تھی کہ وہ راہِ خدا پر اخلاص کے ساتھ چل پڑیں۔

فصل سوم:

جن وانس اور ملائکہ کے ساتھ مکالمات رسول ﷺ کے مقاصد

حضور نبی کریم ﷺ کو اللہ تعالیٰ نے ساری کائنات کے لیے آخری رسول بنا کر بھیجا ہے، اور بالخصوص جن وانس جو دو مکلف اور بااختیار مخلوقات ہیں ان کے لیے تو آپ ﷺ کے احکام کو سننا، سمجھنا اور ان کی پیروی کا اہتمام بہت ضروری ہے، یہی وجہ ہے کہ ان دو مخلوقات کے ساتھ نبی کریم ﷺ کے بہ کثرت مکالمات حدیث وسیرت کی کتابوں میں ہمیں ملتے ہیں، جہاں تک ملائکہ کا تعلق ہے تو وہ اپنے ارادے اور اختیار کے بغیر اللہ تعالیٰ کے حکم کے تابع ہیں، انہیں جو حکم دیا جائے وہی کام بجا لاتے ہیں، اللہ رب العزت ان میں چند کو اپنے نبیوں کی خدمت اور ان کی طرف پیغام رسانی کے لیے منتخب فرماتا ہے، فرشتوں کے ساتھ ہمیں نبی کریم ﷺ کے مکالمات ملتے ہیں وہ اسی نوعیت کے ہیں، ذیل میں جن وانس اور ملائکہ سے آپ ﷺ کے مکالمات کے مقاصد بیان کر رہے ہیں۔

جنوں سے مکالمات رسول ﷺ اور ان کے مقاصد

جن اللہ رب العزت کی وہ مخلوق ہے جو عام انسانوں کی نظروں سے اوجھل ہیں، اللہ تعالیٰ نے انہیں آگ سے پیدا فرما کر انہیں شریعت کا مکلف بنایا ہے، ارشادِ باری تعالیٰ ہے:

وَمَا خَلَقْتُ الْجِنَّ وَالْإِنسَ إِلَّا لِيَعْبُدُونِ۔ ①

''اور میں نے جنوں اور انسانوں کو پیدا نہیں کیا مگر اس لیے کہ وہ میری عبادت کریں''۔

ان کو دین کی تبلیغ اور احکامات شریعت سیکھانے کے لیے نبی کریم ﷺ نے ان کے ساتھ متعدد مکالمے کیے، جن میں سے چند ایک یہ ہیں:

* ...... طائف سے واپسی پر ایک مقام پر فجر کی نماز میں جب جنوں کی ایک جماعت نے آپ کو قرآن مجید پڑھتے سنا تو وہ سنتے ہی مسلمان ہو گئے اور اپنی قوم کو جا کر بتانے لگے:

إِنَّا سَمِعْنَا قُرْآنًا عَجَبًا ۔ يَهْدِي إِلَى الرُّشْدِ فَآمَنَّا بِهِ ۖ وَلَن نُّشْرِكَ بِرَبِّنَا أَحَدًا ۔ ②

''بلاشبہ ہم نے ایک عجیب قرآن سنا ہے۔ جو سیدھی راہ کی طرف لے جاتا ہے تو ہم اس پر ایمان لے آئے اور (اب) ہم اپنے رب کے ساتھ کسی کو کبھی شریک نہیں کریں گے''۔

---

① الذاریات، ۵۱:۵۶

② الجن، ۷۲:۱۔۲

اس کے بعد انہوں نے باقاعدہ نبی کریم ﷺ سے گفتگو اور تعلیم و تربیت حاصل کرنے کا ٹائم طلب کیا، آپ حضرت عبداللہ بن مسعود رضی اللہ عنہ کے ساتھ مکہ مکرمہ کے باہر ان سے ملاقات کے لیے تشریف لے گئے اور ان سے گفتگو ہوئی، انہیں اسلام کے احکامات کی تلقین کی اور ان کی تربیت فرمائی، انہوں نے آپ سے اپنی خوراک طلب کی تو آپ نے فرمایا:

''ہر وہ ہڈی جس پر اللہ کا نام پڑھا گیا ہو جب وہ تمہارے ہاتھ میں آئے تو گوشت سے بھر جائے گی اور اس طرح گوبر تمہارے جانوروں کا چارہ بنے گا (پھر ہمارے لیے حکم فرمایا) اے مسلمانو! ان دونوں چیزوں سے استنجا نہ کرو، یہ تمہارے بھائی جنات کی (اور ان کے جانوروں کی) خوراک ہیں''۔ ①

*......جابر رضی اللہ عنہ فرماتے ہیں:

خرج رسول الله صلى الله عليه وسلم على اصحابه، فقرا عليهم سورة الرحمن من اولها إلي آخرها، فسكتوا، فقال: " لقد قراتها على الجن ليلة الجن فكانوا احسن مردودا منكم، كنت كلما اتيت على قوله: فباى آلاء ربكما تكذبان سورة الرحمن آية ۱۳ قالوا: لا بشىء من نعمك ربنا نكذب فلك الحمد۔ ②

''رسول اللہ صلی اللہ علیہ وسلم اپنے صحابہ کے پاس آئے اور ان کے سامنے سورۃ الرحمن شروع سے آخر تک پڑھی، لوگ (سن کر) چپ رہے، آپ نے کہا: میں نے یہ سورۃ اپنی جنوں سے ملاقات والی رات میں جنوں کو پڑھ کر سنائی تو انہوں نے مجھے تمہارے بالمقابل اچھا جواب دیا، جب بھی میں پڑھتا ہوا آیت فبأى آلاء ربكما تكذبان پر پہنچتا تو وہ کہتے لا بشىء من نعمك ربنا نكذب فلك الحمد "اے ہمارے رب! ہم تیری نعمتوں میں سے کسی نعمت کا بھی انکار نہیں کرتے، تیرے ہی لیے ہیں ساری تعریفیں''۔

جنوں کے ساتھ مکالمہ رسول ﷺ کا مطالعہ کرنے سے ان کے یہ مقاصد ہمارے سامنے آتے ہیں:

احکامِ دینیہ کی تفہیم:

جس طرح انسان اللہ تعالیٰ کی عبادت کے مکلف ہیں اس طرح جن بھی اس کی عبادت کے مکلف ہیں، اس لیے

① احمد بن حنبل، المسند، مسند عبداللہ بن مسعود رضی اللہ عنہ، رقم الحدیث: ۴۱۴۹

② ترمذی، ابوعیسیٰ محمد بن عیسیٰ، الجامع السنن، ابواب تفسیر القرآن، باب ومن سورۃ الرحمٰن، رقم الحدیث: ۳۲۹۱

انہیں کے لیے بھی ضروری ہے کہ وہ دین کے احکامات کو سیکھیں اور سمجھیں، نبی کریم ﷺ نے ان کو دین سکھانے کے لیے ان سے مکالمات کیے۔

فہم دین کے شوق کا پاس:

جنوں نے جب پہلی مرتبہ قرآن سنا اور فوری اس پر ایمان لے آئے تو نبی کریم ﷺ نے ان کے شوق کے پیش نظر انہیں خصوصی ٹائم عطا فرمایا اور ان کے ساتھ تفصیلاً مکالمات کیے اور انہیں دین کے احکامات سکھائے۔

جسمانی وروحانی ضروریات کی تکمیل:

آپ نے جنوں کی ضروریات کو پورا کرنے کے لیے ان کے ساتھ مکالمات کیے، ان میں ان کی روحانی ضرورتیں بھی تھیں اور مادی ضرورتیں بھی، جیسا کہ آپ نے ہڈی کو ان کی خوراک اور گوبر کو ان کے جانوروں کی خوراک قرار دیا۔

انسانوں سے مکالمات رسول ﷺ اور ان کے مقاصد

انسان اشرف المخلوقات اور زمین نائب ہیں اور ان پر اللہ تعالیٰ کی عظیم کرم نوازی یہ ہے کہ اللہ تعالیٰ نے تمام انبیاء کرام علیہم السلام انہی کی جنس سے پیدا فرمائے ہیں، حدیث وسیرت کی کتابوں میں نبی کریم ﷺ کے ان سے ہیں، کیونکہ کائنات ارضی کا نظام انہوں نے ہی چلانا ہے، باقی مخلوقات ان کے تابع ہیں، نبی کریم ﷺ نے اپنی تبلیغ کا آغاز ان سے ہی کیا، ان کے ساتھ نبی کریم ﷺ کے مکالمات کے مطالعہ سے درج ذیل مقاصد سامنے آتے ہیں:

ہدایت انسانی وقربت ربانی:

*...... بھولے بھٹکے انسانوں کو کفر وشرک کی دلدل سے نکال کر راہِ ہدایت پر چلانا اور انہیں اللہ تعالیٰ کے قریب کر دینا۔

تعلیم وتربیت:

*...... پہلے انسانوں کی تعلیم وتربیت عطا کر کے اللہ کا پسندیدہ اور دین کے احکامات کا عملی نمونہ بنانا اور پھر ان پر دوسرے انسانوں کی تعلیم وتربیت کا فریضہ عائد کرنا۔

ازالۂ شکوک وشبہات:

*...... دین اسلام کے متعلق انسانوں کے ذہنی شکوک وشبہات کو دور کرنا۔

مقام بندگی سے آگہی:

٭...... انسان کو اپنے اصلی مقام سے آگاہ کرنا اور اسے حقیر مخلوقات کی غلامی سے نکال کر ایک اللہ کے در کا غلام بنانا۔

تسخیر کائنات:

٭...... انسانوں کو تسخیر کائنات کے طریقے سیکھانا، ساری کائنات سے خدمت حاصل کر کے خود بڑے مقاصد کر کے اپنی محنت کو صرف کرنا۔

ملائکہ سے مکالمات رسول ﷺ اور ان کے مقاصد

ملائکہ اللہ تعالیٰ کی نوری مخلوق ہیں، اللہ تعالیٰ کے حکم کے مکمل فرماں بردار اور اپنے ارادے واختیار سے دور اسی کے ارادہ واختیار کے تابع ہیں، کائنات کا نظام چلانے کے لیے اللہ تعالیٰ نے مختلف ڈیوٹیاں ان کے سپرد کر رکھی ہیں، کچھ انبیاء کرام علیہم السلام تک وحی پہنچاتے ہیں، کچھ لوگوں کے اعمال لکھتے ہیں، کوئی رزق پر متعین ہیں تو کوئی انسانی ارواح کو قبض کرنے کا ذمہ دار ہے۔

نبی کریم ﷺ کے مکالمات میں سے کچھ مکالمات ان کے ساتھ بھی ملتے ہیں جو مختلف مواقع پر آپ نے ان کے ساتھ کیے، چند ایک مکالمات ملاحظہ فرمائیں۔

٭...... غارِ حراء میں جب نبی کریم ﷺ پر پہلی وحی نازل ہوئی تو یہ وحی لانے والے فرشتے حضرت جبرئیل علیہ السلام تھے، انہوں نے آپ سے کہا:

اقرأ۔ ''پڑھیے''۔

آپ ﷺ نے فرمایا:

«ما انا بقارئ» ''میں پڑھنے والا نہیں ہوں''۔

پھر انہوں نے چار مرتبہ پھر آپ کو یہی بات کہی اور آپ نے یہی جواب دیا، پھر انہوں نے آپ کو زور سے بھینچا جس سے آپ کو مشقت ہوئی اور اس کے بعد انہوں نے سورۂ علق کی ابتدائی آیات تلاوت کیں تو آپ نے انہیں پڑھنا شروع کر دیا۔[1]

٭...... حضور نبی کریم ﷺ جب طائف تبلیغ کے لیے تشریف لے گئے اور انہوں نے آپ کی دعوت قبول کرنے کی بجائے آپ کو تکالیف اور مشقتیں پہنچا کر واپس پلٹا دیا تو واپسی پر جب آپ قرالثعالب کے مقام پر پہنچے تو حضرت

---

[1] بخاری، محمد بن اسماعیل، الجامع الصحیح، کتاب بدء الوحی، باب من الوحی الرؤیا الصالحۃ، رقم الحدیث: ۳

جبرئیل علیہ السلام نے آپ کی خدمت میں حاضر ہو کر عرض کیا:

''آپ کا رب آپ کو سلام فرماتا ہے اور یہ پہاڑوں کا فرشتہ ہے، جسے اللہ تعالیٰ نے بھیجا ہے اور اسے حکم دیا ہے کہ آپ کے ارشاد کے بغیر کوئی کام نہ کرے، پہاڑوں کے فرشتے نے آگے بڑھ کر سلام عرض کیا اور کہا اگر فرمائیں تو میں پہاڑوں کو ان پر اوندھا گرا دوں، اگر آپ چاہیں تو میں انہیں زمین میں غرق کر دوں، تو اس وقت حضور رحمت دو عالم ﷺ نے ارشاد فرمایا:

اے پہاڑوں کے فرشتے میں صبر کروں گا، شاید ان کی اولاد میں سے کچھ ایسے لوگ پیدا ہوں جو لا الہ الا اللہ پر ایمان لے آئیں، آپ کی اس رحمت کو دیکھ کر وہ فرشتہ بول اٹھا: جس طرح آپ کے رب نے آپ کا نام رکھا ہے بے شک آپ رؤف ورحیم ہیں''۔[①]

ملائکہ کے ساتھ رسول اللہ ﷺ کے مکالمات کا مطالعہ کرنے سے ان کے درج ذیل مقاصد ہمارے سامنے آتے ہیں:

* ...... ملائکہ سے پیغام خداوندی کو قبول کرنا۔
* ......ان کو اپنی صحبت سے نوازنا۔
* ......اللہ تعالیٰ کے احکامات کی فرماں برداری اور انہیں عملی جامہ پہنانے میں ان کے تعاون کو قبول کرنا۔

[①] شامی، یوسف صالحی، سبل الھدیٰ والرشاد، ج: ۲، ص: ۵۷۹

باب چہارم:

عصر حاضر میں تبلیغ دین کے لیے مکالمات رسول ﷺ سے استفادہ کی صورتیں

فصل اول: مسلم معاشرہ میں تبلیغ دین کے لیے مکالمات رسول ﷺ

سے استفادہ کی عصری صورتیں

فصل دوم: غیر مسلم معاشرہ میں تبلیغ دین کے سلسلے میں مکالمات رسول ﷺ

سے استفادہ کی عصری صورتیں

فصل سوم: امر بالمعروف ونہی عن المنکر کے سلسلے میں مکالمات رسول ﷺ

سے استفادہ کی عصری صورتیں

فصل اول:

مسلم معاشرہ میں تبلیغ دین کے لیے مکالمات رسول ﷺ سے استفادہ کی عصری صورتیں

جہاں مسلمان حکومت کے تحت لوگ آرام وسکون سے اسلام کے احکام وتعلیمات کے مطابق زندگی گزار رہے ہوں اس ماحول کو ''مسلم معاشرہ'' کہتے ہیں۔ مسلم اور غیر مسلم معاشرے میں دعوت وتبلیغ کے اصول وضوابط قدرے مختلف ہیں۔ غیر مسلم معاشرے میں چونکہ ابھی تک کفر موجود ہے وہاں تو ابھی ایمان کا بیج بونے کی ضرورت ہے، جب کہ مسلم معاشرے میں ایمان واسلام کا نہ صرف بیج بلکہ یہاں تک اس کے ننھے منے پودے اور بڑے بڑے درخت اپنی اصلی حالت میں موجود ہیں، بس اس کی کانٹ چھانٹ اور اصلاح کی ضرورت ہے، اس اصلاح کے بعد ہی یہ طاقتور اور ثمر آور ہو سکتے ہیں، ذیل میں ہم مکالمات رسول ﷺ کی روشنی میں مسلم معاشرے میں تبلیغ دین کی عملی صورتیں عصر حاضر کے تناظر میں پیش کر رہے ہیں۔

حسنِ اسلام کی تلاش

آج ہمارے مسلمان معاشرے اور مسلمان افراد میں جس چیز کی سب سے زیادہ کمی ہے وہ اسلام کی خوبصورتی اور حسن ہے، گو اپنی ذات کے لحاظ سے اسلام انتہائی خوبصورت دین ہے لیکن اس کے ماننے والے نے اس کے حسن کو دھندلا کر رکھ دیا ہے، ہماری عملی کمزوریوں کا نقصان براہِ راست اسلام کی تعلیم وتربیت اور نظریات پر پڑ رہا ہے، آج مسلمان کے ہی برے اور بے اعتدالی پر مبنی اعمال کی وجہ سے غیر مسلم اسلام کو دہشت گردی کی علامت سمجھتے ہیں۔ مسلمان پر فقط مسلمان ہونے کے ناطے اعتبار ختم ہو چکا ہے، حالانکہ اسلام تو اپنے ماننے والوں کو پیار، محبت، چاہت، امانت داری، سچائی اور دوسروں کی خیر خواہی سیکھاتا ہے۔ تو آج ضرورت ہے کہ پوری دنیا کے مسلمان اسلام کے حسن کو تلاش کریں اور اپنی ذات کے اندر یہ حسن پیدا کرنے کی کوشش کریں۔ ذیل میں ہم مکالمات میں رسول ﷺ میں سے چند اہم مکالمات درج کر رہے ہیں جن پر عمل کرنا عصر حاضر میں معلمین ومبلغین کے لیے ضروری اور لازم ہے اور ان پر عمل سے ہی مسلمانوں کا کھویا ہوا وقار بحال ہو سکتا ہے۔

✱......حضرت ابو موسیٰ اشعری رضی اللہ عنہ بارگاہِ نبوت میں حاضر ہوئے فرماتے ہیں لوگوں نے پوچھا:

یا رسول اللہ، ای الإسلام افضل؟ قال: من سلم المسلمون من لسانہ ویدہ۔ [1]

''یا رسول اللہ! کون سا اسلام افضل ہے؟ تو نبی کریم صلی اللہ علیہ وسلم نے فرمایا وہ جس کے ماننے والے مسلمانوں کی زبان اور ہاتھ سے سارے مسلمان سلامتی میں رہیں''۔

حضور نبی کریم ﷺ نے اپنے ارشادِ گرامی کے ذریعے اس امر کی طرف اشارہ فرما رہے ہیں کہ مسلمان کے لیے ضروری ہے کہ وہ اپنے اندر بقائے باہمی، محبت ورواداری، تحمل وبرداشت اور بین المذاہب رواداری کی صفات پیدا کرے اور وہ معاشرے کے لیے امن وسکون کی علامت ہے۔

✱...... حضرت عبداللہ بن عمر رضی اللہ عنہما بیان کرتے ہیں کہ ایک شخص نے حضور نبی کریم ﷺ کی بارگاہ میں حاضر ہو کر عرض کیا:

أی الاسلام خیر؟

''کون سا اسلام بہتر ہے؟''۔

آپ ﷺ نے ارشاد فرمایا:

تطعم الطعام وتقرأ السلام علی من عرفت ومن لم تعرف۔ [2]

''(بہترین اسلام یہ ہے کہ) تم (دوسروں کو) کھانا کھلاؤ اور (ہر ایک کو) سلام کرو، خواہ تم اسے جانتے ہو یا نہیں جانتے''۔

اس حدیث سے معلوم ہو رہا ہے کہ مسلمان دوسروں کا معاشی استحصال کرنے والا نہیں ہوتا، بلکہ حسن اسلام تو یہ ہے کہ بقدر استطاعت لوگوں کے لیے رزق کے دروازے کھولے جائیں اور مخلوق خدا کی خدمت کر کے اپنے اندر خوشی محسوس کی جائے اور راہ چلتے ہر کسی کو سلام کیا جائے جس کی حکمت یہ ہے کہ کہیں راہ چلتے ہوئے کوئی آپ کو اجنبی محسوس کر کے پریشانی میں مبتلا نہ ہو جب آپ اسے سلام کر دو گے تو وہ آپ سے اپنائیت محسوس کرے گا اور بے خوف ہو جائے گا کہ یہ بھی میرا ہی مسلمان بھائی ہے۔

✱...... ابوشریح رضی اللہ عنہ سے روایت ہے کہ حضور نبی کریم صلی اللہ علیہ وسلم نے ارشاد فرمایا:

واللہ لا یؤمن واللہ لا یؤمن واللہ لا یؤمن۔

''اللہ کی قسم! وہ ایمان والا نہیں۔ اللہ کی قسم! وہ ایمان والا نہیں۔ اللہ کی قسم! وہ ایمان والا

---

[1] بخاری، محمد بن اسماعیل، الجامع الصحیح، کتاب الایمان، باب من سلم المسلمون من لسانہ ویدہ، رقم الحدیث: ۱۱

[2] قشیری، مسلم بن حجاج، الجامع الصحیح، کتاب الایمان، باب تفاضل الاسلام، رقم الحدیث: ۳۹

نہیں''۔

قیل: ومن یا رسول اللہ؟

''عرض کیا گیا کون: یا رسول اللہ؟''۔

قال: الذی لا یامن جارہ بوائقہ۔ ①

''فرمایا: وہ جس کے شر سے اس کا پڑوسی محفوظ نہ ہو''۔

* ...... حدیث جبرئیل میں اسلام کا ایک درجہ ''احسان'' بیان کیا گیا ہے، جس کا معنی ہے حسن، خوبصورتی، خیروخوبی، نیکی، اچھائی اور خوبصورتی، یعنی اسلام میں درجہ احسان یہ ہے کہ ہر کسی کے ساتھ خوبصورتی، خیرو بھلائی اور بھلائی کے ساتھ پیش آیا جائے، ارشادِ باری تعالیٰ ہے:

اِنَّ اللّٰهَ يَأْمُرُ بِالْعَدْلِ وَالْاِحْسَانِ۔ ②

''بے شک اللہ (ہر ایک کے ساتھ) عدل اور احسان کا حکم فرماتا ہے''۔

اور جو لوگ صاحبانِ احسان بن جائیں، ان کے متعلق آخرت میں اللہ تعالیٰ اور ان کے درمیان ایک مکالمہ حضور نبی کریم ﷺ نے بیان فرمایا ہے، جس کی تفصیل درج ذیل ہے:

حضرت انس رضی اللہ عنہ بیان کرتے ہیں کہ نبی کریم ﷺ نے ارشاد فرمایا:

اذا جمع اللہ الاولین والآخرین ینادی مناد فی صعید واحد من بطنان العرش أین المحسنون؟

''اللہ تعالیٰ جب اولین وآخرین کے لوگوں کو جمع فرمائے گا تو ایک پکارنے والا عرش کے پایوں تلے ایک میدان میں صدا دے گا: کہاں ہیں صاحبانِ احسان؟''۔

وہ کہیں گے:

نحن المحسنون۔

''ہم صاحبانِ احسان ہیں''۔

تو اللہ تعالیٰ ارشاد فرمائے گا:

---

① بخاری، محمد بن اسماعیل، الجامع الصحیح، کتاب الادب، باب اثم من لا یامن جارہ بوائقہ، رقم الحدیث: ۶۰۱۶

② النحل، ۱۶: ۹۰

صدقتم، قلت لنبي: ما على المحسنين من سبيل [1] ما عليكم من سبيل أدخلوا الجنة برحمتي۔

''تم نے سچ کہا، میں نے اپنے نبی سے فرمایا تھا: صاحبان احسان پر الزام کی کوئی راہ نہیں، لہٰذا تم پر بھی (طعنہ زنی کی) کوئی راہ نہیں، میری رحمت کے ساتھ سیدھے جنت میں داخل ہو جاؤ''۔

پھر حضور نبی کریم ﷺ نے تبسم فرمایا اور ارشاد فرمایا:

لقد نجاهم الله من اهوال بوائق القيامة۔ [2]

''یقیناً اللہ تعالیٰ انہیں قیامت کے احوال اور سختیوں سے نجات دے دے گا''۔

یہ وہ حسن اور خوبصورتی ہے جس کی عصر حاضر میں اہل اسلام کو ضرورت ہے، مبلغین اسلام اگر اپنی شب و روز کی تبلیغ میں ان مکالمات رسول ﷺ کو موضوع سخن بنائیں اور ان کے مطابق مسلمان عوام کی تربیت کریں تو یقیناً اس سے ایک آئیڈیل مسلمان معاشرہ وجود میں آئے گا اور مسلمانوں کی اصلاح سے اسلام کا نام روشن اور بلند ہو گا اور اس سے عالم کفر کو اسلام کے دامن میں پناہ لینے کے سلسلے میں آسانی میسر آئے گی۔

اہل اسلام کے لیے آسانیاں پیدا کرنا

مسلم معاشرہ چونکہ اسلام کے عملی نظام کی جولانگاہ ہوتا ہے اور اسی کے زیر اثر اسلامی نظام حیات کو آگے ترویج ہوتی ہے تو ایسے معاشرے میں موجود لوگوں کو ذوق و شوق کے ساتھ اسلام پر عمل کروانے کے لیے از بس ضروری ہے کہ احکامات اسلام ان کے سامنے آسان انداز میں اس طرح رکھے جائیں کہ وہ انہیں اپنے دل کی آواز محسوس کریں اور آسانی کے ساتھ ان پر عمل کر سکیں، بلکہ ان پر عمل کو اپنا سرمایہ حیات اور اپنے لیے باعث افتخار سمجھیں، حضرت معاذ بن جبل رضی اللہ عنہ اور حضرت ابو موسیٰ اشعری رضی اللہ عنہ کو جب نبی کریم ﷺ نے یمن کی طرف گورنر اور مبلغ بنا کر بھیجا تو ان کے ساتھ آپ کا جو مکالمہ ہوا اس میں اس حوالے سے قابل توجہ الفاظ یہ تھے:

بشرا ولا تعسرا وبشرا ولا تنفرا وتطاوعا ولا تختلفا۔ [3]

''آسانی پیدا کرنا، دشواری پیدا نہ کرنا، لوگوں کو بشارت دینا، انہیں وحشت زدہ نہ کرنا، باہم

---

[1] التوبة، ۹: ۹۱

[2] ابو نعیم، احمد بن عبداللہ بن احمد بن اسحاق، کتاب الاربعین، دار ابن حزم بیروت لبنان، ۱۴۱۴ھ، ص: ۱۰۰، رقم الحدیث: ۵۱

[3] قشیری، مسلم بن حجاج، الجامع الصحیح، کتاب الجہاد، باب فی الامر بالتیسیر، رقم الحدیث: ۴۵۲۶

اتفاق رکھنا اور اختلاف نہ کرنا''۔

بہت لمبی لمبی تقریریں بغیر حکمت کے بڑے بڑے احکام اور بے رخی کے ساتھ دینی گفتگو لوگوں کو دین سے قریب کرنے کی بجائے دور کر دیتی ہے اور اس سے محبتوں کی بجائے نفرتیں پیدا ہوتی ہیں، یہی بات اس حدیث پاک میں حضور ﷺ نے بیان فرمائی ہے، اور احکام کو آسان کرنے سے یہ ہرگز مراد نہیں کہ ان میں سے کچھ کو چھوڑ دیا جائے، بلکہ مراد یہ ہے کہ بیان کو احکام مکمل کیے جائیں کہ انداز اور اسلوب اتنا پیارا ہو کہ مشکل احکام بھی آسان محسوس ہوں۔

فتنہ تکفیر کی مذمت

عصر حاضر میں مسلم معاشروں میں فتنہ تکفیر نے اپنی جڑیں بہت مضبوط کر لی ہیں، محض نظریاتی فروعی اور تنظیمی اختلاف کی بنیاد پر دوسرے مسلمانوں کو کافر قرار دے دینا اور پھر ان کے ساتھ کافروں کا سا سلوک کرنا یہ عصر حاضر کا ایسا خطرناک اور خوفناک رویہ ہے کہ جس نے پوری دنیا میں اسلام کو بدنام کر کے رکھ دیا ہے اور اسی وجہ سے آج عالمی سطح پر اسلام کو عزت کی نگاہ سے نہیں دیکھا جا رہا، حالانکہ اسلام لانے کے بعد کسی کو کافر قرار دینا بہت چھوٹی بات نہیں بلکہ یہ بہت بڑا جرم ہے، جب تک کوئی آدمی اصول دین پر متفق ہے اور اسلام کے بنیادی عقائد واعمال پر عمل پیرا ہے اور ان میں سے کسی کا انکار نہیں کرتا تو محض عمل کی کمزوری کی وجہ سے ہم کسی کو کافر نہیں کہہ سکتے، حضور نبی کریم ﷺ کے مکالمات میں اس فتنے کی سرکوبی کے متعلق بھی ہمیں بہت سی تعلیمات نظر آتی ہیں، چند مکالمات ملاحظہ فرمائیں:

* ......حضرت اسامہ بن زید رضی اللہ عنہ بیان کرتے ہیں:

بعثنا رسول الله صلى الله عليه وسلم إلي الحرقة من جهينة، قال: فصبحنا القوم فهزمناهم، قال: ولحقت انا ورجل من الانصار رجلا منهم، قال: فلما غشيناه، قال: لا إله إلا الله، قال: فكف عنه الانصارى، فطعنته برمحي حتى قتلته، قال: فلما قدمنا، بلغ ذلك النبى صلى الله عليه وسلم، قال: فقال لى:

ہمیں رسول اللہ صلی اللہ علیہ وسلم نے قبیلہ جہینہ کی ایک شاخ کی طرف (مہم پر) بھیجا۔ بیان کیا کہ پھر ہم نے ان لوگوں کو صبح کے وقت جا لیا اور انہیں شکست دے دی۔ راوی نے بیان کیا کہ میں اور قبیلہ انصار کے ایک صاحب قبیلہ جہینہ کے ایک شخص تک پہنچے اور جب ہم نے اسے گھیر لیا تو اس نے کہا لا إله إلا الله انصاری صحابی نے تو (یہ سنتے ہی) ہاتھ روک لیا لیکن میں نے اپنے نیزے سے اسے قتل کر دیا۔ راوی نے بیان کیا کہ جب ہم واپس آئے تو اس واقعہ کی خبر نبی کریم صلی اللہ علیہ وسلم کو ملی۔ بیان کیا کہ پھر نبی کریم صلی اللہ علیہ وسلم نے

مجھ سے فرمایا:

یا اسامة، اقتلته بعد ما قال: لا إله إلا الله؟

''اسامہ! کیا تم نے کلمہ لا إله إلا الله کا اقرار کرنے کے بعد اسے قتل کر ڈالا''۔

میں نے عرض کیا:

یا رسول الله، إنما كان متعوذا۔

''یا رسول اللہ! اس نے صرف جان بچانے کے لیے اس کا اقرار کیا تھا''۔

نبی کریم صلی اللہ علیہ وسلم نے پھر فرمایا:

اقتلته بعد ما قال: لا إله إلا الله؟

''تم نے اسے لا إله إلا الله کا اقرار کرنے کے بعد قتل کر ڈالا''۔

فما زال يكررها علی، حتی تمنيت انی لم اكن اسلمت قبل ذلك اليوم۔ ①

''نبی کریم ﷺ اس جملہ کو اتنی دفعہ دہراتے رہے کہ میرے دل میں یہ خواہش پیدا ہو گئی کہ کاش میں اس سے پہلے مسلمان نہ ہوا ہوتا''۔

ایک روایت میں یہ اضافہ ہے:

حضرت اسامہ رضی اللہ عنہ کہتے ہیں کہ میں نے عرض کیا:

یا رسول الله استغفر لی۔

''اے اللہ کے رسول! میرے لیے استغفار کیجیے''۔

تو رسول اللہ ﷺ نے ارشاد فرمایا:

كيف تصنع بلا اله الا الله اذا جاءت يوم القيامة۔

''جب روزِ قیامت کے لا الہ الا اللہ کا کلمہ آئے گا تو تم اس کا کیا جواب دو گے؟''۔

آپ بار بار یہی کلمات دہراتے رہے کہ جب قیامت کے دن لا الہ الا اللہ کا کلمہ آئے گا تو تم اس کا کیا جواب دو گے''۔ ②

*...... حضرت مقداد بن اسود رضی اللہ عنہ بیان کرتے ہیں کہ میں نے نبی کریم ﷺ کی بارگاہ میں عرض کیا:

---

① بخاری، محمد بن اسماعیل، الجامع الصحیح، کتاب المغازی، باب بعث النبی ﷺ اسامة بن زید الی الحرقات من جهينة، رقم الحدیث: ۴۰۲۱

② قشیری، مسلم بن حجاج، الجامع الصحیح، کتاب الایمان، باب تحریم قتل الکافر بعد ان قال لا الہ الا اللہ، رقم الحدیث: ۹۷

ارايت إن لقيت رجلا من الكفار فاقتتلنا . فضرب إحدي يدى بالسيف فقطعها،ثم لاذ مني بشجرة فقال: اسلمت لله ااقتله يا رسول الله بعد ان قالها؟

''اگر کسی موقع پر میری کسی کافر سے ٹکر ہو جائے اور ہم دونوں ایک دوسرے کو قتل کرنے کی کوشش میں لگ جائیں اور وہ میرے ایک ہاتھ پر تلوار مار کر اسے کاٹ ڈالے، پھر وہ مجھ سے بھاگ کر ایک درخت کی پناہ لے کر کہنے لگے "میں اللہ پر ایمان لے آیا۔" تو کیا یا رسول اللہ! اس کے اس اقرار کے بعد پھر بھی میں اسے قتل کر دوں''؟۔

فقال رسول الله صلى الله عليه وسلم: لا تقتله۔

''تو نبی کریم صلی اللہ علیہ وسلم نے فرمایا کہ پھر تم اسے قتل نہ کرنا''۔

فقال: يا رسول الله إنه قطع إحدي يدى، ثم قال ذلك بعد ما قطعها۔

'' انہوں نے عرض کیا یا رسول اللہ! وہ پہلے میرا ایک ہاتھ بھی کاٹ چکا ہے؟ اور یہ اقرار میرے ہاتھ کاٹنے کے بعد کیا ہے؟''۔

فقال رسول الله صلى الله عليه وسلم: لا تقتله فإن قتلته فإنه بمنزلتك قبل ان تقتله وإنك بمنزلته قبل ان يقول كلمته التي قال۔[1]

''تو آپ صلی اللہ علیہ وسلم نے پھر بھی یہی فرمایا کہ اسے قتل نہ کرنا، کیونکہ اگر تو نے اسے قتل کر ڈالا تو اسے قتل کرنے سے پہلے جو تمہارا مقام تھا اب اس کا وہ مقام ہوگا اور تمہارا مقام وہ ہوگا جو اس کا مقام اس وقت تھا جب اس نے اس کلمہ کا اقرار نہیں کیا تھا''۔

ان کلمات کی روشنی میں اگر ہم اپنے معاشرے کا تجزیہ کریں تو معاملہ اس کے بالکل برعکس ہے، اس لیے ضرورت اس امر کی ہے کہ ان تعلیمات کو عام کیا جائے اور اہل اسلام کی عزت وقدر کا پورا لحاظ رکھا جائے تا کہ اسلام کا حلقہ سکڑنے کی بجائے وسیع ہو۔

مبادیات کی اہتمام کے ساتھ تعلیم

اسلامی معاشرے میں اس بات کی بھی اشد ضرورت ہے کہ اس کے مکینوں کی تعلیم وتربیت کا خصوصیت کے ساتھ اہتمام کیا جائے، تا کہ کوئی بھی آدمی بغیر علم کے یہاں موجود نہ رہے، کیونکہ اسلام میں علم کو خاص اہمیت حاصل ہے،

---

[1] بخاری، الجامع الصحیح، کتاب المغازی، باب شهود الملائكة بدرا، رقم الحدیث: ۴۰۱۹

حدیث جبریل کے نام سے حضرت جبریل علیہ السلام کے ساتھ نبی کریم ﷺ کا مکالمہ اس سلسلے میں خصوصی اہمیت کا حامل ہے۔

حضرت سیدنا عمر فاروق رضی اللہ عنہ بیان کرتے ہیں:

بينما نحن عند رسول الله صلى الله عليه وسلم ذات يوم، إذ طلع علينا رجل شديد، بياض الثياب، شديد، سواد الشعر، لا يري عليه اثر السفر، ولا يعرفه منا احد، حتى جلس إلي النبي صلى الله عليه وسلم، فاسند ركبتيه إلي ركبتيه، ووضع كفيه على فخذيه، وقال: يا محمد، اخبرني عن الإسلام۔

''ایک روز ہم رسول اللہ صلی اللہ علیہ وسلم کے پاس بیٹھے تھے۔ اتنے میں ایک شخص آن پہنچا جس کے کپڑے نہایت سفید تھے اور بال نہایت کالے تھے۔ یہ نہ معلوم ہوتا تھا کہ وہ سفر سے آیا ہے اور کوئی ہم میں سے اس کو پہچانتا نہ تھا، وہ بیٹھ گیا نبی صلی اللہ علیہ وسلم کے پاس آ کر اور اپنے گھٹنے نبی صلی اللہ علیہ وسلم کے گھٹنوں سے ملا دیئے اور دونوں ہاتھ اپنی رانوں پر رکھے (جیسے شاگرد استاد کے سامنے بیٹھتا ہے) پھر بولا: اے محمد (صلی اللہ علیہ وسلم)! بتایئے مجھ کو اسلام کیا ہے؟''۔

فقال رسول الله صلى الله عليه وسلم: الإسلام ان تشهد ان لا إله إلا الله، وان محمدا رسول الله صلى الله عليه وسلم، وتقيم الصلاة، وتؤتى الزكاة، وتصوم رمضان، وتحج البيت إن استطعت إليه سبيلا۔

''رسول اللہ صلی اللہ علیہ وسلم نے فرمایا: اسلام یہ ہے کہ تو گواہی دے (یعنی زبان سے کہے اور دل سے یقین کرے) اس بات کی کہ کوئی معبود سچا نہیں سوا اللہ کے اور محمد (صلی اللہ علیہ وسلم) اس کے بھیجے ہوئے ہیں اور قائم کرے نماز کو اور ادا کرے زکوٰۃ کو اور روزے رکھے رمضان کے اور حج کرے خانہ کعبہ کا اگر تجھ سے ہو سکے۔ (یعنی راہ خرچ ہو اور راستے میں خوف نہ ہو)''۔

قال: صدقت۔

''اس نے کہا: آپ نے سچ کہا''۔

قال: فعجبنا له يساله، ويصدقه۔

''ہم کو تعجب ہوا کہ آپ ہی پوچھتا ہے پھر آپ ہی کہتا ہے کہ سچ کہا (حالانکہ پوچھنے والا لاعلم ہے اور سچ کہنے والا وہ ہوتا ہے جس کو علم ہو تو یہ دونوں کام ایک شخص کیوں کرے گا)''۔

قال: فاخبرنی عن الإیمان۔

''پھر وہ شخص بولا: مجھ کو بتایئے ایمان کیا ہے؟''۔

قال: ان تؤمن باللہ، وملائکتہ، وکتبہ، ورسلہ، والیوم الآخر، وتؤمن بالقدر خیرہ وشرہ۔

''آپ صلی اللہ علیہ وسلم نے فرمایا: ایمان یہ ہے کہ تو یقین کرے (دل سے) اللہ پر، فرشتوں پر (کہ وہ اللہ تعالیٰ کے پاک بندے ہیں اور اس کا حکم بجا لاتے ہیں اللہ تعالیٰ نے ان کو بڑی طاقت دی ہے) اور اس کے پیغمبروں پر (جن کو اس نے بھیجا خلق کو راہ بتلانے کے لئے) اور پچھلے دن پر (یعنی قیامت کے دن پر جس روز حساب کتاب ہو گا اور اچھے اور برے اعمال کی جانچ پڑتال ہو گی) اور یقین کرے تو تقدیر پر کہ برا اور اچھا سب اللہ پاک کی طرف سے ہے۔ (یعنی سب کا خالق وہی ہے)''۔

قال: صدقت۔

''وہ شخص بولا: سچ کہا آپ نے''۔

قال: فاخبرنی عن الإحسان۔

''پھر اس شخص نے پوچھا: مجھ کو بتایئے احسان کیا ہے؟''۔

قال: ان تعبد اللہ کانك تراہ، فإن لم تکن تراہ فإنہ یراك۔

''آپ صلی اللہ علیہ وسلم نے فرمایا: احسان یہ ہے کہ تو اللہ کی عبادت کرے اس طرح دل لگا کر جیسے تو دیکھ رہا ہے۔ اگر اتنا نہ ہو تو یہی سہی کہ وہ تجھ کو دیکھ رہا ہے''۔

قال: فاخبرنی عن الساعة۔

''پھر وہ شخص بولا: بتایئے مجھ کو قیامت کب ہو گی؟''۔

قال: ما المسئول عنها باعلم من السائل۔

''آپ صلی اللہ علیہ وسلم نے فرمایا: اس کو جس سے پوچھتے ہو وہ خود پوچھنے والے سے زیادہ نہیں جانتا''۔

قال: فاخبرنی عن امارتها۔

''وہ شخص بولا تو مجھے اس کی نشانیاں بتلائیے؟''۔

قال: ان تلد الامة ربتها، وان تري الحفاة العراة العالة رعاء الشاء، يتطاولون فی البنيان۔

''آپ صلی اللہ علیہ وسلم نے فرمایا: "ایک نشانی یہ ہے کہ لونڈی اپنی مالکہ کو جنے گی۔ دوسری نشانی یہ ہے کہ تو دیکھے گا ننگوں کو جن کے پاؤں میں جوتا نہ تھا، تن پہ کپڑا نہ تھا، کنگال بڑی بڑی عمارتیں ٹھونک رہے ہیں''۔

قال: ثم انطلق فلبثت مليا، ثم قال لی:

''راوی نے کہا: پھر وہ شخص چلا گیا۔ میں بڑی دیر تک ٹھہرا رہا۔ اس کے بعد آپ صلی اللہ علیہ وسلم نے مجھ سے فرمایا''۔

یا عمر اتدری من السائل؟ قلت: اللہ ورسولہ اعلم۔

''اے عمر! تو جانتا ہے یہ پوچھنے والا کون تھا؟" میں نے کہا: اللہ اور اس کا رسول خوب جانتا ہے''۔

قال: فإنه جبريل، اتاكم يعلمكم دينكم۔ ①

آپ صلی اللہ علیہ وسلم نے فرمایا: وہ جبرئیل علیہ السلام تھے تم کو تمھارا دین سکھانے آئے تھے''۔

تعلیم وتعلم کے لیے سوالیہ انداز زیادہ فائدہ مند ثابت ہوتا ہے اگر اس طرح سوال وجواب کے انداز میں دینی احکام ومسائل کی تعلیم کا باقاعدہ انتظام وانصرام کیا جائے تو کافی حد تک ہمارے مسلم معاشرے سے بے علمی اور جاہلیت ختم ہوجاسکتی ہے۔

دنیا پرستی کی مذمت، اللہ تعالیٰ سے تعلق اور آخرت کی فکر

مادیت پرستی کے اس دور میں ہمارا موجودہ مسلم معاشرہ بھی مغرب کی دیکھا دیکھی اس رو میں بہہ گیا ہے، مال ودولت وعہدہ منصب کی لالچ نے ہماری مسلمان قوم کو اپنے مقصد حیات سے غافل کر دیا ہے، مسلم اور غیر مسلم معاشرے

---

① قشیری، مسلم بن حجاج، الجامع الصحیح، کتاب الایمان، باب الایمان والاسلام والاحسان، رقم الحدیث: ۹۳

کے افراد میں اس ہوس وحرص کی یکسانیت اس قدر ہے اس میدان میں دونوں کی تفریق مشکل نظر آتی ہے تو ان حالات میں اس بات کی سخت ضرورت ہے کہ اخلاق وکردار کی اصلاح اور زہد وتقویٰ کے متعلق حضور نبی کریم ﷺ کے صحابہ کرام ﷺ کے ساتھ جو مکالمات ہوئے ہیں انہیں وعظ وتبلیغ اور تحریر وتقریر کی زبان میں عام کیا جائے تا کہ دنیا سے بے رغبتی اللہ تعالیٰ سے تعلق اور آخرت کی تیاری کے متعلق ہماری عوام کی ذہن سازی ہو، ذیل میں اس کے متعلق مکالمات رسول ﷺ میں سے چند ادبی اور روحانی شہہ پارے ملاحظہ فرمائیں۔

* ......حضرت ابوذر رضی اللہ عنہ بیان کرتے ہیں کہ رسول اللہ ﷺ نے ارشاد فرمایا:

إنی لاعرف كلمة. لواخذالناس كلهم بهالكفتهم۔

میں ایک ایسا کلمہ جانتا ہوں، اگر تمام لوگ اس کو اختیار کرلیں تو وہ ان کے لیے کافی ہے"۔

صحابہ کرام رضی اللہ عنہم نے عرض کیا:

يا رسول الله. اية آية؟

اللہ کے رسول! کون سی آیت ہے؟

تو نبی کریم ﷺ نے فرمایا وہ یہ آیت ہے:

﴿ومن يتق الله يجعل له مخرجا﴾۔ ①

"اور جو اللہ سے ڈرے گا وہ اس کے لیے نجات کا راستہ نکال دے گا"۔

* ......حضرت سفیان بن عبداللہ ثقفی رضی اللہ عنہ بیان کرتے ہیں کہ میں نے نبی کریم ﷺ کی بارگاہ میں عرض کیا:

يا رسول الله، قل لی فی الإسلام قولا لا اسال عنه احدا بعدك۔

"یا رسول اللہ! جھے اسلام میں ایک ایسی بات بتا دیجئے کہ پھر میں اس کو آپ کے بعد کسی سے نہ پوچھوں"۔

تو آپ صلی اللہ علیہ وسلم نے فرمایا:

قال: قل آمنت بالله فاستقم۔ ②

کہہ میں اللہ پر ایمان لایا پھر اس پر جما رہ"۔

* ......حضرت عبداللہ بن بسر رضی اللہ عنہ بیان کرتے ہیں کہ میں نے نبی ﷺ کی بارگاہ میں عرض کیا:

---

① ابن ماجہ، ابوعبداللہ محمد بن یزید، السنن کتاب الزہد، باب الورع والتقویٰ، دار السلام، الریاض، سعودی عرب، ۱۴۲۸ھ، رقم الحدیث: ۴۲۲۰

② قشیری، مسلم بن حجاج، الجامع الصحیح، الجامع الصحیح، کتاب الایمان، باب جامع اوصاف الاسلام، رقم الحدیث: ۶۲

يا رسول الله، إن شرائع الإسلام قد كثرت علي، فاخبرني بشيء اتشبث به۔

’’اللہ کے رسول! اسلام کے احکام و قوانین تو میرے لیے بہت ہیں، کچھ تھوڑی سی چیزیں مجھے بتا دیجیے جن پر میں (مضبوطی) سے جما رہوں‘‘۔

تو آپ ﷺ نے فرمایا:

لا يزال لسانك رطبا من ذكر الله۔ ①

’’تمہاری زبان ہر وقت اللہ کی یاد اور ذکر سے تر رہے‘‘۔

* ...... حضرت عمر فاروق رضی اللہ عنہ بیان کرتے ہیں کہ حضور نبی کریم ﷺ نے ارشاد فرمایا:

إن من عباد الله لاناسا ما هم بانبياء، ولا شهداء يغبطهم الانبياء، والشهداء يوم القيامة بمكانهم من الله تعالي۔

’’اللہ کے بندوں میں سے کچھ لوگ ایسے بھی ہوں گے جو انبیاء و شہداء تو نہیں ہوں گے لیکن قیامت کے دن اللہ تعالیٰ کی جانب سے جو مرتبہ انہیں ملے گا اس پر انبیاء اور شہداء رشک کریں گے‘‘۔

صحابہ رضی اللہ عنہم نے عرض کیا:

يا رسول الله، تخبرنا من هم؟

’’اللہ کے رسول! آپ ہمیں بتائیں وہ کون لوگ ہوں گے؟‘‘۔

تو آپ ﷺ نے فرمایا:

هم قوم تحابوا بروح الله على غير ارحام بينهم، ولا اموال يتعاطونها، فوالله إن وجوههم لنور، وإنهم على نور، لا يخافون إذا خاف الناس ولا يحزنون إذا حزن الناس، وقرا هذه الآية: ﴿الا إن اولياء الله لا خوف عليهم ولا هم يحزنون﴾۔ ②

’’وہ ایسے لوگ ہوں گے جن میں آپس میں خونی رشتہ تو نہ ہو گا اور نہ مالی لین دین اور کاروبار ہو گا لیکن وہ اللہ کی ذات کی خاطر ایک دوسرے سے محبت رکھتے ہوں گے، قسم اللہ کی، ان کے چہرے (مجسم) نور ہوں گے، وہ خود پرنور ہوں گے انہیں کوئی ڈر نہ ہو گا جب

① ترمذی، ابوعیسیٰ، محمد بن عیسیٰ، الجامع السنن، ابواب الدعوات، باب ما جاء فی فضل الذکر، رقم الحدیث: ۳۳۷۵

② سجستانی، ابو داود، سلیمان بن اشعث، السنن، کتاب الاجارۃ، باب فی الرہن، رقم الحدیث: ۳۵۲۷

کہ لوگ ڈر رہے ہوں گے، انہیں کوئی رنج وغم نہ ہو گا جب کہ لوگ رنجیدہ وغمگین ہوں گے اور آپ صلی اللہ علیہ وسلم نے یہ آیت تلاوت فرمائی: ''یاد رکھو اللہ کے دوستوں پر نہ کوئی اندیشہ ہے اور نہ وہ غمگین ہوتے ہیں''۔

* ......حضرت عمر فاروق رضی اللہ عنہ بیان کرتے ہیں کہ میں حضور ﷺ کی بارگاہ میں حاضر ہوا، آپ اس وقت کھجور کے پٹھوں سے بنی ہوئی چٹائی پر لیٹے ہوئے تھے، جس کے کھردرے پن کی وجہ سے آپ کے جسم اقدس پر نشان پڑ گئے تھے، یہ حالت دیکھ کر میں نے عرض کیا:

یا رسول اللہ ﷺ! روم اور فارس والے خدا پرست بھی نہیں، لیکن پھر بھی مزے لوٹ رہے ہیں اور آپ؟

یہ سن کر آپ ﷺ نے فرمایا:

یا ابن الخطاب ألا ترضي ان تکون لنا الآخرة ولهم الدنیا۔[1]

''اے خطاب کے بیٹے! کیا تم اس بات پر راضی نہیں ہو سکتے کہ ان کے لیے صرف دنیا کا مال ہو اور ہمارے لیے آخرت بھی ہو''۔

نبی کریم ﷺ کے مکالمات میں وہ سنہری ابواب ہیں جن پر غور وفکر عصر حاضر میں ہمیں دنیا سے بے نیاز کر کے ہمارا تعلق خدا تعالیٰ سے جوڑ سکتے ہیں، بشرطیکہ ہم انہیں سنیں، ان کا مطالعہ کریں اور ان میں غور وفکر کریں۔

مسلم معاشرہ میں مکالمات رسول ﷺ سے استفادہ کی صورتوں کا خلاصہ

عصر حاضر میں مسلمان معاشرے کو صحیح اسلامی راستے پر چلانے کے لیے اس کے متعلقہ مکالمات رسول ﷺ کو تبلیغ وتحریر کا موضوع بنایا جائے۔

* ......خوبصورت انداز میں ان کی تشریح وتوضیح عوام الناس کے سامنے پیش کی جائے۔
* ......اسلامیات کے نصاب میں انہیں لازمی طور پر شامل کیا جائے۔
* ......سوشل اور پرنٹ والیکٹرانک میڈیا پر اس کی اچھے طریقے سے تشہیر کی جائے۔
* ......باعمل افراد کی حوصلہ افزائی اور بے عمل افراد کی حوصلہ شکنی کی جائے۔

---

[1] قشیری، مسلم بن حجاج، الجامع الصحیح، کتاب الطلاق، باب فی الایلاء، رقم الحدیث: ۳۶۹۲

فصل دوم:

غیر مسلم معاشرہ میں تبلیغ دین کے سلسلے میں مکالمات رسول ﷺ سے استفادہ کی عصری صورتیں

اسلام دین عالم کامل واکمل اور جامعیت میں اپنی مثال آپ ہے، یہ ہر قوم اور ہر معاشرے کی اولین ضرورت ہے، مسلم معاشرے میں بھی اس کے ابلاغ وتبلیغ کی ضرورت ہے اور غیر مسلم معاشرے میں بھی اس کی تفہیم وتبلیغ اہل اسلام پر بقدر وسعت واستطاعت لازم ہے۔

چونکہ حضور نبی کریم ﷺ آخری نبی ہیں، آپ کے بعد کسی نئے نبی کے آنے کی نہ گنجائش ہے اور نہ ہی امکان ہے اس لیے اب قیامت تک جتنی بھی اقوام اور معاشرے وجود میں آئیں گے ان تک اسلامی پیغام کو پہنچانا اہل اسلام کی ذمہ داری ہے، تمام مسلمان اپنے اپنے مقام پر اس کے مبلغ ہیں، اب سوال یہ ہے کہ کسی غیر مسلم معاشرے میں اسلام کا پیغام دینے کے لیے مکالمات رسول ﷺ سے استفادہ کیسے کیا جائے؟ اور عصر حاضر میں اس سے استفادہ کی کیا صورتیں ہیں؟ اس کے جواب کے لیے سطور ذیل میں مکالمات رسول ﷺ کی روشنی میں چند اہم باتیں درج کی جا رہی ہیں۔

تبلیغ کے لیے مختصر اور جامع الفاظ کا چناؤ

غیر مسلم معاشرہ میں چونکہ ہر بندہ مادیت اور خواہشات نفسانیہ کا پیروکار ہوتا ہے، چونکہ وہ دین کی مبادیات سے ہی آگاہ نہیں ہوتے اس لیے انہیں تبلیغ کے لیے اولاً ایسے مختصر اور جامع الفاظ کے استعمال کی ضرورت ہے جو قابل توجہ بھی ہوں، لوگوں کی سوچ کو اپنی طرف کھینچ لیں، بہت مختصر ہوں اور اتنے جامع ہوں کہ ان کے اندر سارے دین کی مبادیات کا خلاصہ آجائے، مکہ مکرمہ کے غیر مسلم معاشرہ میں جب حضور نبی کریم ﷺ نے تبلیغ دین کا کام شروع کیا تو وہ کوئی لمبی چوڑی تقریروں اور وعظوں پر مشتمل نہیں تھا، بلکہ اس طرح کے مختصر مگر جامع چھوٹے چھوٹے فقرے پر مشتمل تھا، اس کی چند مثالیں ملاحظہ فرمائیں:

*......تبلیغ دین کے سلسلے میں حضرت علی رضی اللہ عنہ کے ساتھ نبی کریم ﷺ کا جو مکالمہ ہوا اور جس کے نتیجے میں آپ نے اسلام قبول کیا اس کے آخری دعوتی الفاظ یہ تھے:

دين الذى اصطفاه لنفسه وبعث به رسله فادعوك الى الله وحده لا شريك له

والی عبادته والی الکفر باللات والعزی۔ ①

''یہ اللہ کا دین ہے جسے اس نے اپنے لیے پسند کیا ہے اور اس کی تبلیغ کے لیے رسول مبعوث کیے ہیں، پس میں تمہیں دعوت دیتا ہوں کہ اللہ وحدہ لاشریک پر ایمان لاؤ اور اس کی عبادت کرو اور لات وعزیٰ کے ساتھ کفر کرو''۔

*...... خاندانِ قریش کو جب اکٹھا کر کے نبی کریم ﷺ نے دعوت اسلامی دی، اس مکالمے کے آخری الفاظ یہ تھے:

یا بنی عبد المطلب ما اعلم شابا جاء قومه بافضل مما جئتکم به الی قد جئتکم بأمر الدنیا والآخرة۔ ②

''اللہ کی قسم! اے فرزندان عبدالمطلب! میں کسی ایسے نوجوان کو نہیں جانتا جو اس چیز سے بہتر اپنی قوم کے پاس لے کر آیا ہو جو میں لے کر آیا ہوں، میں تمہارے پاس دنیا وآخرت کی فوز وفلاح لے کر آیا ہوں''۔

*...... ہرقل قیصر روم کو نبی کریم ﷺ نے جو خط بھیجا اس میں یہ دعوتی الفاظ آب زر سے لکھنے کے قابل ہیں:

اسلم تسلم۔ ③

''تم اسلام لاؤ سلامت رہو گے''۔

عصر حاضر میں جن ممالک میں ابھی کفر کا نظام قائم ہے، وہاں بجائے دین اسلام کی تفصیلی تعلیمات کے اس طرح کے خوبصورت جملوں اور جامع الفاظ سے تبلیغ دین کا آغاز کیا جائے تو زیادہ فائدہ مند ثابت ہو گا۔

آفاقی سچائیوں سے تبلیغ کا آغاز

غیر مسلم معاشرے میں تبلیغ اسلام کے لیے اس بات کی بھی اشد ضرورت ہے کہ تبلیغ کا آغاز تفصیلی دینی دلائل ومسائل کی بجائے ایسی آفاقی سچائیوں سے کیا جائے جو عقلی ونقلی اعتبار سے تمام اقوام میں مسلم ہوں، مثلاً جھوٹ کا برا ہونا، قتل کا قابل مذمت ہونا، شرک سے بچنے کی تلقین، شراب وغیرہ برائیوں سے اجتناب، اس کا ابتدائی اور اہم فائدہ یہ ہو گا ان لوگوں کو اسلام کی کوئی نئی بات یا نیا نظام محسوس نہیں ہو گا، بلکہ وہ اسے اپنی فطرت کا ترجمان محسوس کریں گے، حضور نبی کریم ﷺ جب ابتداً کسی آدمی کو دعوت دیتے تو اسی طرح کی آفاقی سچائیوں سے اس کا آغاز فرمایا کرتے

① دحلان، احمد بن زینی، السیرة النبویة، ج:۱، ص: ۱۸۲

② حلبی، برہان الدین، السیرة الحلبیة، ج:۱، ص: ۲۷۲

③ بخاری، محمد بن اسماعیل، الجامع الصحیح، کتاب بدء الوحی، رقم الحدیث: ۷

تھے۔ مکی دور دعوت اسی طرح کی باتوں پر مشتمل ہے، یہی وجہ ہے کہ جب شاہ حبشہ نجاشی نے حضرت جعفر بن طیار رضی اللہ عنہ کو اپنے دربار میں طلب کر کے دین اسلام اور پیغمبر اسلام ﷺ کے متعلق دریافت کیا تو آپ نے حضور نبی کریم ﷺ کی دی ہوئی تعلیمات اس طرح اس کے سامنے رکھی:

''اے بادشاہ! ہم جاہل قوم تھے، بتوں کو پوجتے تھے، مردار کھاتے تھے، بدکاریاں کرتے تھے، رشتے ناطوں کو توڑتے تھے، پڑوسیوں سے برا سلوک کرتے تھے، ہم میں کا طاقتور کمزور وضعیف کو کھا جاتا تھا''۔ پس آپ نے ابتدا میں زمانہ جاہلیت کی ان برائیوں اور خامیوں کا ذکر کیا، جن کو عقل سلیم اور طبع مستقیم قبول نہیں کرسکتی تھی۔ زمانۂ جاہلیت کی برائیوں کا مختصر نقشہ کھینچنے کے بعد آپ نے فرمایا ''ہم اسی حالت پر تھے کہ اللہ تعالی نے ہماری طرف رسول کو بھیجا، جن کے حسب ونسب، سچائی، امانت اور پاکدامنی کے ہم سب قائل ومعترف ہیں''۔ چوں کہ عیسائی انبیاء کے اوصاف سے اچھی طرح واقف تھے، اس لئے نہایت خوش اسلوبی سے نبی اکرم صلی اللہ علیہ وسلم کی بعثت اور آپ کے پیغمبرانہ صفات کا ذکر کیا۔

پھر آپ ﷺ کی دعوت وتبلیغ، اسلام کے محاسن اور اعلیٰ اخلاق کی تعلیم کا ذکر کرتے ہوئے فرمایا ''پس آپ ﷺ نے ہم کو اللہ تعالی کی دعوت دی، تاکہ ہم اس کو یکتا جانیں اور اس کی عبادت کریں اور ان پتھروں سے تراشیدہ معبودان باطل کو چھوڑدیں، جن کی ہم اور ہمارے آبا و اجداد پوجا کرتے تھے اور آپ ﷺ نے ہم کو سچائی، امانت کی ادائیگی، صلہ رحمی، پڑوسیوں کے ساتھ حسن سلوک، حرمتوں کو پامال کرنے اور قتل وخون سے رکنے کا حکم دیا اور ہم کو فواحش، جھوٹ، یتیم کا مال کھانے اور پاکدامن پر تہمت باندھنے سے منع کیا اور ہم کو حکم دیا کہ ہم اللہ وحدہ کی عبادت کریں، اس کے ساتھ کسی کو شریک نہ کریں اور ہم کو نماز، زکوۃ اور روزوں کا حکم دیا''۔[1]

تبلیغ اسلام کے متعلق یہی وہ معلومات تھیں جن کی بدولت نہ صرف وہ نجاشی دائرہ اسلام میں داخل ہوا بلکہ اس ملک میں ہمیشہ کے لیے مسلمانوں کو زندگی گزارنے کی آسانیاں میسر آئیں، آج بھی عالم کفر کو اسی انداز میں دعوت اسلام پیش کرنے کی ضرورت ہے۔

---

[1] ابن کثیر، ابو الفداء عماد الدین، تفسیر القرآن العظیم، ج: ۲، ص: ۱۰

تبلیغ کے ہر ممکنہ اشاعتی ذرائع کا استعمال

مبلغ کے لیے ضروری ہے وہ دعوت وتبلیغ کے لیے تمام ممکنہ اشاعتی ذرائع کا استعمال عمل میں لائے تا کہ ان کے ذریعے اس کا پیغام دور دور تک پہنچ سکے، چاہے ان کا تبلیغی نیٹ ورک اسلامی معاشرے یں ہو یا غیر مسلم معاشرے میں۔حضور نبی کریم ﷺ نے مکہ مکرمہ کے غیر مسلم معاشرے میں جب تبلیغ دین کا آغاز فرمایا تو سب سے پہلا تبلیغی مکالمہ جو آپ نے مشرکین مکہ کے ساتھ کیا اس کے لیے آپ نے اس وقت کا اشاعتی ذریعہ اونچی جگہ پر کھڑے ہو کر لوگوں کو بلند آواز سے بلانا، اسے استعمال کیا۔[①]

اس لیے مبلغین کے لیے ضروری ہے ہم تبلیغ دین کے لیے عصر حاضر کے تمام جدید ذرائع ابلاغ کا استعمال بروئے کار لائیں، ہاں ان ذرائع ابلاغ میں جو ناجائز معاملات ہیں ان سے پرہیز کریں۔

اپنے مشن پر ثابت قدمی اختیار کرنا

غیر مسلم معاشرے میں تبلیغ دین کے لیے ضروری ہے کہ مبلغ بلند حوصلہ، اپنے مشن پر مطمئن اور ثابت قدمی اختیار کرنے والا ہو، کیونکہ اس سلسلے میں اسے قدم قدم پر پریشانی کا سامنا کرنا پڑتا ہے، مبلغ اپنے مشن کو سامنے رکھتے ہوئے تسلسل کے ساتھ اپنے مشن کے لیے کام کرتا چلا جائے، حضور نبی کریم ﷺ نے جب مکہ کے غیر مسلم معاشرے میں تبلیغ دین کا آغاز کیا تو اس کی ابتداء اور انتہاء میں جتنی بھی پریشانیاں تھیں آپ نے ڈٹ کر ان کا مقابلہ کیا اور ثابت قدمی کے ساتھ اپنے مشن کو پایہ تکمیل تک پہنچاتے رہے، اس سلسلے میں ابتدائے تبلیغ کا ایک مکالمہ ملاحظہ فرمائیں:

> ''مشرکین مکہ نے جب نبی کریم ﷺ کی دعوت کو اپنے لیے چیلنج محسوس کیا اور اس کی بدولت اپنا سارا مشرکانہ معاشرتی نظام انہیں تہہ وبالا ہوتا نظر آیا تو انہوں نے آپ کو اس کام سے روکنے کی کوشش شروع کی، آپ کو کاہن ومجنون کہا، تکلیفیں پہنچائیں اور ہر حوالے سے روکنے کی ممکنہ کوششیں کیں، لیکن جب انہیں کامیابی نہ مل سکی تو آپ کے چچا حضرت ابو طالب کے پاس حاضر ہوئے اور آ کر کہنے لگے: اے ابو طالب، عمر، عزو شرف اور قدر ومنزلت کے اعتبار سے ساری قوم میں آپ کو ممتاز مقام حاصل ہے، ہم پہلے حاضر ہوئے تھے اور ہم نے درخواست کی تھی کہ آپ اپنے بھیجتے کو ان باتوں سے باز آنے کا حکم دیں، ان کے انداز تکلم سے محسوس ہو رہا تھا کہ وہ اس گفتگو کے ذریعے حضرت ابو طالب کو چیلنج دینے کے لیے آئے

---

① بخاری، محمد بن اسماعیل، الجامع الصحیح، کتاب التفسیر، باب سورة تبت یدا ابی لهب، رقم الحدیث: ۴۹۷۱

تھے کہ انہیں روکو ورنہ ہم ان کے خلاف کچھ بھی کر سکتے ہیں، حضرت ابو طالب کو ان کے اس رویے اور دھمکی سے بڑا دکھ ہوا، آپ اس پیرانہ سالی میں اپنی ساری قوم سے دشمنی مول لینا نہیں چاہتے تھے، لیکن اس بات پر وہ بھی تیار نہیں تھے کہ حضور نبی کریم ﷺ کی نصرت واعانت سے کنارہ کش ہو جائیں، انہوں نے حضور ﷺ کو اپنے پاس بلا کر کہا:

''اے میرے بھائی کے بیٹے! مجھ پر رحم کرو اور اپنے آپ پر بھی، مجھ پر ایسا بوجھ نہ ڈالو جس کو اٹھانے کی مجھ میں ہمت نہیں''۔

اپنے چچا کی باتیں سن کر نبی کریم ﷺ کو یہ خیال گزرا کہ شاید ابو طالب آپ کی مدد اور تعاون سے دست کش ہونے والے ہیں، اب ان میں سکت نہیں رہ کہ مزید حضور کے کندھے سے کندھا ملا کر کھڑے ہوسکیں تو آپ ﷺ نے انہیں بڑے اطمینان اور سکون سے جواب دیا:

یا عم واللہ لو وضعوا الشمس فی یمینی والقمر فی یساری علی ان اترك هذا الامر حتی یظهره اللہ أو اهلك فیه ما ترکته۔[1]

''اے میرے چچا! اگر وہ سورج کو میرے دائیں ہاتھ میں رکھ دیں اور چاند کو میرے بائیں ہاتھ میں اور یہ توقع کریں کہ میں دعوت حق کو ترک کر دوں گا تو یہ ناممکن ہے، یا تو اللہ تعالیٰ اس دین کو غلبہ دے دے گا یا میں اس کے لیے جان دے دوں گا، اس وقت تک میں اس کام کو چھوڑنے کے لیے تیار نہیں ہوں''۔

آپ کی زبان اقدس سے جملے سن کر چچا نے بھی پختہ عزم کے ساتھ یہ کہا:

اذهب یا ابن اخی وقل ما احببت فواللہ لا اسلمك لشیء ابدا۔[2]

''اے میرے بھتیجے! آپ کا جو جی چاہے کہیے میں آپ کو کسی قیمت پر بھی کفار کے حوالے نہیں کروں گا''۔

عصر حاضر میں تبلیغ کے لیے ایسے ہی پختہ عزم اور سچے جذبے کی عقیدت ہے جو نہ صرف مبلغ کو اپنے مشن پر ثابت قدم رکھے بلکہ دوسرے لوگوں کو بھی اسی راہ کا مسافر بنا دے۔

---

[1] ابن کثیر، ابو الفداء عماد الدین، السیرۃ النبویۃ، ج:۱، ص: ۴۷۴

[2] ابن ہشام، عبدالملک، السیرۃ النبویۃ، ج:۱، ص: ۲۷۸

مبادیات دین کی تبلیغ

مبلغ کے لیے ضروری ہے کہ غیر مسلم معاشرے میں تبلیغ دین کے لیے سب سے پہلے دین کی مبادیات کو موضوع سخن بنائے اور وہ توحید، رسالت اور ایمان بالآخرت ہیں۔ حضور نبی کریم ﷺ نے مکی دور میں اخلاق وکردار کی اصلاح کے ساتھ ساتھ اپنی مبادیات کی تبلیغ کی طرف پوری توجہ صرف کی ہے، جب یہ باتیں لوگوں کے ذہنوں میں پختہ ہو جائیں تو پھر آگے احکام ومسائل کی تبلیغ کی طرف توجہ دینی چاہیے، مکالمات کا ایک بہت بڑا ذخیرہ ان مبادیات کی تلقین وتبلیغ پر مشتمل ہے، چند مکالمات ملاحظہ کیجیے۔

*...... وفد عبدالقیس نبی کریم ﷺ کی بارگاہ میں حاضر ہوا تو ان کے اور رسول اللہ ﷺ کے درمیان جو گفتگو ہوئی اسے حضرت ابو جمر رضی اللہ عنہ نے حضرت عباس رضی اللہ عنہ سے ان الفاظ میں بیان کیا ہے:

''نبی کریم ﷺ نے ارشاد فرمایا: یہ کون لوگ ہیں؟

صحابہ رضی اللہ عنہم نے عرض کیا: یہ قبیلہ ربیعہ کے لوگ ہیں۔

تو رسول اللہ ﷺ نے ارشاد فرمایا: مرحبا، خوش آمدید، تمہیں نہ تو دنیا میں شرمندگی کی نوبت آئی اور نہ ہی تم آخرت میں شرمندہ ہو گے۔

وہ عرض کرنے لگے: یا رسول اللہ ﷺ ہم لمبی مسافت طے کر کے آپ کی خدمت میں حاضر ہوئے ہیں، ہم آپ کی خدمت میں صرف ان حرمت والے مہینوں میں آ سکتے ہیں کیونکہ ہمارے اور آپ کے درمیان مضر کے کافروں کا قبیلہ آباد ہے۔ پس آپ ہم کو ایک ایسی قطعی بات بتلا دیجیے جس کی خبر ہم اپنے پچھلے لوگوں کو بھی کر دیں جو یہاں نہیں آئے اور اس پر عمل درآمد کر کے ہم جنت میں داخل ہو جائیں اور انہوں نے آپ سے اپنے برتنوں کے بارے میں بھی پوچھا۔ آپ صلی اللہ علیہ وسلم نے ان کو چار باتوں کا حکم دیا اور چار قسم کے برتنوں کو استعمال میں لانے سے منع فرمایا۔ ان کو حکم دیا کہ ایک اکیلے اللہ پر ایمان لاؤ۔ پھر آپ صلی اللہ علیہ وسلم نے پوچھا کہ جانتے ہو ایک اکیلے اللہ پر ایمان لانے کا مطلب کیا ہے؟ انہوں نے کہا کہ اللہ اور اس کے رسول ہی کو معلوم ہے۔ آپ صلی اللہ علیہ وسلم نے فرمایا کہ اس بات کی گواہی دینا کہ اللہ کے سوا کوئی معبود نہیں اور یہ کہ محمد صلی اللہ علیہ وسلم اس کے سچے رسول ہیں اور نماز قائم کرنا اور زکوٰۃ ادا کرنا اور رمضان کے روزے رکھنا اور مال غنیمت سے جو ملے اس کا پانچواں حصہ (مسلمانوں کے بیت المال میں) داخل کرنا اور چار برتنوں کے

استعمال سے آپ صلی اللہ علیہ وسلم نے ان کو منع فرمایا۔ سبز لاکھی مرتبان سے اور کدو کے بنائے ہوئے برتن سے، لکڑی کے کھودے ہوئے برتن سے، اور روغنی برتن سے اور فرمایا کہ ان باتوں کو حفظ کر لو اور ان لوگوں کو بھی بتلا دینا جو تم سے پیچھے ہیں اور یہاں نہیں آئے ہیں''۔ [1]

*...... رسول اللہ ﷺ جب غزوہ تبوک سے واپس مدینہ تشریف لائے تو ان دنوں بنو ثقیف کا وفد جو چھ افراد پر مشتمل تھا، مدینہ پہنچا مغیرہ بن شعبہ نے ان کو دیکھتے ہی فرط مسرت سے اپنے اونٹوں کو چھوڑ دیا، کیوں کہ یہ ان کے ہم جد تھے، اس کی اطلاع دینے کے لیے رسول اللہ ﷺ کی طرف دوڑے، راستہ میں حضرت ابوبکر رضی اللہ عنہ ان کو مل گئے، انہوں نے مغیرہ کو اس بات پر راضی کر لیا کہ وہ اس وفد کی آمد کی اطلاع جناب رسالت مآب کو دیں گے، مغیرہ واپس ہوئے اور اپنے بھائیوں بنو ثقیف کے پاس پہنچے، حضرت مغیرہ نے انہیں رسول اللہ ﷺ سے گفتگو کرنے کے آداب بتائے، اس کے باوجود بھی انہوں نے جاہلیت کے طور طریقے برتے، جب یہ لوگ حضور ﷺ کی خدمت میں حاضر ہوئے تو آپ نے ان کے لیے مسجد کے ایک کونے میں خیمہ لگوایا، خالد بن سعید بن العاص نے بنو ثقیف اور رسول اللہ ﷺ کے درمیان سفیر کے فرائض انجام دیے، حضرت مغیرہ بھی ان کے قریب رہنے کی کوشش کرتے، بنو ثقیف اور رسول اللہ ﷺ کے درمیان یہ بات چیت ہوئی، بنو ثقیف نے چند ایک مطالبات بھی پیش کیے:

بنو ثقیف : اے صاحب! ہم نے آپ کی باتیں غور سے سنیں آپ اپنی ذات پر ایمان لانے کی تاکید فرماتے ہیں، لیکن اپنے رسول ہونے کی شہادت نہیں دیتے۔

رسول اللہ ﷺ : اے گروہ ثقیف اپنے رسول ہونے کی شہادت تو سب سے پہلے میں نے دی ہے۔

بنو ثقیف: کیا آپ ہمارے ساتھ تحریری معاہدہ کرنا پسند کریں گے؟

رسول اللہ ﷺ: اسلام لانے کی صورت میں ورنہ نہیں۔

بنو ثقیف نے کلمہ پڑھا اور پھر گفتگو شروع ہوئی۔

بنو ثقیف: جہاں تک زنا کا تعلق ہے ہم لوگ اکثر مجرد ہیں اور غیر شادی شدہ ہیں، اس لیے اس کے بغیر چارہ نہیں۔

رسول اللہ ﷺ: وہ تم پر قطعاً حرام ہے، اللہ نے ارشاد فرمایا اور زنا کے قریب بھی نہ پھٹکنا کہ

---

[1] ابن قیم، زاد المعاد، ج: ۳، ص: ۹۷۳

وہ بے حیائی ہے۔

بنو ثقیف: سود کے بارے میں جو آپ کہتے ہیں تو ہمارا سارا مال سود ہی سود ہے۔

رسول اللہ ﷺ: سود قطعاً حرام ہے، ہاں اصلی رأس المال لینے کا تمہیں حق ہے، باری تعالیٰ فرماتے ہیں: اے ایمان والو شراب جوا بت اور پانسے یہ سب ناپاک اعمال شیطان سے ہیں، سو ان سے بچتے رہنا تا کہ تم فلاح پاؤ۔

بنو ثقیف: ہمیں نماز سے بھی معاف فرمایا جائے۔

رسول اللہ ﷺ: قطعاً نہیں جس دین میں خدا کی عبادت نہ کی جائے اس دین میں کوئی بھلائی نہیں۔

بنو ثقیف: یہ بت کے بارے میں آپ کا کیا حکم ہے؟

رسول اللہ ﷺ: اگر رب کو معلوم ہو جائے کہ آپ اسے توڑ دینا چاہتے ہیں تو وہ اپنے تمام پجاریوں کو ملیا میٹ کر دے۔

حضرت عمر رضی اللہ عنہ: تمہارا برا ہو تم اس قدر جاہل ہو رب ایک پتھر کے سوا ہے کیا؟

بنو ثقیف: ابن خطاب ہم تمہارے پاس نہیں آئے ہیں، حضور سے آپ ذرا اسے توڑ ڈالیں ہماری جرأت نہیں کہ ہم اس پر ہاتھ اٹھائیں۔

رسول اللہ ﷺ: میں اپنے آدمیوں کو بھیج دوں گا وہ تمہارے لیے یہ کام انجام دیں گے۔

بنو ثقیف: یا رسول اللہ ﷺ آپ ہمارے لیے ہماری قوم کا کوئی امیر بنا دیجیے۔

رسول اللہ ﷺ: آج سے عثمان بن ابی العاص تمہارے امیر ہیں جو اگرچہ عمر میں کم ہیں لیکن علم دین میں انہیں اچھی سمجھ ہے''۔①

✱...... ابو رزین عقیلی حضور نبی کریم ﷺ کی خدمت میں حاضر ہو کر عرض کرنے لگے:

''اللہ تعالیٰ اپنی مخلوق کو دوبارہ کیسے زندہ کرے گا؟ اور اس دنیا میں اس امر کی علامت کیا ہے؟

آپ ﷺ نے جواب ارشاد فرمایا:

''کبھی تمہارا گزر اپنی قوم کی وادی میں اس وقت ہوا ہے جب کہ زمین مُردہ، سبزے سے

---

① ابن ہشام، عبدالملک، السیرۃ النبویۃ، ج: ۲، ص: ۶۵۴

خالی، خشک اور سڑی ہو اور پھر کبھی تم نے دیکھا کہ یہی مُردہ زمین بھی زندہ ہوگئی ہو، ہری بھری اور لہلہا رہی ہو؟

ابو رزین کہنے لگے: ہاں، یا رسول اللہ ﷺ۔

آپ ﷺ نے ارشاد فرمایا:

''یہی نشانی ہے اس کی کہ وہ اپنی مخلوق کو مارنے کے بعد دوبارہ بھی زندہ کرے گا''۔①

غیر مسلم معاشرے میں نئے نئے دائرہ اسلام میں داخل ہونے والے لوگوں کو اس طرح کے آسان احکام بتلانا ضروری ہے تاکہ نہ تو وہ دین سے متنفر ہوں اور نہ ہی بہت سی باتوں پر عمل کا سن کر دین سے بیزار ہو کر اس سے پلٹ جائیں۔

تدریج کے ساتھ احکام بیان کرنا

غیر مسلم معاشرے میں دعوت وتبلیغ دین کے لیے ایک ہی دن میں بہت سے احکامات بیان کر کے ان پر عمل کا مطالبہ نہیں کروانا چاہیے، بلکہ تدریجاً انہیں احکامات کی تعلیم دینی چاہیے جب ایک حکم کو تسلیم کر کے اس پر عمل کر لیں پھر انہیں دوسرا حکم سنایا جائے، نبی کریم ﷺ کا طریقہ یہی تھا، آپ نے پہلے لوگوں کو توحید کی دعوت دی، پھر اخلاق وکردار کی صفائی کی، پھر اس کے بعد نماز وغیرہ دیگر عبادات کی دعوت دی۔

حضرت معاذ بن جبل رضی اللہ عنہ کو جب نبی کریم ﷺ نے یمن روانہ فرمایا تو ان کے ساتھ آپ کا جو مکالمہ ہوا اس کے آخری الفاظ درج ذیل ہیں:

إنك تاتى قوما من اهل كتاب فادعهم إلي شهادة ان لا إله إلا الله وانى رسول الله، فإن هم اطاعوا الذلك، فاعلمهم ان الله افترض عليهم خمس صلوات فى اليوم والليلة، فإن هم اطاعوا لذلك، فاعلمهم ان الله افترض عليهم صدقة فى اموالهم، تؤخذ من اغنيائهم وترد على فقرائهم، فإن هم اطاعوا لذلك، فإياك وكرائم اموالهم، واتق دعوة المظلوم، فإنها ليس بينها وبين الله حجاب۔②

''تم اہل کتاب کی ایک جماعت کے پاس جا رہے ہو، تم انہیں دعوت دینا کہ وہ اس بات کی گواہی دیں کہ اللہ کے سوا کوئی معبود برحق نہیں اور یہ کہ میں اللہ کا رسول ہوں، اگر وہ اس کو

---

① نعمانی، منظور احمد، معارف الحدیث، دار الاشاعت، کراچی، ۲۰۰۷ء، ج: ۱، ص: ۲۱۳

② ترمذی، ابوعیسیٰ محمد بن عیسیٰ، الجامع السنن، کتاب الزکاۃ، باب ما جاء فی کراھیۃ اخذ خیار المال فی الصدقۃ، رقم الحدیث: ۶۲۵

مان لیں تو انہیں بتانا کہ اللہ نے ان پر رات اور دن میں پانچ وقت کی نماز فرض کی ہے، اگر وہ اسے مان لیں تو انہیں بتانا کہ اللہ نے ان کے مال میں زکاۃ فرض کی ہے، جو ان کے مالداروں سے لی جائے گی اور ان کے فقراء و مساکین کو لوٹا دی جائے گی ا، اگر وہ اسے مان لیں تو تم ان کے عمدہ مال لینے سے اپنے آپ کو بچانا اور مظلوم کی بد دعا سے بچنا، اس لیے کہ اس کے اور اللہ کے درمیان کوئی پردہ حائل نہیں ہوتا۔

رویے میں نرمی اور محبت

غیر مسلم معاشرے میں تبلیغ دین کے لیے مبلغ کے لیے یہ بھی ضروری ہے کہ غیر مسلموں کے ساتھ بھی نرم رویے اور محبت کے ساتھ پیش آئے، یہی بات غیر مسلموں کو اس کے قریب کرنے کا سبب بنے گی، حضور نبی کریم ﷺ نے تبلیغ دین کے لیے جو مناہج واسالیب اختیار فرمائے ہیں ان میں یہ بھی منہج اور اسلوب بڑی اہمیت کا حامل ہے، اس اسلوب کے بہت سے مکالمات ایسے ہیں جن کے بعد کافروں نے خود ہی کلمہ پڑھ لیا، چند مکالمات ملاحظہ فرمائیں۔

* ...... ثمامہ بن اثال کا رسول اللہ ﷺ کے ساتھ مکالمہ۔
* ...... عکرمہ ابوجہل کے بیٹے کا نام ہے، جس نے قدم قدم پر حضور ﷺ کو تکلیفیں پہنچائیں اور دین اسلام کو صفحہ ہستی سے مٹانے کی ہر ممکن کوشش کی، فتح مکہ کے بعد نبی کریم ﷺ نے جن افراد کو مباح الدم قرار دیا ان میں یہ عکرمہ بھی تھا۔ عکرمہ اپنے متعلق سخت حکم سن کر یمن بھاگ گیا، اس کی بیوی ام حکیم بنت حارثہ اسلام لائیں اور انہوں نے اپنے خاوند کے لیے امان کی درخواست کی، جسے حضور ﷺ نے قبول فرمالیا، وہ یمن پہنچیں اور اپنے خاوند کو سمجھا بجھا کر مکہ لے آئیں، ابھی وہ پہنچے نہیں تھے کہ آپ ﷺ نے صحابہ سے مخاطب ہو کر ارشاد فرمایا:

"عکرمہ مومن ہو کر آ رہا ہے، کہیں ایسا نہ ہو کہ اس کے باپ کو برا بھلا کہنے لگو، مردوں کو برا کہنے سے زندوں کو تکلیف ہوتی ہے"۔

جب عکرمہ آپ کی خدمت عالیہ میں حاضر ہو گئے تو عرض کرنے لگے:

"حضور، یہ میری بیوی حاضر ہے، اس نے مجھے خبر دی ہے کہ آپ نے مجھے امان دی ہے"۔

حضور ﷺ نے ارشاد فرمایا:

"اس نے سچ کہا ہے، تجھے امان ہے"۔

عکرمہ عرض کرنے لگا:

آپ کس چیز کی دعوت دیتے ہیں؟

حضور ﷺ نے ارشاد فرمایا:

''اس بات کی شہادت دینے کی کہ اللہ کے سوا کوئی معبود نہیں اور محمد اللہ کے رسول ہیں، زکوٰۃ دینے، رمضان کے روزے رکھنے اور بیت اللہ کا حج کرنے کی''۔

عکرمہ عرض کناں ہوا:

یارسول اللہ ﷺ! بے شک آپ نے خیر اور بھلائی کی باتوں کی دعوت دی ہے اور آپ یہ دعوت دینے سے پہلے بھی ہم میں سب سے زیادہ سچے اور نیکوکار تھے۔

اور میں تمام حاضرین کو گواہ بنا کر وعدہ کرتا ہوں کہ میں مسلمان، مجاہد اور مہاجر ہوں، یا رسول اللہ ﷺ آپ سے درخواست ہے کہ آپ میرے لیے بخشش کی دعا فرمائیں، قسم ہے خدا کی میں نے لوگوں کو اللہ کے راستے سے روکنے کے لیے جو خرچ کیا تھا اب اس سے دوگنا لوگوں کو اللہ کی راہ پر لانے کے لیے خرچ کروں گا، جس قدر قتال اس سے قبل میں نے اللہ اور اس کے رسول ﷺ کے خلاف کیا ہے، اس سے بڑھ کر اللہ تعالیٰ کی راہ میں کروں گا، اور جس مقام پر جا کر لوگوں کو اللہ کی راہ سے روکا ہے اس مقام پر جا کر لوگوں کو اللہ کی طرف بلاؤں گا''۔[1]

غیر مسلم معاشرے میں اس پر پیار محبت اور حسن اخلاق کے ساتھ پیش آنا اور لوگوں کی غلطیوں کو معاف اور نظر انداز کر دینا بھی تبلیغ میں کامیابی کے راستے میں معاون ثابت ہوتا ہے۔

تکالیف پر صبر

غیر مسلم معاشرے میں کام کرنے والے مبلغ کے لیے اپنے مشن کے راستے میں کافروں کی طرف سے پہنچائی جانے والی تکالیف پر صبر کرنا اور استقامت کے ساتھ اپنے مشن پر چلتے رہنا بھی اسے منزل تک پہنچانے میں معاون ثابت ہوتا ہے، حضور نبی کریم ﷺ کی ساری زندگی اس عظیم عمل کا مجسم نمونہ ہوا، جب طائف والوں نے آپ کو تکلیفیں پہنچائیں اور پتھر مار مار کر اپنے شہر سے نکالا تو راستے میں پہاڑوں کے فرشتے کے ساتھ آپ کا جو مکالمہ ہوا اس کے الفاظ قابل توجہ ہیں:

''اے پہاڑوں کے فرشتے! میں صبر کروں گا، شاید ان کی اولاد میں سے کچھ ایسے لوگ پیدا

---

[1] ابن ہشام، عبدالملک، السیرۃ النبویۃ، ج: ۲، ص: ۴۶۹۔۴۷۰

ہوں جو لا الہ الا اللہ پر ایمان لے آئیں''۔①

غیر مسلم معاشرہ میں مکالمات رسول ﷺ سے استفادہ کی صورتوں کا خلاصہ

عصر حاضر میں بالخصوص وہ مسلمان جو ایسے ممالک میں رہائش پذیر ہیں جہاں مکمل طور پر کفر کا نظام ہے اور بالعموم تمام مسلمانوں کی ذمہ داری ہے کہ نبی کریم ﷺ کی سیرت طیبہ پر عمل کرتے ہوئے مذکورہ مکالمات کی روشنی میں دعوت وتبلیغ دین کا فریضہ سرانجام دیں، اس کے تمام موجود ذرائع ابلاغ اور ذرائع آمد ورفت کا استعمال عمل میں لائیں، مختصر مگر جامع تبلیغی کلمات، صبر وثبات، استقامت، خلوص اور للّٰہیت کو اپنا زادِ راہ بناتے ہوئے کام کا آغاز کریں اور پھر اس کے صلے میں مخلوق کی طرف سے جو پریشانیاں بنیں ان پر صبر کریں، اسی میں تبلیغی مشن کی کامیابی اور انبیاء کرام علیہم السلام کے مبارک طریقے کی پیروی ہے۔

① شامی، یوسف صالحی، سبل الھدیٰ والرشاد، ج: ۲، ص: ۵۷۹

فصل سوم:

امر بالمعروف ونہی عن المنکر کے سلسلے میں مکالمات رسول ﷺ

سے استفادہ کی عصری صورتیں

امر بالمعروف ونہی عن المنکر کا فریضہ سر انجام دینا ہر مسلمان پر بقدر استطاعت لازم ہے، یہی کسی معاشرے کو برائی سے روک کر صالحیت کے راستے پر چلانے کا موجب ہے۔ اس کے بغیر نہ تو امن وسکون اور فلاح وبہبود پر مبنی معاشرہ قائم کیا جا سکتا ہے اور نہ عالم انسانیت میں امن ممکن ہے، اگر اس فریضے کو ترک کر دیا جائے تو پھر جس کی لاٹھی اس کی بھینس کا چلن عام ہو، ظالم وجابر لوگ پورے معاشرے کو یرغمال بنا کر دیگر لوگوں کا استحصال کر کے اپنی من مرضی کے مطابق اس دنیا کا نظام چلانے کی کوشش کریں جس کے نتیجے میں نظام کائنات تباہ وبرباد ہوکر رہ جائے اور انسانیت کے لیے یہاں زندگی گزارنا ناممکن ہو جائے، یہی وجہ ہے کہ اہل اسلام کو اس معاملے میں ہر وقت چوکنا رہنے کا حکم دیا گیا ہے اور بقدر استطاعت ہر مسلمان کے ذمہ یہ عظیم فریضہ سونپا گیا ہے، ارشادِ باری تعالیٰ ہے:

وَلْتَكُنْ مِّنْكُمْ اُمَّةٌ يَّدْعُوْنَ اِلَى الْخَيْرِ وَيَاْمُرُوْنَ بِالْمَعْرُوْفِ وَيَنْهَوْنَ عَنِ الْمُنْكَرِ ۚ وَاُولٰٓئِكَ هُمُ الْمُفْلِحُوْنَ۔ ①

''اور لازم ہے کہ تمھاری صورت میں ایک ایسی جماعت ہو جو نیکی کی طرف دعوت دیں اور اچھے کام کا حکم دیں اور برائی سے منع کریں اور یہی لوگ فلاح پانے والے ہیں''۔

یہ فریضہ اتنا اہم ہے کہ اس کی بروقت ادائیگی نہ کرنے کی وجہ سے برے لوگوں کے ساتھ خود نیک لوگوں پر عذاب خداوندی کے نزول کا اندیشہ ہے، حضور نبی کریم ﷺ کا ارشاد گرامی ہے:

''اللہ تعالیٰ نے جبریل علیہ السلام کو حکم دیا کہ فلاں فلاں شہر کو تباہ کر دو، انہوں نے عرض کیا: یا رب ان لوگوں میں تیرا ایک بندہ بھی ہے جس نے آنکھ جھپکنے کی دیر بھی تیری نافرمانی نہیں کی، تو اللہ تعالیٰ نے فرمایا: اس سمیت سب کو تباہ کر دو، کیونکہ اس نے ان لوگوں کو کبھی برائی سے نہیں روکا''۔ ②

---

① آلِ عمران، ۳: ۱۰۴

② بیہقی، ابوعبداللہ احمد بن حسین، شعب الایمان، دار الکتب العلمیۃ، بیروت لبنان، ۱۴۲۹ھ، رقم الحدیث: ۷۵۹۸

امر بالمعروف اور نہی عن المنکر کے مختلف درجات بیان کرتے ہوئے حضرت ابوسعید خدری رضی اللہ عنہ سے مروی حدیث پاک میں نبی کریم ﷺ نے ارشاد فرمایا:

من رای منکم منکرا فلیغیرہ بیدہ فان لم یستطع فبلسانہ فان لم یستطع فبقلبہ وذلک اضعف الایمان۔[1]

''تم میں سے جو شخص برا کام ہوتا دیکھے تو اپنے ہاتھوں سے اس کی اصلاح کرے اور اگر اتنی طاقت نہ رکھتا ہو زبان سے اس کا رد کرے اور اگر اس کی بھی طاقت نہ رکھتا ہو تو دل سے اس کو برا جانے اور یہ ایمان کا کمزور ترین درجہ ہے''۔

اس حدیث مبارکہ سے یہ بات معلوم ہو رہی ہے کہ امر بالمعروف اور نہی عن المنکر کے دو حال ہیں: ایک حال وہ ہے جس میں برائی کو بدلنا اور اس کو مٹانا ممکن ہو اس حال میں جس شخص کے لیے برائی کو اپنے ہاتھوں سے مٹانا ممکن ہو اس پر اس برائی کو مٹانا فرض ہے اور اس کی کئی صورتیں ہیں، ایک صورت یہ ہے کہ وہ برائی کو تلوار سے مٹائے، مثلاً ایک شخص اس کو کسی اور شخص کو قتل کرنے کا قصد کرے یا اس کا مال لوٹنے پر قصد کرے یا اس کی بیوی سے زنا کرنے کا قصد کرے اور اس کو یقین ہو کہ زبانی منع کرنے سے وہ باز نہیں آئے گا یا بغیر ہتھیار کے اس سے جنگ کی (مثلاً تھپڑ یا مُکا مارا) تب بھی باز نہیں آئے گا تب اس پر لازم ہے کہ اس کو قتل کر دے، کیونکہ نبی ﷺ کا ارشاد ہے تم میں سے جو کوئی شخص برائی دیکھے اس کو اپنے ہاتھ سے مٹائے اور جو شخص برائی کر رہا ہے اگر اس کو قتل کیے بغیر اس برائی کو مٹانا ممکن نہ ہو تو اس کو قتل کرنا اس پر فرض ہے اور اگر اس کو ظن غالب ہو کہ بغیر ہتھیار کے بھی اس برائی کو مٹانا ممکن ہے (مثلاً تھپڑ اور مکے مارنے ہے) تو پھر اس کو قتل کرنا جائز نہیں ہے اور اگر اس کو یہ گمان ہو کہ اب اگر اس کو بغیر ہتھیار کے مارا یا زبان سے منع کیا تو یہ باز آجائے گا لیکن اس کے بعد میں اتنی سزا ہے، باز نہیں آئے گا اس کو قتل کیے بغیر برئی نہیں مٹ سکے گی تو پھر اس کو قتل کرنا لازم ہے، ایک آدمی کے لیے ملکی قانون کو اپنے ہاتھ میں لینا جائز نہیں، البتہ اگر کوئی شخص کسی مسلمان کی جان یا مال یا عزت پر حملہ آور ہو تو وہ اپنی یا دوسرے مسلمان کی جان مال، عزت بچانے کے لیے مزاحمت کرے اور اگر اس مزاحمت کے دوران وہ حملہ آور اس کے ہاتھوں مارا جائے تو اس سے شرعاً کوئی مواخذہ نہیں ہے۔

حضور نبی کریم ﷺ کے مکالمات میں امر بالمعروف اور نہی عن المنکر کے بھی بہت سے مظاہر موجود ہیں، جن میں آپ نے نیکی کا حکم دینے اور برائی سے منع کرنے کے لیے مکالمہ کا طریقہ اختیار فرمایا، یہ دلچسپ بھی ہے اور مخاطب کے لیے باعث توجہ بھی، ذیل میں ہم عصر حاضر میں اپنی معاشرتی صورتِ حال کو سامنے رکھتے ہوئے اس سلسلے میں چند

---

[1] قشیری، مسلم بن حجاج، الجامع الصحیح، کتاب الایمان، باب کون النھی عن المنکر من الایمان، رقم الحدیث: ۷۹

اہم موضوعات پر مکالمات رسول ﷺ اور ان سے استفادہ حاصل کرنے کی طرق کے متعلق چند باتیں سپر دقلم کر رہے ہیں۔

نیکی کی ترغیب وتشویق

مادیت پرستی کے اس دور میں ہم مسلمانوں نے اپنی بہت سے اعلیٰ اقدار اور تہذیب وتمدن کے خوبصورت نمونوں کو کھو دیا ہے وہاں ایک نقصان ہمیں یہ پہنچا ہے کہ نیکی کا جو ذوق وجذبہ اور فعل عمل کرنے کے بعد ہمارے اندر جو خوشی وسکون کی کیفیت پیدا ہونی چاہیے تھی آج وہ ہم سے لٹ گئی ہے، امت مسلمہ پر ایک ایسا وقت بھی تھا جب ایک دوسرے سے بڑھ کر نیکی کرنے کا جذبہ موجود تھا، اہل اسلام کے لیے ارشادِ خداوندی ہے:

فَاسْتَبِقُوا الْخَيْرَاتِ۔[1]

’’پس تم نیکیوں کی طرف پیش قدمی کیا کرو‘‘۔

اس کے تحت نیک اعمال میں ایک دوسرے سے بڑھنے کی کوشش کیا کرتے تھے، آج ہمارے اندر یہ کیفیت الا ما شاء اللہ بالکل معدوم ہوتی چلی جا رہی ہے، حضور نبی کریم ﷺ نے مکالمہ کے انداز میں اپنے صحابہ کو نیکی کرنے کی جو ترغیب دی ہے اور پھر ان پر اجر وثواب کے جو مژدے سنائے ہیں اگر ہم انہیں زیر مطالعہ رکھیں اور اپنے مسلمان بھائیوں تک ان کے مؤثر ابلاغ کے سلسلے قائم کریں تو دوبارہ اسی کیفیت کا واپس آنا ممکن ہے، اس طرح نیکی کی ترغیب وتشویق کے متعلقہ چند مکالمات رسول ﷺ ملاحظہ فرمائیں۔

*...... حضرت ابو ذر رضی اللہ عنہ بیان کرتے ہیں کہ میں حضور نبی کریم ﷺ کی بارگاہمیں حاضر ہوا اور عرض کیا یا رسول اللہ ﷺ مجھے نصیحت فرمائیں تو آپ ﷺ نے فرمایا:

أوصيك بتقوي الله عز وجل فإنه أزين لأمرك كله۔

’’میں تجھے اللہ سے ڈرنے کی وصیت کرتا ہوں، یہ چیز تمام معاملات کی زینت ہے‘‘۔

میں نے عرض کیا کچھ اور ارشاد فرمائیں۔

تو آپ ﷺ نے ارشاد فرمایا:

عليك بتلاوة القرآن و ذكر الله عز وجل فإنه ذكر لك فى السماء و نور لك فى الأرض۔

’’قرآن کی تلاوت اور اللہ تعالیٰ کا ذکر لازم پکڑ، یہ تیرے لیے آسمان میں ذکر کا سبب ہے

---

[1] البقرة، ۲: ۱۴۸

اور زمین میں تیرے لیے نور ہے''۔

میں نے عرض کیا کچھ اور ارشاد فرمائیں۔

تو آپ ﷺ نے ارشاد فرمایا:

عليك بطول الصمت فإنه مطردة للشيطان وعون لك على أمر دينك۔

''دیر تک خاموش رہا کرو، یہ چیز شیطان کو بھگانے والی ہے اور تیرے دینی معاملات میں تیری مددگار ہے''۔

میں نے عرض کیا کچھ اور ارشاد فرمائیں۔

تو آپ ﷺ نے ارشاد فرمایا:

إياك وكثرة الضحك فإنه يميت القلب ويذهب بنور الوجه۔

''زیادہ ہنسنے سے بچو، زیادہ ہنسی دل کو مُردہ کر دیتی ہے اور چہرے کا نور ختم کر دیتی ہے''۔

میں نے عرض کیا کچھ اور ارشاد فرمائیں۔

تو آپ ﷺ نے ارشاد فرمایا:

قل الحق وإن كان مرا۔

''حق کہو خواہ کڑوا ہو''۔

میں نے عرض کیا کچھ اور ارشاد فرمائیں۔

تو آپ ﷺ نے ارشاد فرمایا:

لا تخف في الله لومة لائم

''اللہ کے معاملے میں کسی ملامت کرنے والے کی ملامت سے نہ ڈر''۔

میں نے عرض کیا کچھ اور ارشاد فرمائیں۔

تو آپ ﷺ نے ارشاد فرمایا:

ليحجزك عن الناس ما تعلم من نفسك۔[1]

''جو کچھ تو اپنے بارے میں جانتا ہے وہ تجھے لوگوں کے خلاف بولنے سے روکے رکھے''۔

*......حضرت عبداللہ بن عمر رضی اللہ عنہما بیان کرتے ہیں کہ میں نبی کریم ﷺ کی خدمت میں دسویں مہینے کی دس تاریخ

---

[1] بیہقی، ابو عبداللہ احمد بن حسین، شعب الایمان، ج: ۷، ص: ۲۱

کو حاضر ہوا، آپ کے پاس انصار میں سے ایک آدمی حاضر ہوا، اس نے عرض کیا:

يانبي الله من أكيس الناس وأحزم الناس؟

''اے اللہ کے نبی! لوگوں میں سب سے زیادہ سمجھ دار اور سب سے زیادہ محتاط کون ہے؟''۔

تو آپ ﷺ نے ارشاد فرمایا:

أكثرهم ذكرا للموت وأشدهم استعدادا للموت قبل نزول الموت أولئك هم الأكياس ذهبوا بشرف الدنيا وكرامة الآخرة۔①

''جو شخص ان میں سے زیادہ موت کو یاد کرتا ہو اور سب سے زیادہ موت کے لیے تیار ہو اس سے پہلے کہ موت نازل ہو، وہی لوگ ان میں سب سے سمجھ دار ہیں، وہی دنیا کا شرف اور آخرت کی کرامت پا گئے''۔

عصر حاضر میں اس بات کی اشد ضرورت ہے کہ انہیں اور اس طرح کی دوسری روایات کو عوامی اجتماعات میں بیان کیا جائے، تعلیمی نصاب میں شامل کیا جائے، ان کی تعلیم و تعلم کے سلسلے قائم کیے جائیں، والدین اور اساتذہ ان پر عمل پیرا ہوں، تا کہ بچوں کے اندر بھی ان کی اتباع میں یہ نیک اعمال مستقل ہوں اور ہمارے معاشرے کے نظام میں صالحیت پیدا ہو سکے۔

میت پر گریہ زاری اور دیگر بے صبری والے اعمال

ہمارے معاشرے میں جو برائیاں زیادہ عام اور ان سے روکنے کی سخت ضرورت ہے ان میں سے ایک بے صبری ہے، اس کے مظاہرے کسی آدمی کی میت پر اس کے گھر کے افراد، رشتہ داروں اور احباب کے رویے سے لے کر مال و دولت کے نقصانات اور طے شدہ مادی مفاد کے نہ ملنے پر جو بے صبری، آہ و زاری اور اللہ کے بارہ میں شکوہ و شکایت کے جو مظاہر سامنے آتے ہیں یہ سب ''منکر'' کے زمرہ میں شامل ہیں، ان سے اپنے معاشرے کے افراد کو روکنا ہماری ذمہ داری میں شامل ہے، ان اوقات میں ہمارے کیفیت کیا ہونی چاہیے، اس کے متعلق حضرت انس رضی اللہ عنہ روایت کرتے ہیں کہ:

اتى نبي الله صلى الله عليه وسلم على امراة تبكي على صبي لها۔

''نبی اکرم صلی اللہ علیہ وسلم ایک ایسی عورت کے پاس سے گزرے جو اپنے بچے کی موت کے

---

① طبرانی، ابو القاسم احمد، المعجم الاوسط، رقم الحدیث: ۶۴۸۸

غم میں (بآواز) رو رہی تھی''۔

تو آپ ﷺ نے اسے ارشاد فرمایا:

اتقی الله، واصبری۔

''اللہ سے ڈرو اور صبر کرو''۔

وہ جواب میں (بے دھیانی کی کیفیت میں) عرض کرنے لگی:

وما تبالی انت بمصیبتی؟

''آپ کو میری مصیبت کا کیا پتا''۔

تو اسے بتایا گیا کہ تجھ سے اللہ کے رسول ﷺ بات کر رہے ہیں تو وہ عرض کرنے لگی (معذرت) میں نے آپ کو پہچانا نہیں تھا، تو آپ ﷺ نے ارشاد فرمایا:

إنما الصبر عند الصدمة الاولي۔[1]

''صبر وہی ہے جو پہلے صدمہ کے وقت ہو''۔

یعنی جب مصیبت کو زیادہ وقت گزر جائے پھر تو بندہ مجبوراً اور بوجھ کے ہلکا ہونے کی وجہ سے صبر کر ہی لیتا ہے، لیکن اصل صبر کی کیفیت یہ ہے کہ جب بندے کو پریشانی پہنچے بندہ اسی لمحے صبر وسکون کا مظاہرہ کرے اور اسے اللہ کی عطا سمجھ کر اس پر استرجاع پڑھ لے اور اپنے گناہوں پر اس سے معافی طلب کرتے ہوئے صبر وشکر پر استقامت کی مدد طلب کرے۔

لالچ وزبان کی برائی سے نجات

ہمارے معاشرے میں اللہ تعالیٰ اور اس کے دین سے دوری کی ایک وجہ ہمارے معاشرے میں لالچ وحرص کا چلن بھی ہے، ہر بندہ دوسرے سے بڑھ کر زیادہ مال کمانے کے لالچ میں اتنا مگن ہے کہ اپنے خالق ومالک سے دور ہو گیا، عبادت وطاعات کا ٹائم بھی اس مکروہ دھندے میں صرف ہو رہا ہے، اسی طرح ہمارے معاشرے میں فتنہ وفساد ارو لڑائی جھگڑے کا ایک بڑا سبب ہماری بد زبانی ہے۔

بغیر کسی وجہ کے دوسروں کے ساتھ غصے سے بولنا، گالیاں دینا، لوگوں پر تہمتیں لگانا یہ ہمارے عام عوامی رویے ہیں جن کی وجہ سے ہمارا معاشرتی نظام میں فتنہ وفساد ہے، ان برائیوں سے مسلمانوں کو روکنے کے لیے مکالمات رسول ﷺ میں سے ایک شہ پارہ ملاحظہ کیجیے۔

---

[1] سجستانی، ابو داود، سلیمان بن اشعث، السنن، کتاب الجنائز، باب الصبر عند الصدمة، رقم الحدیث: ۳۱۲۴

حضرت سعد بن ابی وقاص رضی اللہ عنہ بیان کرتے ہیں کہ ایک آدمی حضور نبی کریم ﷺ کی بارگاہ میں حاضر ہوا اور عرض کناں ہوا:

یا رسول اللہ أوصنی وأوجز

''اے اللہ کے رسول ﷺ مجھے مختصر وصیت کیجیے''۔

تو آپ ﷺ نے اسے فرمایا:

عليك بالإياس مما فى أيدى الناس وإياك والطمع فإنه الفقر الحاضر وصل صلاتك وأنت مودع وإياك وما تعتذر منه۔ ①

''جو کچھ لوگوں کے پاس ہے تو اس سے مایوس ہو جا، لالچ سے بچ، کیونکہ اس سے فقر آتا ہے، نماز اس طرح ادا کر کہ گویا یہ تیری زندگی کی آخری ہے، نیز اس چیز سے بچ پر معذرت کرنی پڑے''۔

اس آدمی کو نبی ﷺ نے جو نصیحتیں کی ہیں یہ اتنی جامع ہیں کہ ان پر عمل سے یقیناً ہماری بہت سی معاشرتی منکرات کا خاتمہ ہو سکتا ہے۔

عورتوں کا پردہ

آج مغربی تہذیب کے زیر اثر ہمارے معاشرے میں بے پردگی عام ہوتی جا رہی ہے، سکول، یونیورسٹی سے لے کر عام گزرگاہوں، بازاروں اور شادی بیاہ کی تقریبات میں اس کے عام مظاہر نظر آتے ہیں۔ حالانکہ اسلام نے عورت کی عزت واحترام اور اس کے وقار کے پیش نظر اسے گھر کی ملکہ بنایا اور باپردہ ماحول میں رہ کر اپنے معاملات زندگی ادا کرنے کی تلقین کی ہے، تاکہ کوئی بدقماش انسان اس کی عزت کو ہاتھ نہ ڈال سکے، لیکن آج ہمارے معاشرتی رویے اس کے برعکس پردے کو دقیانوسیت اور نہ جانے کن کن اصطلاحات سے تعبیر کیا جاتا ہے۔ حالانکہ یہ سارا نظام عورت کے حق میں بہتر اور فائدہ مند ہے، یہی وجہ ہے کہ اسلام نے اسے اتنا مضبوط اور سخت رکھا ہے کہ عورت کی نماز کی ادائیگی کے لیے بھی ان کے گھر کے اندر سب سے زیادہ باپردہ جگہ کو پسند کیا ہے، اس کی اہمیت اور اس اہم معاشرتی منکر کی اصلاح پر حضور نبی کریم ﷺ کا ایک اہم مکالمہ ملاحظہ فرمائیں۔

① حاکم، ابوعبداللہ نیشاپوری، المستدرک، دار الکتب العلمیۃ، بیروت لبنان، ۱۴۲۹ھ، ج:۶، ص:۷۳۳، رقم الحدیث: ۷۹۲۸

ایک صحابیہ ام حمید ساعدیہ رضی اللہ عنہا نبی کریم ﷺ کی بارگاہ میں حاضر ہوئیں اور عرض کناں ہوئیں:

یا رسول اللہ ﷺ میرا جی چاہتا ہے کہ میں آپ کی اقتدا میں نماز ادا کروں۔

یہ سن کر نبی کریم ﷺ نے ارشاد فرمایا:

''تمہاری وہ نماز جو تم گھر کے اندرونی حصہ میں ادا کرو اس نماز سے افضل اور بہتر ہے جو تم بیرونی دلان میں پڑھو اور بیرونی دلان میں نماز پڑھنا بہتر ہے اس نماز سے جو تم اپنے گھر کے صحن میں پڑھو اور اپنے گھر کے صحن میں نماز پڑھنا اس سے بہتر ہے کہ تم محلے کی مسجد میں نماز ادا کرو''۔[1]

یعنی جب عورت کو نماز کے لیے گھر کے سب سے زیادہ پردے والی جگہ میں رہنے کا حکم دیا گیا ہے تو پھر بے پردہ اس کے لیے باہر عوامی مقامات میں آنا کتنا اللہ رب العزت کی ناراضگی اور غضب کا سبب ہوگا، آج ہماری خواتین کو اس پر غور کرنا چاہیے اور اس معاشرتی برائی سے توبہ کرنی چاہیے۔

قانون کی نظر میں سب برابر

ہمارے عدالتی نظام میں ایک بہت بڑا منکر یہ ہے کہ یہاں امیر اور غریب کے لیے قانون جداگانہ ہے۔غریب بے قصور ہو کر بھی برسوں جیلوں اور کچہریوں میں ذلیل وخوار ہوتا رہتا ہے اور امیر چاہے قاتل ہی کیوں نہ ہو اور اس کا جرم پایہ ثبوت کو بھی پہنچا ہو وہ اپنے گھر عیش وعشرت کی زندگی بسر کر رہا ہوتا ہے، عدالتی نظام میں رشوت کے چلن کی وجہ سے یہ نظام اپنا مقصد اور وقار کھو بیٹھا ہے، جس کی لاٹھی اس کی بھینس کی مثال اس پر پوری طرح ثابت ہو رہی ہے، حالانکہ اسلام نے ہمیں جو عدالتی نظام دیا ہے اس میں قانون کی نظر میں امیر وغریب اور افسر وملازم سب برابر کی حیثیت سے دیکھے جاتے ہیں اور وہاں سفارش اور رشوت کا کوئی تصور تک نہیں ہے، اس پر ایک مکالمہ رسول ﷺ میں سے ایک اہم مکالمہ ملاحظہ کیجیے۔

حضرت عائشہ رضی اللہ عنہا فرماتی ہیں کہ قبیلہ بنی مخزوم کی ایک عورت نے چوری کی جس کی وجہ سے وہ شرعی سزا کی مستحق بن گئی، انہوں نے اسے سزا سے بچانے کے لیے حضرت اسامہ بن زید رضی اللہ عنہ کو سفارش کے لیے تیار کیا، حضرت اسامہ رضی اللہ عنہ نے نبی کریم ﷺ کی بارگاہ میں حاضر ہو کر اس کی سفارش کر دی، اس کے جواب میں نبی کریم ﷺ کا چہرہ اقدس غصے سے سرخ ہو گیا اور آپ ﷺ نے فرمایا:

---

[1] نعمانی، منظور احمد، معارف الحدیث، دار الاشاعت، کراچی، ج: ۳، ص: ۱۰۹

اتکلمنی فی حد من حدود اللہ۔

’’تم مجھ سے اللہ کی قائم کی ہوئی ایک حد کے بارے میں سفارش کرنے آئے ہو‘‘۔

اس پر حضرت اسامہ رضی اللہ عنہ عرض کرنے لگے:

استغفر لی یا رسول اللہ۔

’’میرے لیے دعا مغفرت کیجئے، یا رسول اللہ!‘‘۔

فلما کان العشی قام رسول الله خطیبا فاثنی علی الله بما هو اهله، ثم قال: "اما بعد۔

’’پھر دوپہر بعد نبی کریم صلی اللہ علیہ وسلم نے صحابہ رضی اللہ عنہم کو خطاب کیا، اللہ تعالیٰ کی اس کے شان کے مطابق تعریف کرنے کے بعد فرمایا: امابعد!‘‘

فإنما اهلك الناس قبلكم انهم كانوا إذا سرق فيهم الشريف تركوه، وإذا سرق فيهم الضعيف اقاموا عليه الحد، والذی نفس محمد بيده لو ان فاطمة بنت محمد سرقت لقطعت يدها"، ثم امر رسول الله صلى الله عليه وسلم بتلك المراة، فقطعت يدها، فحسنت توبتها بعد ذلك وتزوجت، قالت عائشة: فكانت تاتی بعد ذلك، فارفع حاجتها إلى رسول اللہ صلی اللہ علیہ وسلم۔ ①

’’تم میں سے پہلے لوگ اس لیے ہلاک ہو گئے کہ اگر ان میں سے کوئی معزز شخص چوری کرتا تو اسے چھوڑ دیتے لیکن اگر کوئی کمزور چوری کر لیتا تو اس پر حد قائم کرتے اور اس ذات کی قسم جس کے ہاتھ میں محمد صلی اللہ علیہ وسلم کی جان ہے اگر فاطمہ بنت محمد بھی چوری کر لے تو میں اس کا ہاتھ کاٹوں گا۔ اس کے بعد نبی کریم صلی اللہ علیہ وسلم نے اس عورت کے لیے حکم دیا اور ان کا ہاتھ کاٹ دیا گیا۔ پھر اس عورت نے صدق دل سے توبہ کر لی اور شادی بھی کر لی۔ عائشہ رضی اللہ عنہا نے بیان کیا کہ بعد میں وہ میرے یہاں آتی تھیں۔ ان کو اور کوئی ضرورت ہوتی تو میں رسول اللہ صلی اللہ علیہ وسلم کے سامنے پیش کر دیتی‘‘۔

① قشیری، مسلم بن حجاج، الجامع الصحیح، کتاب الحدود، باب قطع السارق الشریف وغیرہ والنھی عن الشفاعۃ فی الحدود، رقم الحدیث: ۴۲۹۷

اولاد کی تعلیم وتربیت اور تقسیم مال میں انصاف

ساری اولاد والدین کے نگاہوں میں حقوق کے لحاظ سے برابر ہے، کسی کے ساتھ کسی خاص وجہ سے محبت کا زیادہ ہو جانا الگ معاملہ ہے لیکن جہاں تعلیم وتربیت اور تقسیم مال وغیرہ کا معاملہ ہو تو وہاں سب کو ایک نظر سے دیکھنا ہم پر لازم قرار دیا گیا ہے اور یہی عقلی طور پر بھی عدل وانصاف کا تقاضا ہے، ہمارے معاشرے میں برائی بھی عام ہے کہ اولاد میں سے کسی کو اچھی تعلیم دے دی اور کسی کو بالکل جاہل رہنے دیا اور کسی کو جائیداد میں سے زیادہ حصہ دے دیا اور کسی کو بالکل کم یا سرے سے ہی عاق قرار دے دیا یہ اسلامی نقطہ نظر کے بالکل خلاف ہے۔ اس حوالے سے اولاد کے ساتھ عدل وانصاف کے متعلق حضرت بشیر رضی اللہ عنہ کے ساتھ نبی کریم ﷺ کا ایک مکالمہ ملاحظہ کیجیے۔

حضرت نعمان بن بشیر رضی اللہ عنہ بیان کرتے ہیں کہ ان کی والدہ (عمرہ) بنت رواحہ نے ان کے والد سے، ان کے مال میں سے، اپنے بیٹے کے لیے (باغ، زمین وغیرہ) کچھ ہبہ کیے جانے کا مطالبہ کیا، انہوں نے اسے ایک سال تک التوا میں رکھا، پھر انہیں (اس کا) خیال آیا تو انہوں (والدہ) نے کہا: میں راضی نہیں ہوں گی یہاں تک کہ تم اس پر، جو تم نے میرے بیٹے کے لیے ہبہ کیا ہے، رسول اللہ ﷺ کو گواہ بنا لو۔ اس پر میرے والد نے میرا ہاتھ تھاما، میں ان دنوں بچہ تھا، اور رسول اللہ ﷺ کی خدمت میں حاضر ہوئے اور عرض کی:

یا رسول اللہ ان ام ھذا بنت رواحۃ اعجبھا ان اشھدک علی الذی وھبت لا بنھا۔

''اے اللہ کے رسول! اس کی والدہ بنت رواحہ کو یہ پسند ہے کہ میں آپ کو اس چیز پر گواہ بناؤں جو میں نے اس کے بیٹے کو دی ہے''۔

رسول اللہ ﷺ نے ان سے پوچھا:

یابشیر الک ولد سوی ھذا؟

''بشیر! کیا اس کے سوا بھی تمہارے بچے ہیں؟''۔

انہوں نے عرض کیا، ہاں۔

تو رسول اللہ ﷺ نے ارشاد فرمایا:

اکلھم وھبت لہ مثل ھذا۔

''کیا ان سب میں سے ہر ایک کو تم نے اسی طرح ہبہ کیا ہے؟''۔

انہوں نے عرض کی نہیں۔

تو رسول اللہ ﷺ نے ارشاد فرمایا:

فلا تشهدني اذا فاني لا اشهد على جور۔ ①

''پھر مجھے گواہ نہ بناؤ، میں ظلم پر گواہ نہیں بنتا''۔

نبی کریم ﷺ انہیں سمجھانا یہ چاہ رہے تھے کہ عدل وانصاف کا تقاضا یہی ہے کہ جس طرح تو نے اسے یہ چیز ہبہ کی ہے اس طرح اپنی دوسری اولاد کو یہ چیز ہبہ کر ورنہ یہ دوسروں کے ساتھ زیادتی ہے اور میں اس پر گواہی نہیں دیتا۔

راستوں کی حفاظت اور آداب

ہمارے ہاں عموماً عصر اور شام کے بعد نوجوان اور کچھ بڑے آدمی بھی راستوں میں آ کر بیٹھ جاتے ہیں ان میں سے بعض ایسی حرکتیں بھی کرتے ہیں جن کی وجہ سے کسی شریف آدمی اور بالخصوص خواتین کے لیے وہاں سے گزرنا مشکل ہوجاتا ہے یہ ایسی معاشرتی برائی ہے جس کی وجہ سے ایک تو امت مسلمہ کے ایک کثیر طبقے کا قیمتی وقت ضائع ہو رہا ہوتا ہے اور دوسرا گزرنے والوں کو پریشانی کا سامنا کرنا پڑ رہا ہوتا ہے، راستے پر بیٹھنا چاہیے یا نہیں؟ اگر کوئی وہاں بیٹھ جائے تو اس پر راستے کا حق کیا ہے، آیئے مکالمات رسول ﷺ میں سے ایک سنہری مکالمے کا مطالعہ کیجیے۔

حضرت ابو سعید خدری رضی اللہ عنہ بیان کرتے ہیں کہ نبی کریم ﷺ نے ارشاد فرمایا:

إياكم والجلوس على الطرقات۔

''راستوں میں بیٹھنے سے بچو''۔

صحابہ کرام رضی اللہ عنہم نے عرض کیا

مالنا بد،إنما هي مجالسنا نتحدث فيها۔

''ہم تو وہاں بیٹھنے پر مجبور ہیں۔ وہی ہمارے بیٹھنے کی جگہ ہوتی ہے کہ جہاں ہم باتیں کرتے ہیں''۔

تو آپ ﷺ نے ارشاد فرمایا:

فإذا ابيتم إلا المجالس فاعطوا الطريق حقها۔

''اگر وہاں بیٹھنے کی مجبوری ہی ہے تو راستے کا حق بھی ادا کرو''۔

صحابہ کرام رضی اللہ عنہم نے عرض کیا:

وما حق الطريق؟

① قشیری، مسلم بن حجاج، الجامع الصحیح، کتاب الجهاد، باب کراهیة تفضیل بعض الاولاد فی الهبة، رقم الحدیث: ۴۰۶۵

''اور راستے کا حق کیا ہے؟''۔

تو رسول اللہ ﷺ نے ارشاد فرمایا:

غض البصر، وكف الاذي، ورد السلام، وامر بالمعروف، ونهي عن المنكر۔ ①

''نگاہ نیچی رکھنا، کسی کو ایذاء دینے سے بچنا، سلام کا جواب دینا، اچھی باتوں کے لیے لوگوں کو حکم کرنا اور بری باتوں سے روکنا''۔

اس مکالمے میں ایک تو راستے میں بیٹھ کر لوگوں کو تکلیف پہنچانے کی اہم برائی سے روکا گیا ہے اور دوسرا اہل اسلام کو ایک اہم ذمہ داری کا احساس دلایا گیا ہے کہ اگر تمہیں راستے میں بیٹھنا ہی پڑ جائے تو پھر یہ اہم امور بجالانا تا کہ تمہاری وجہ سے شر نہیں بلکہ خیر ہی خیر پھیلے۔

طلب امارت کی برائی

جب سے اہل مغرب نے سیاسی سطح پر اپنا جمہوری نظام متعارف کروایا ہے اور پھر ان کی تقلید میں مسلم ممالک نے بھی اسے قبول کیا ہے تب سے یہ برائی عام ہے کہ نا اہل لوگ بھی صدارت ووزارت اور ملکوں کا نظام چلانے کے لیے بڑے بڑے عہدے خود طلب کرنے لگے، الیکشن پہ خود کھڑے ہوجانا، لوگوں کو مختلف مادی لالچ دے کر یا طاقت کے زور پر اپنے حق میں ووٹ ڈالنے پر مائل کرنا اور اپنی جھوٹی صفات وغیرہ بیان کر کے مدمقابل کی اتنی مذمت کرنا اس کی اچھائیاں بھی لوگوں کو برائیاں ہی نظر آنے لگیں یہ اسی نظام کے کرشمے اور اہم برائیاں ہیں، اگرچہ ہمارے اسلام میں حکومت نظام کی کمزوری کے دور میں اہل آدمی کے لیے از خود طلب امارت کی اجازت دی گئی ہے اور وہ بھی اس صورت میں کہ وہ آدمی امارت کا حریص نہ ہو بلکہ اخلاص کے ساتھ اپنی اہلیت کی بنیاد پر عوامی فلاح وبہبود اور ان کا دین وایمان بچانے کے لیے کام کرنا چاہتا ہو، حضرت یوسف علیہ السلام کا یہ قول:

اجْعَلْنِي عَلَىٰ خَزَآئِنِ الْأَرْضِ ۖ إِنِّي حَفِيظٌ عَلِيمٌ۔ ②

''(یوسف علیہ السلام نے فرمایا) مجھے سرزمین (مصر) کے خزانوں پر (وزیر اور امین) مقرر کر دو، بے شک میں (ان کی) خوب حفاظت کرنے والا (اور اقتصادی امور کا) خوب جاننے والا ہوں''۔

اس موقف پر بطور دلیل موجود ہے، لیکن جو آدمی حکومت چلانے کی نہ تو طاقت رکھتا ہو اور نہ ہی اس کے متعلق اس

---

① بخاری، محمد بن اسماعیل، الجامع الصحیح، کتاب المظالم، باب افنیۃ الدور والجلوس، رقم الجلوس: ۲۴۶۵

② یوسف، ۱۲: ۵۵

کوعلم اور تجربہ ہو، چاہے وہ کتنا ہی متقی و پرہیز گار کیوں نہ ہو اسے طلب امارت سے منع کیا گیا ہے، حضرت ابو ذر رضی اللہ عنہ کے ساتھ اس موضوع پر ایک خوبصورت مکالمہ ملاحظہ فرمائیں۔

حضرت ابو ذر رضی اللہ عنہ نے نبی کریم ﷺ کی بارگاہ میں عرض کیا:

الا تستعملنی؟

''کیا آپ مجھے عامل (گورنر) نہیں بنائیں گے؟''۔

تو رسول اللہ ﷺ نے ان کے کندھے پر ہاتھ مارتے ہوئے ارشاد فرمایا:

یا ابا ذر انك ضعیف وانھا امانة وانھا یوم القیامة خزی وندامة الا من اخذھا بحقھا وادالذی علیه فیھا۔[1]

''اے ابو ذر! تم کمزور ہو اور یہ امارت امانت ہے اور یہ قیامت کے دن رسوائی اور شرمندگی کا باعث ہوگی، البتہ جو امارت کے حقوق ادا کرے اور اس کی ذمہ داریاں پوری کرے (وہ اس سے مستثنیٰ ہے)''۔

اس سلسلے میں حضرت ابو موسیٰ اشعری رضی اللہ عنہ کے ساتھ بھی آپ ﷺ کا ایک مکالمہ ملاحظہ فرمائیں۔

حضرت ابو موسیٰ اشعری رضی اللہ عنہ بیان کرتے ہیں کہ میں اور میرے دو چچا زاد بھائی حضور نبی کریم ﷺ کی بارگاہ میں حاضر ہوئے، ان دو میں سے ایک نے کہا:

امرنا علی بعض ما ولاك الله عزوجل۔

''یا رسول اللہ ﷺ اللہ تعالیٰ نے جو ملک آپ کو دیئے ہیں آپ ان میں سے کسی ملک کی حکومت ہم کو عطا کیجیے''۔

وقال الآخر مثل ذلك۔

''دوسرے نے بھی ایسا ہی کہا''۔

تو آپ ﷺ نے ان کی بات سن کر ارشاد فرمایا:

انا والله لا نولی علی ھذا العمل احدا سأله ولا احد حرص علیه۔

''خدا کی قسم ہم کسی ایک شخص کو عامل نہیں بنائیں گے جو اس کی لالچ کریں''۔

اس کی وجہ یہ ہے کہ امارت اتنا مشکل کام ہے کہ اس کے لیے تائید خداوندی کی قدم قدم پر ضرورت ہے اور یہ

---

[1] قشیری، مسلم بن حجاج، الجامع الصحیح، کتاب الامارۃ، باب کراھۃ الامارۃ بغیر ضرورۃ، رقم الحدیث: ۴۶۰۵

اسی کو نصیب ہو سکتی ہے جو مخلص ہو اور امارت کی حرص اس کے اندر موجود نہ ہو۔

امر بالمعروف اور نہی عن المنکر کے سلسلہ میں مکالمات رسول ﷺ سے استفادہ کی صورتوں کا خلاصہ

ہمارا معاشرہ پستی کی جس دلدل میں گرا ہوا ہے اور مسلسل نیچے کی طرف جا رہا ہے تو ایسے حالات میں ضروری ہے امر بالمعروف و نہی عن المنکر پر مبنی اس طرح کے مکالمات رسول ﷺ کو عام کیا جائے اور عوام الناس کی ان پر عمل کی طرف توجہ مبذول کروائی جائے، عصر حاضر کے تقاضوں کے مطابق اس سلسلے میں درج ذیل طرق استعمال کیے جا سکتے ہیں:

* ......اس طرح کے مکالمات کو مختلف درجات اور شعبہ جات کے تعلیمی نصاب کا حصہ بنایا جائے۔
* ...... پرنٹ اور سوشل میڈیا پر ان تعلیمات کی تشہیر کی جائے۔
* ......عوامی جگہوں پر اسکرینوں کے ذریعے اس طرح کی احادیث کو نمایاں کیا جائے تا کہ راہ گزرتے لوگوں کی ان پر نظر پڑے اور یہ باتیں ان کے دلوں میں راسخ ہوتی چلی جائیں۔
* ......جو لوگ ان تعلیمات پر عمل پیرا ہوں ان کی حوصلہ افزائی کی جائے تا کہ معاشرے میں صالحیت کی فکر پروان چڑھے اور جو لوگ منکرات کے راستے پر چلیں ان کی حوصلہ شکنی کی جائے۔

خلاصة البحث

موضوع ہذا ''عصر حاضر میں تبلیغ دین کے لیے مکالمات رسول ﷺ کی اہمیت وافادیت (ایک تحقیقی مطالعہ)'' پر تحقیق وتدوین سے جو بات واضح ہوئی ہے اس کا خلاصہ درج ذیل ہے:

* ...... دعوت وتبلیغ کا کام امت مسلمہ کی سب سے اہم ذمہ داری ہے اور دین اسلام کے آئندہ نسلوں تک منتقل ہونے کا دارومدار اسی پر ہے۔
* ...... دعوت وتبلیغ دین کا کام الٰہی اور فطری اصولوں کو مدنظر رکھتے ہوئے مدعو کی نفسیات اور ذہنی کیفیت کے مطابق ہونا چاہیے، تاکہ اس کے بہتر نتائج مرتب ہوسکیں۔
* ......عصر حاضر کے مبلغین اور دعاۃ کے لیے حضور نبی کریم ﷺ کی مکی اور مدنی زندگی کے اسالیب دعوت ہر میدان میں رہنما کا درجہ رکھتے ہیں۔
* ...... مکالمہ مخاطب تک اپنی بات پہنچانے اور اس تک صحیح اور واضح طریقے سے اپنا پیغام پہنچانے کا آسان ترین طریقہ ہے۔
* ...... بذریعہ مکالمہ مخاطب تک اپنی دعوت پہنچانا نبی کریم ﷺ کی سنت مبارکہ ہے۔
* ...... دعوت وتبلیغ کے لیے ہر مسلک، مذہب اور ہر مکتبہ فکر سے مکالمات کیے جاسکتے ہیں۔
* ...... دورانِ مکالمہ مخاطب کو زیر کرنا یا کسی مناسب وغیر مناسب دلیل کے ذریعے اس پر رعب ڈالنا مقصود نہیں ہونا چاہیے، بلکہ اس کا مقصد محض خلوص پر مبنی ابلاغ ہونا چاہیے۔
* ......غیر مسلم معاشرے میں دعوت دین کے سلسلے میں کیے جانے والے مکالمات میں دین کی مبادیات اور متفق علیہ امور سے بات کا آغاز کیا جائے۔
* ...... دعوت دین کے لیے کیے جانے والے مکالمات میں مخاطب کی شخصی وجاہت کو بھی ضرور پیش نظر رکھا جائے۔
* ...... دعوت دین پر عام افراد سے لے کر حکمرانوں تک ہر طبقہ انسانی کے افراد کے ساتھ بھرپور انداز میں مکالمات کر کے انہیں دین کے قریب کیا جائے۔
* ...... مکالمہ دعوت وتبلیغ میں ریڑھ کی ہڈی کی حیثیت رکھتا ہے اس لیے مبلغین کو اس اسلوب دعوت سے ہرگز بے نیاز نہیں ہونا چاہیے۔

تجاویز وسفارشات

مقالہ ہٰذا ''عصر حاضر میں تبلیغ دین کے لیے مکالمات رسول ﷺ کی اہمیت وافادیت (ایک تحقیقی مطالعہ)'' کے بعد مقالہ نگار اس نتیجہ پر پہنچا ہے کہ اپنے ارباب حل وعقد کی خدمت میں یہ چند تجاویز وسفارشات پیش کر سکے:

* ...... دعوت دین میں مکالمات کے موضوع پر علیحدہ تحقیقی کتب مرتب کی جائیں، تاکہ اس نہج پر بھی دبستان حدیث کا کام واضح ہو سکے۔
* ...... موجودہ افراتفری اور اصول وضوابط کی پامالی کے دور میں دعاۃ ومبلغین کو سرکاری سطح پر دعوت وتبلیغ کے اصول وضوابط کے متعلق تربیتی کورس کروائے جائیں اور ان میں اس کے متعلقہ مکالمات رسول ﷺ کی خصوصیت کے ساتھ تربیت کا حصہ بنایا جائے۔
* ...... غیر مسلم معاشروں میں نبی کریم ﷺ کے منہج تبلیغ کے مطابق مبلغین تیار کر کے بھیجے جائیں اور وہاں باہمی مسلمات کو پیش نظر رکھتے ہوئے دعوت وتبلیغ کا راستہ ہموار کروایا جائے۔
* ...... مکالمات رسول ﷺ کی علیحدہ علیحدہ ابواب بندی کر کے ان پر تحقیق کام کروا کر افادہ عام کے لیے شائع کیا جائے۔
* ...... دینی مدارس اور یونیورسٹیوں میں تخصص، ایم فل اور پی ایچ ڈی کے طلباء سے اس موضوع پر خصوصی طور پر مقالے لکھوائے جائیں۔
* ...... عصر حاضر میں جب کہ عدم برداشت اور تشدد پسندی کا چلن عام ہے ان حالات میں مکالمات رسول ﷺ سے رواداری، برداشت اور باہمی مسلمات پر اتفاق کے اصول وضوابط اخذ کر کے انہیں عوام وخواص تک پہنچایا جائے، تاکہ اس پر عمل سے ہمارے معاشرے میں امن وسکون کی فضا قائم ہو سکے۔

مصادر ومراجع

* ...... القرآن الکریم، منزل من اللہ تعالیٰ
* ...... ابراہیم انیس، ڈاکٹر، المعجم الوسیط، انتشارات ناصر، خسرو تہران، ۱۳۹۲ھ
* ...... اصفہانی، راغب، مفردات القرآن، دار نشر اللغۃ العربیۃ، کراچی، ۲۰۱۳ء
* ...... ابن کثیر، ابو الفداء عماد الدین، البدایۃ والنہایۃ، نفیس اکیڈمی، کراچی، ۱۹۸۷ء
* ...... احمد بن حنبل، المسند، دار الکتب العلمیۃ، بیروت لبنان، ۱۴۲۲ء
* ...... ابن ہشام، السیرۃ النبویۃ، دار احیاء التراث العربی، بیروت لبنان، ۱۹۹۵ء
* ...... اصلاحی، امین احسن، دعوت دین اور اس کا طریق کار، فاران فاؤنڈیشن، لاہور، ۲۰۱۷ء
* ...... الازہری، پیر محمد کرم شاہ، ضیاء النبی ﷺ، ضیاء القرآن پبلی کیشنز، لاہور، ۱۴۲۱ھ
* ...... الکتانی، عبد الحی، نظام حکومت نبویہ، فرید بک سٹال، ۲۰۰۵ء
* ...... افریقی، ابن منظور، محمد بن مکرم، لسان العرب، دار احیاء التراث العربی، بیروت لبنان، ۱۴۰۸ھ
* ...... ابن قیم، زاد المعاد، مصطفیٰ البابی، مصر، ۱۴۰۱ھ
* ...... ابونعیم، احمد بن عبد اللہ بن احمد بن اسحاق، کتاب الاربعین، دار ابن حزم، بیروت لبنان، ۱۴۰۵ھ
* ...... ابن ماجہ، ابو عبد اللہ محمد بن یزید، السنن، دار السلام، الریاض، سعودی عرب، ۱۴۲۸ھ
* ...... بخاری، ابو عبد اللہ محمد بن اسماعیل، الجامع الصحیح، دار السلام، الریاض، سعودی عرب، ۱۴۲۸ھ
* ...... بیہقی، ابو عبد اللہ احمد بن حسین، شعب الایمان، دار الکتب العلمیۃ، بیروت لبنان، ۱۴۲۵ھ
* ...... ترمذی، ابو عیسیٰ محمد بن عیسیٰ، السنن، دار السلام، الریاض، سعودی عرب، ۱۴۲۸ھ
* ...... حلبی، برہان الدین، السیرۃ الحلبیۃ، مصطفیٰ البابی، مصر، ۱۳۴۹ھ
* ...... دحلان، احمد بن زینی، السیرۃ النبویہ، دار الکتب العلمیۃ، بیروت لبنان، ۱۴۲۹ھ
* ...... سجستانی، ابوداود، سلیمان بن اشعث، السنن، دار السلام، الریاض، سعودی عرب، ۱۴۲۸ھ
* ...... شبلی نعمانی، سیرۃ النبی ﷺ، مطبوعہ شمع بک ایجنسی، لاہور، ۲۰۱۱ء
* ...... شامی، یوسف صالحی، سبل الہدی والرشاد، قاہرہ مصر، ۱۹۷۵ء
* ...... صدیقی، مظہر الدین، اسلام اور مذاہب عالم کا تقابلی مطالعہ، ادارہ ثقافت اسلامیہ، لاہور، ۲۰۰۰ء

* ......طفیل، محمد نقوش رسول نمبر، ادارہ فروغ اردو، لاہور، ۱۹۸۴ء

* ......ظہور الحسن، ڈاکٹر، آئینہ اردو، خالد بک ڈپو، لاہور، ۲۰۱۵ء

* ......عثمانی، شبیر احمد، تفسیر عثمانی، پاک کمپنی، لاہور، ۲۰۰۹ء

* ......فیروز الدین، مولوی، فیروز اللغات، فیروز سنز، لاہور، ۲۰۰۱ء

* ......قشیری، مسلم بن حجاج، الجامع الصحیح، دار السلام، الریاض، سعودی عرب، ۱۴۲۸ھ

* ......منصور پوری، قاضی سلیمان، رحمۃ للعالمین، حنیف بک ڈپو، دہلی، ۱۰۳۰ء

* ......منصور، فیض اللہ، مکالمات رسول ﷺ، شمولہ نقوش رسول نمبر، ادارہ فروغ اردو، لاہور، ۱۹۸۴ء

* ......مبارک پوری، صفی الرحمٰن، الرحیق المختوم، مکتبہ سلفیہ، لاہور، ۲۰۰۵ء

* ...... مالک بن انس، المؤطا، مطبوعہ فرید بک سٹال، لاہور، ۲۰۰۹ء

* ......مجددی، غلام مصطفیٰ، حضور پیغمبر نور، قادری رضوی کتب خانہ، لاہور، ۲۰۱۴ء

* ......مودودی، ابو الاعلیٰ، سید، تفہیم القرآن، ادارہ ترجمان القرآن، لاہور، ۲۰۰۱ء

* ......ناصر، نصیر احمد، پیغمبر اعظم و آخر، مطبوعہ فیروز سنز لاہور، ۲۰۰۳ء

* ......نعمانی، منظور احمد، معارف الحدیث، مطبوعہ دار الاشاعت، کراچی، ۲۰۰۷ء

* ......ورک، محمد اکرم، ڈاکٹر، صحابہ کرام کا اسلوب دعوت و تبلیغ، مکتبہ جمال کرم، لاہور، ۲۰۰۴ء

* ......ہندی، علاؤ الدین، کنز العمال، موسسۃ الرسالۃ، بیروت لبنان، ۱۴۳۱ھ

* ......یسوعی، لویس معلوف، المنجد، خزینہ علم وادب، لاہور، ۲۰۰۰ء

* Encyclopedia Bertanica, Chicago, Wiliam Benton, Published 1970

* Sophron's Mines text, Translation and Commentary by J.H. Hordern, peview by Rolando ferri, Retrived on May 24 Sunday, 2009 from https//bmer.brynmawr.edu20050802html

* Brgn mawr classic peview 24-10-2005 by Kathryn Basher Retrived on May 24 Sunday 2009 from https//bmer.brynmawr.edu/2005

www.ingramcontent.com/pod-product-compliance
Lightning Source LLC
LaVergne TN
LVHW042050051026
849517LV00012B/626
* 9 7 9 8 2 3 0 6 3 9 5 4 1 *